# 会社学の基礎知識

The basic knowledge of
working in a company.

松崎 和久 [著]

税務経理協会

## はじめに

　本書は，会社とそれを取り巻く環境や要素について学ぶ入門書です。私は，ビジネスを専攻する大学生が初年次に学ぶ「経営学概論」や「経営学入門」の中味について，常々疑問を抱いてきました。それは，高校を卒業し，大学へ入学したばかりの学生に対し，経営や組織に関する知識を教えても，それを消化することができず，身に付かないということです。

　その理由は簡単です。ほとんどの大学生は，会社に勤めた経験知や組織の中で働いた実践知を持ち合わせていません。また，国内外の社会や経済そして文化はもちろんのこと，会社の経営や組織に関する基礎的な知識もまた不足しています。このため，彼らは，講義内容についてよく理解できず，その奥深さや醍醐味を味わうことなく，ただ履修した単位を取るためだけの勉強として，済ませてしまっているのが現状なのです。

　このため，私は，経営学を「狭く深く」学ぶ前に，ビジネスのプラットフォームたる会社とそれを取り巻く環境や諸要素を「広く浅く」知ることが最も大切だと考え，これを「会社学」と呼んでいます。学生諸君は，まず早い段階に「会社学」をマスターし，その後，経営学の様々な専門科目を履修し深く学ぶことで，初めて蓄えた知識や情報を実社会で活かすことができると考えています。

　それでは，私の考える「会社学」の中味について説明しましょう。今日の会社を知るため多様なアプローチがあるなかで，最も優先順位の高い項目を10テーマ選び出しました。

　第1章の「働くことを知る」では，ヒトはなぜ働くのか，100年ライフ時代の到来が叫ばれるなか，ヒトはどう働きどう生きるのか，仕事と生活のバランスについて日本と世界の違いは何か，働き方の多様化の進展等について取り上げます。

　第2章の「世界を知る」では，あらゆる領域でグローバル化が進むなか，世界各国の文化，宗教，人口，政治・経済体制そしてキャッシュレス社会の到来について取り上げます。

会社学のアプローチ

```
        働くこと
    賃金         世界
  税金             経済
    会計         雇用
      株式会社  技術
          会社
```

　第3章の「経済を知る」では，世界各国の経済政策や国際競争力，産業構造の変化，外国為替相場とは何か，需要と供給のバランス，近年，話題を呼んでいるシェアリング・エコノミー，サブスクリプション・エコノミーを取り上げます。

　第4章の「雇用を知る」では，会社と従業員を巡る雇用問題や諸法律，長時間労働と残業問題，非正規社員の拡大に伴う雇用形態の変化，副業やフリーランス，解雇と転職の問題等について取り上げます。

　第5章の「技術を知る」では，人工知能（AI）やデジタル技術の進歩，情報技術，フィンテックに代表されるX-Tech，自動車業界で進むMaaS革命を取り上げます。

　第6章の「会社を知る」では，会社の種類やしくみ，過去と現在の経営者の違い，会社の形態と職階制度等について取り上げます。

第7章の「株式会社を知る」では，株式会社のしくみから始まり，機関設計，株主とは何か，資金の調達と運用について取り上げます。

　第8章の「会計を知る」では，会計の歴史，財務諸表の見方および構造と要点，近年，後を絶たない不正会計の実態と事例等を取り上げます。

　第9章の「税金を知る」では，税金とは何か，税金のルールや種類，納税の仕方の違い，タックス・セービング等を取り上げます。

　第10章の「賃金を知る」では，賃金の決定，人事評価，福利厚生と社会保険等を取り上げます。

　本書は，基本的に大学生のための「会社学」として書いたものですが，大学院生（特に，海外からの留学生）や社会人（特に，若手ビジネス・パーソン）にも，ぜひ手に取ってもらえたらと希望しています。現在，ビジネス系の大学院に所属する学生を見ると，中国をはじめとする東南アジア諸国から多数の留学生が入学してきます。そのなかには，大学院で初めてビジネスを学ぶという驚くべき学生も少なからず存在し，こうした専攻が異なる留学生にも，本書は有効であると考えています。

　また，社会人（特に，若手ビジネス・パーソン）のなかには，日頃，会社から与えられた目の前にある仕事に埋没してしまい，世の中や会社を巡る新しい変化やムーブメントを受容する機会を失いがちです。たとえば，ある調査によると，今はやりのAIについて具体的な理解が不足していると回答した社会人は，約7割にも及んでいるそうです。つまり，社会人は，世の中でニュースとなる話題や名詞等はよく知っていますが，その具体的な内容や中味については，意外にもよく分かっていないのが現状なのです。こうした慌ただしく働く社会人にも，ぜひ本書を活用していただければと思います。

　本書は，特定のテーマや内容について，とことん突き詰めて考え，検討するような専門書ではありません。むしろ，それとは逆に，会社とそれを取り巻く諸要因に関するトレンドや論点を幅広く網羅し，それをコンパクトにまとめ，今後の研究や問題解決のため役立ててもらいたいと執筆しました。このため，筆者の見解やその他論者の意見等は極力抑え，現状を正しく伝えるため，政府

や地方自治体等がインターネット上で公表している膨大な統計データ（白書や報告書）を最大限取り上げ，有効活用するように努めました（詳細は，参考文献をご覧ください）。このため，同じテーマや類似する内容の調査結果でも，調査機関や調査基準そして調査方法等の違いから，数値データが異なる場合もあることをご承知おきください。

　最後になりましたが，本書の執筆にあたり，株式会社税務経理協会の大川晋一郎氏には，今回もまた大変お世話になりました。いつも私の我儘を聞いてくださり，心から感謝申し上げます。最後に，本書が読者の羅針盤として，少しでもその期待に応えられたら，非常に幸いです。

令和元年11月

松崎　和久

# 目次 CONTENTS

はじめに

## 第1章　働くことを知る ……………………………………………… 1

**1-1**　働くとは何か ……………………………………………………… 1
　1-1-1　働く目的 …………………………………………………… 1
　1-1-2　理想の働き方 ……………………………………………… 3
　1-1-3　日本の労働観 ……………………………………………… 4
　1-1-4　西洋の労働観 ……………………………………………… 6

**1-2**　100歳社会の到来 …………………………………………………… 7
　1-2-1　100年ライフ ………………………………………………… 7
　1-2-2　教育期と老後期の取り組み ……………………………… 8
　1-2-3　人生100年時代に必要なスキル ………………………… 9

**1-3**　ワーク・ライフ・バランス ……………………………………… 10
　1-3-1　働き方の国際比較 ………………………………………… 10
　1-3-2　日本の働き方 ……………………………………………… 12
　1-3-3　オランダの働き方 ………………………………………… 14
　1-3-4　ドイツの働き方 …………………………………………… 15

**1-4**　ワーキング・スタイルの変化 …………………………………… 16
　1-4-1　働き方のムーブメント …………………………………… 16
　1-4-2　働き方の類型化 …………………………………………… 17
　1-4-3　テレワークの現状 ………………………………………… 19

i

# 第2章 世界を知る ································· 21

## 2-1 文化 ······································· 21
### 2-1-1 文化と文明の違い ······················ 21
### 2-1-2 文化とは何か ·························· 21
### 2-1-3 自文化中心主義と文化相対主義 ············ 22
### 2-1-4 異文化理解 ···························· 23

## 2-2 宗教 ······································· 24
### 2-2-1 今なぜ宗教の知識は必要なのか ············ 24
### 2-2-2 「会社」と「宗教」······················ 25
### 2-2-3 宗教リテラシーの欠如 ···················· 27
### 2-2-4 世界の宗教比較 ·························· 27

## 2-3 人口 ······································· 29
### 2-3-1 世界の人口 ······························ 29
### 2-3-2 日本の総人口 ···························· 30
### 2-3-3 生産年齢人口 ···························· 31
### 2-3-4 年少人口 ································ 33
### 2-3-5 老年人口 ································ 35

## 2-4 各国体制 ··································· 36
### 2-4-1 政治・経済体制 ·························· 36
### 2-4-2 民主資本主義 ···························· 37
### 2-4-3 独裁資本主義 ···························· 38
### 2-4-4 民主社会主義 ···························· 38
### 2-4-5 独裁社会主義 ···························· 38

## 2-5 キャッシュレス社会 ························· 39
### 2-5-1 キャッシュレスとは何か ·················· 39
### 2-5-2 キャッシュレス決済比率の低い日本 ········ 40
### 2-5-3 キャッシュレス決済に対する不安 ·········· 42

# 第3章 経済を知る ... 43

## 3-1 各国の経済と政策 ... 43
### 3-1-1 世界経済のゆくえ ... 43
### 3-1-2 日本 ... 45
### 3-1-3 アメリカ ... 48
### 3-1-4 欧州 ... 48
### 3-1-5 中国 ... 50

## 3-2 国際競争力 ... 51
### 3-2-1 国力とは何か ... 51
### 3-2-2 グローバル競争力レポート ... 53
### 3-2-3 世界競争力年鑑 ... 54
### 3-2-4 グローバル・イノベーション指標 ... 55
### 3-2-5 フォーチュン・グローバル500 ... 56

## 3-3 産業構造 ... 58
### 3-3-1 産業とは何か ... 58
### 3-3-2 第1次産業 ... 60
#### 3-3-2-1 農業 ... 60
#### 3-3-2-2 林業 ... 62
#### 3-3-2-3 水産業 ... 63
#### 3-3-2-4 第6次産業 ... 65
### 3-3-3 第2次産業 ... 66
### 3-3-4 第3次産業 ... 66

## 3-4 外国為替相場 ... 67
### 3-4-1 外国為替相場とは何か ... 67
### 3-4-2 為替レートの歴史 ... 68
### 3-4-3 円高・円安と輸出入の関係 ... 69
### 3-4-4 円高・円安のメリット・デメリット ... 70

## 3-5 「需要」と「供給」のバランス ... 72
### 3-5-1 「需要」と「供給」のバランス ... 72

3-5-2　インフレとデフレに陥るシナリオ ··············· 73
　　3-5-3　インフレ期とデフレ期における経済政策の違い ······· 74
　　3-5-4　好景気・不景気における企業行動 ············· 76
　3-6　シェアリング・エコノミー ···················· 78
　　3-6-1　シェアリング・エコノミーとは何か ············ 78
　　3-6-2　シェアリング・エコノミー・サービスのしくみ ······ 78
　　3-6-3　シェアリング・エコノミー・サービス企業 ········ 79
　　3-6-4　ギグ・エコノミー ···················· 80
　　3-6-5　サーキュラー・エコノミー ················ 81
　3-7　サブスクリプション・エコノミー ················ 81
　　3-7-1　サブスクリプション・エコノミーは何か ········· 81
　　3-7-2　サブスクリプションのしくみ ·············· 82
　　3-7-3　サブスクリプションの広がり ·············· 83

## 第4章　雇用を知る ···························· 85

　4-1　雇用とは何か ·························· 85
　　4-1-1　労働契約 ························ 85
　　4-1-2　就業規則 ························ 86
　　4-1-3　労働組合 ························ 87
　　4-1-4　労働契約の終了 ···················· 88
　4-2　労働基準法 ·························· 90
　　4-2-1　法定労働時間と法定休日 ················ 90
　　4-2-2　時間外・休日労働 ··················· 90
　　4-2-3　時間外，休日及び深夜の割増賃金 ············ 91
　　4-2-4　変形労働時間制 ···················· 91
　　4-2-5　みなし労働時間制 ··················· 91
　　4-2-6　年次有給休暇 ····················· 92
　4-3　長時間労働と残業問題 ····················· 93
　　4-3-1　過労死の実態 ····················· 93

| | | | |
|---|---|---|---|
| 4-3-2 | 実労働時間の実態 | | 93 |
| 4-3-3 | 残業の実態 | | 97 |
| 4-3-4 | 年次有給休暇の実態 | | 98 |
| 4-3-5 | 祝祭日の実態 | | 99 |

### 4-4 雇用形態 … 101
| | | | |
|---|---|---|---|
| 4-4-1 | 多様な雇用形態 | | 101 |
| 4-4-2 | 正規社員 | | 101 |
| 4-4-3 | 非正規社員 | | 102 |
| 4-4-4 | 正規と非正規の割合と非正規の内訳 | | 104 |

### 4-5 副業とフリーランス … 105
| | | | |
|---|---|---|---|
| 4-5-1 | ライフスタイルの変化 | | 105 |
| 4-5-2 | 副業の解禁 | | 106 |
| 4-5-3 | 副業のメリット・デメリット | | 107 |
| 4-5-4 | 副業マップ | | 108 |
| 4-5-5 | フリーランスとは何か | | 110 |
| 4-5-6 | フリーランスのタイプ | | 111 |
| 4-5-7 | フリーランスのメリット・デメリット | | 111 |

### 4-6 人手不足下の雇用対策 … 112
| | | | |
|---|---|---|---|
| 4-6-1 | 外国人雇用 | | 112 |
| 4-6-2 | 高齢者雇用 | | 113 |
| 4-6-3 | 女性雇用 | | 115 |
| 4-6-4 | 障害者雇用 | | 116 |

### 4-7 解雇と転職 … 117
| | | | |
|---|---|---|---|
| 4-7-1 | 業績悪化からリストラまで | | 117 |
| 4-7-2 | 追い出し部屋 | | 119 |
| 4-7-3 | 正社員リストラの現状 | | 120 |
| 4-7-4 | 七五三現象 | | 120 |
| 4-7-5 | 勤続年数の国際比較 | | 121 |
| 4-7-6 | 転職成否の国際比較 | | 121 |

## 第5章　技術を知る ……… 123

### 5-1　技術の進歩 ……… 123
- 5-1-1　「理数系人材」……… 123
- 5-1-2　第4次産業革命 ……… 124
- 5-1-3　技術的特異点 ……… 125
- 5-1-4　テクノロジー失業 ……… 126

### 5-2　情報と技術 ……… 127
- 5-2-1　情報とは何か ……… 127
- 5-2-2　「ＩＴ」「ＩＣＴ」「IoT」の違い ……… 128
- 5-2-3　移動通信システム ……… 129

### 5-3　X-Tech ……… 131
- 5-3-1　X-Techとは何か ……… 131
- 5-3-2　フィンテック ……… 133

### 5-4　ＣＡＳＥとMaaS ……… 136
- 5-4-1　自動車を巡る大変革 ……… 136
- 5-4-2　ＣＡＳＥとは何か ……… 136
- 5-4-3　MaaSとは何か ……… 137
- 5-4-4　MaaS先進国のフィンランド ……… 139

## 第6章　会社を知る ……… 141

### 6-1　会社とは何か ……… 141
- 6-1-1　会社の種類 ……… 141
- 6-1-2　会社組織のしくみ ……… 142
- 6-1-3　意思決定プロセス ……… 143
- 6-1-4　セクショナリズム ……… 145

### 6-2　経営者の目線 ……… 146
- 6-2-1　古き良き日本型経営 ……… 146
- 6-2-2　昭和の名経営者の視点 ……… 147

- 6-2-3 日本型経営の崩壊 …………………………………… 149
- 6-2-4 欧米型経営への転換 …………………………………… 149

## 6-3 会社の形態的な分類 …………………………………… 151
- 6-3-1 日本の会社数 …………………………………… 151
- 6-3-2 経済3団体 …………………………………… 152
- 6-3-3 老舗企業 …………………………………… 152
- 6-3-4 ベンチャー企業 …………………………………… 153
- 6-3-5 開廃業率 …………………………………… 154
- 6-3-6 「NPO」と「NGO」 …………………………………… 156

## 6-4 会社の職階制度 …………………………………… 157
- 6-4-1 名誉職レベル …………………………………… 157
- 6-4-2 役員レベル …………………………………… 158
- 6-4-3 チーフ・オフィサー …………………………………… 158
- 6-4-4 従業員レベル …………………………………… 159

# 第7章 株式会社を知る …………………………………… 161

## 7-1 株式会社のしくみ …………………………………… 161
- 7-1-1 株式会社の起源 …………………………………… 161
- 7-1-2 ステークホルダー …………………………………… 162
- 7-1-3 基本原則 …………………………………… 162
- 7-1-4 株式会社の構造 …………………………………… 164

## 7-2 株式会社の機関設計 …………………………………… 165
- 7-2-1 機関設計とは何か …………………………………… 165
- 7-2-2 社外取締役 …………………………………… 167
- 7-2-3 コンプライアンスとコーポレート・ガバナンス …………………………………… 169
- 7-2-4 委員会設置会社 …………………………………… 169
- 7-2-5 独立取締役 …………………………………… 171

## 7-3 株主 …………………………………… 171

|  |  |  |
|---|---|---|
| 7-3-1 | 株主とは何か | 171 |
| 7-3-2 | 外国法人等 | 172 |
| 7-3-3 | 政府系ファンド | 174 |
| 7-3-4 | 外国法人等の影響 | 175 |

### 7-4　資金の調達と運用 ……………………………………………………… 176

|  |  |  |
|---|---|---|
| 7-4-1 | 資金とは何か | 176 |
| 7-4-2 | 自己金融 | 177 |
| 7-4-3 | 間接金融と銀行の役割 | 177 |
| 7-4-4 | 直接金融と証券市場 | 179 |
| 7-4-5 | 企業間信用 | 180 |
| 7-4-6 | 資金調達方法の変化 | 181 |
| 7-4-7 | クラウドファンディング | 182 |
| 7-4-8 | 資金の運用 | 182 |

## 第8章　会計を知る …………………………………………………………… 185

### 8-1　会計とは何か …………………………………………………………… 185

|  |  |  |
|---|---|---|
| 8-1-1 | 会計力の必要性 | 185 |
| 8-1-2 | 会計の歴史 | 185 |
| 8-1-3 | 「財務会計」と「管理会計」の違い | 186 |
| 8-1-4 | 「財務3表」とは何か | 187 |
| 8-1-5 | 会計に関わる職業 | 187 |

### 8-2　貸借対照表 ……………………………………………………………… 189

|  |  |  |
|---|---|---|
| 8-2-1 | 調達源泉と運用形態 | 189 |
| 8-2-2 | 分析ツール | 190 |
| 8-2-3 | 落とし穴 | 192 |

### 8-3　損益計算書 ……………………………………………………………… 193

|  |  |  |
|---|---|---|
| 8-3-1 | 構造と意味 | 193 |
| 8-3-2 | 同業他社比較 | 194 |
| 8-3-3 | 稼いだお金の利益処分 | 196 |

- 8-3-4 売上利益率の分析 ···································· 196
- 8-4 キャッシュ・フロー計算書 ································ 197
  - 8-4-1 意義と重要性 ····································· 197
  - 8-4-2 構造としくみ ····································· 197
- 8-5 不正会計 ············································· 199
  - 8-5-1 不正会計とは何か ································· 199
  - 8-5-2 エンロン事件とＳＯＸ法 ·························· 201
  - 8-5-3 東芝不正会計事件 ································· 202
  - 8-5-4 日産ゴーン事件 ··································· 203

# 第9章 税金を知る ·············································· 205

- 9-1 税金とは何か ········································· 205
  - 9-1-1 税の歴史 ········································· 205
  - 9-1-2 国の財政 ········································· 206
  - 9-1-3 税の種類 ········································· 208
- 9-2 税のルール ··········································· 209
  - 9-2-1 税の意味 ········································· 209
  - 9-2-2 税の機能 ········································· 209
  - 9-2-3 税の３原則 ······································· 210
- 9-3 主要な税 ············································· 210
  - 9-3-1 法人税 ··········································· 210
  - 9-3-2 法人税減税の実態 ································· 212
  - 9-3-3 所得税 ··········································· 212
  - 9-3-4 消費税 ··········································· 213
- 9-4 税の支払い方の違い ··································· 215
  - 9-4-1 サラリーマンは「源泉徴収」と「年末調整」········· 215
  - 9-4-2 個人事業主は「確定申告」························· 216
  - 9-4-3 副業サラリーマンは「確定申告」が必要 ············ 218
- 9-5 税の節税 ············································· 218

- 9-5-1 企業減税 ················································· 218
- 9-5-2 ふるさと納税 ············································· 219
- 9-5-3 タックス・ヘイブン ······································· 220

## 第10章　賃金を知る ·············································· 223

### 10-1 賃金 ······················································ 223
- 10-1-1 賃金の決定基準 ·········································· 223
- 10-1-2 給与明細書の読み方 ······································ 224
- 10-1-3 ストックオプション ······································ 225
- 10-1-4 退職金と賞与 ············································ 226

### 10-2 人事評価 ·················································· 227
- 10-2-1 人事評価とは何か ········································ 227
- 10-2-2 人事評価の歴史 ·········································· 228
- 10-2-3 ノーレイティング ········································ 229

### 10-3 福利厚生と社会保険 ········································ 230
- 10-3-1 福利厚生とは何か ········································ 230
- 10-3-2 保険のしくみ ············································ 231
- 10-3-3 社会保険 ················································ 233
- 10-3-4 公的医療保険 ············································ 233
- 10-3-5 公的年金 ················································ 234
- 10-3-6 私的年金 ················································ 236
- 10-3-7 介護保険，労災保険，雇用保険 ···························· 236

# 第 1 章

# 働くことを知る

## 1-1 働くとは何か

### 1-1-1 働く目的

　人はなぜ働くのでしょうか。内閣府が毎年発表している「国民生活に関する世論調査」によると，働く目的は何かに対する回答は，時代ごと微妙に変化しています（図表1-1）。これを見ると，「お金のため」と答えた人は，年々増加する一方で，「生きがいのため」と回答した人は，徐々に減少してきています。給与所得が伸び悩むなか，消費税などの課税負担が重くのしかかってきているため，国民の働く意識がより現実的となっている表れかもしれません。

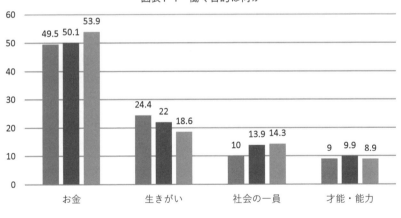

図表1-1　働く目的は何か

出所）内閣府「国民生活に関する世論調査」

　次に，これを年齢別に見てみましょう（図表1-2）。データの変化を捉えるため，H20とH30のデータを比較しながら検証すると，まず，すべての世代で「お金」と答えた人の割合が増加しています。これは先述したとおり，課税負担増

に加え，全世代において収入や年金の減少に伴う可処分所得の低下が強く起因していると考えられます。

図表1-2　働く目的（年齢別）

H20

|  | お金 | 生きがい | 社会の一員 | 才能・能力 |
|---|---|---|---|---|
| 18-29歳 | 57.0 | 12.4 | 12.0 | 17.7 |
| 30-39歳 | 61.8 | 12.1 | 11.8 | 13.8 |
| 40-49歳 | 63.2 | 12.2 | 12.4 | 11.3 |
| 50-59歳 | 56.9 | 20.1 | 14.1 | 7.2 |
| 60-69歳 | 40.2 | 30.8 | 16.9 | 8.1 |
| 70歳以上 | 30.4 | 34.7 | 14.1 | 7.5 |

H30

|  | お金 | 生きがい | 社会の一員 | 才能・能力 |
|---|---|---|---|---|
| 18-29歳 | 61.1 | 12.5 | 12.3 | 13.0 |
| 30-39歳 | 68.8 | 11.5 | 9.9 | 9.3 |
| 40-49歳 | 69.1 | 9.6 | 12.7 | 7.8 |
| 50-59歳 | 61.0 | 12.5 | 17.1 | 7.6 |
| 60-69歳 | 49.3 | 22.2 | 15.9 | 8.8 |
| 70歳以上 | 34.6 | 30.3 | 15.0 | 8.9 |

出所）内閣府「国民生活に関する世論調査」

　第2に，「生きがい」の項目を見ると，特に40歳以上の世代で一律割合が減少しています。これは，デフレ経済の影響から実質賃金が伸び悩み，負担ばかりが増えるため，何かとお金が必要な40歳以上の層が現実的な対応を余儀なくされているその表れだと言えそうです。

　第3に，「才能・能力」の項目は，18歳から49歳までの世代で明らかに減少しています。以前，働く目的は，お金以外でいうと「才能・能力」と答えるケースが多かったわけですが，近年は賃金の伸び悩みが強く影響した結果，自己能力の開発という回答が低下していると考えられます。

　結論として，働く目的とは，そのほとんどがお金のためと言ってもよいでしょう。特に，これから実社会の荒波に挑む若者たちは，お金を稼ぐために働くのだと割り切ってもかまいません。無人島で原始生活をするのならいざ知らず，

21世紀の現代文明社会を生きる人間である限り，自分のため，家族のため，世の中のため，しっかり働きお金を得ることは，大切な行為なのです。

## 1-1-2　理想の働き方

理想の働き方とは，いったいどんなものでしょうか。それは，働いて仕事が楽しいかどうか，働いた見返りである給与（お金）が高いかどうかによって決まるかもしれません。図表1-3は，仕事と給与という2つの軸から，4つの働き方のタイプを明らかにしたものです。

図表1-3　理想の働き方

|  | 低い | 高い |
|---|---|---|
| 楽しい | やりがいタイプ | 超ハッピータイプ |
| 辛い | 苦行タイプ | 割り切りタイプ |

（縦軸：仕事，横軸：給与）

まず，左下のセルは，仕事もつらく見返りも少ない「苦行タイプ」の働き方です。この働き方は，誰が考えても，ハッピーではありません。近年，「ワーキングプア」「ブラックバイト」そして「ブラック企業」なる言葉が世間を騒がせていますが，これは，まぎれもなく左下のセルに該当する働き方だと言えるでしょう。

右上のセルは，仕事が楽しくて給与も高い「超ハッピータイプ」の働き方です。このタイプは，数は少ないものの一部存在します。たとえば，プロ野球の選手やJリーガーたちです。小さい時からプロを夢見て大好きなスポーツに打ち込み，見事プロのプレイヤーとしての地位を射止め，高額な報酬を受け取る。こんな夢のような働き方は，ほんの一握りの才能ある人間に許された働き方か

もしれません。

　さて、ここからが本番です。左上のセルは、仕事は楽しいが給与は低い「やりがいタイプ」の働き方です。やりがいのある仕事なので充実していますが、それに見合った収入が得られないため、次第にストレスが高まる働き方です。たとえば、保育や介護の仕事に従事する方が高い志と強い責任感を持って働いている割に賃金が安くて生活に困る等という問題は、「やりがいタイプ」の性格をよく表しています。

　最後に、右下のセルは、仕事は辛いが給与は高い「割り切りタイプ」の働き方です。このタイプは、仕事は楽しいが給与は少ない働き方（やりがいタイプ）より意外と長続きするかもしれません。仕事が辛くて嫌いでも好待遇なので、割り切って働くことができるからです。

　このように理想的な働き方とは、誰が見ても、仕事が楽しくてお金も高い右上のセル（超ハッピータイプ）に間違いありません。しかし、誰もが理想的な働き方を実現できるわけではありません。おそらく、ほとんどの人間は、仕事は楽しいが給与は低い左上のセル（やりがいタイプ）の働き方か、仕事は辛いが給与は高い右下のセル（割り切りタイプ）の働き方のどちらかに分かれるでしょう。とはいえ、私たちは、まず、自助努力によって辛い仕事を楽しい仕事へ変化させ、低い給与水準を高い給与水準に引き上げる努力をしなければなりません。そして、いくら努力しても、現状が改善されない場合には、思い切って職場を変えることも検討すべきだと考えられます。

## 1-1-3　日本の労働観

　日本の労働観について触れてみましょう。その原点を探ると、どうやら「仏教」や「儒教」に強い影響を受けているようです。たとえば、奈良時代、東大寺の大仏造営に活躍した仏教僧の行基は、日本各地へ赴き、貧民救済の活動や治水・架橋といった土木事業を指導しながら、人々に働くことの意義や大切さを広めたそうです。また、平安時代の僧で真言宗を興した空海もまた、庶民のための学校である「綜芸種智院」の創立、讃岐地方の満濃池の治水工事の指導

を行いながら，人々に自分のためだけではなく，他人のために働く尊さについて諭しました。

　江戸時代初期になると，武士から僧侶となった鈴木正三は，『万民徳用』を著し，そのなかで仏教に基づく職業倫理を説きました。それは，「士農工商」という身分制度が存在するなか，勤労とは，仏道修行なので一生懸命に働くべきであるという思想です。つまり，農作業は仏行そのものである（農人日用），どんな仕事もすべて仏行（職人日用），欲を離れて正直に商売せよ（商人日用）など，自らの職業に精魂込めて働く人間の労働行為こそ仏道修行であると説明しました。

　江戸時代中期になると，「心学」を興したことで有名な石田梅岩が登場し，特に商人が賤しい職業だと位置づけられた時代，その社会的な存在意義について主張しました。また，江戸時代末期には，農村改革の指導者である二宮尊徳が現れ，人々に毎日の小さな積み重ねが，やがて大きな発展につながること（積小為大）や私利私欲に走らず，社会に貢献すれば，いずれ自分に還元される「報徳思想」を説きました。

　「働かざる者食うべからず」「働くことは尊いもの」「清貧・勤勉は美徳である」など，日本でよく聞かれる職業倫理や労働観は，こうした歴史の積み重ねから生まれた産物です。電子部品大手の京セラを創業し，総合通信大手のKDDIを設立した後，日本航空（JAL）の再建にも携わった日本を代表する経営者である稲盛和夫氏は，次のように語っています。

　「人生を充実させていくために必要不可欠なことは「勤勉」です。懸命に働くこと。まじめに一生懸命仕事に打ち込むこと。そのような勤勉を通じて人間は，精神的な豊かさや人格的な深みも獲得していくのです。働くことで得られる喜びは格別であり，遊びや趣味では決して得られません。また，仕事に懸命に打ち込んだ末にもたらす果実は，達成感ばかりではありません。それは，私たち人間としての基礎をつくり，人格を磨いていく修行の役目も果たすのです（盛和塾のサイトから抜粋）。」

## 1-1-4 西洋の労働観

これに対し，西洋の労働観とは，どんなものでしょうか。ギリシャ時代まで遡ると，労働とは，苦痛を伴うため奴隷の仕事でした。その後，キリスト教の影響から，罰としての労働という概念が生まれました。すなわち，古代西洋では，労働を否定的に捉えたわけです。そういえば，英語で労働を指す"Labor"の語源を調べると，ラテン語で「辛い」，ドイツ語の"Arbeit"もまた，「辛苦」を意味します。

ところが，時代が中世に変わると，労働は，修道制度として，生きていくためには必要な行為，祈りや瞑想と同じく人間をよくするための重要な行い等，肯定的に捉える見方へと大きく変化しました。

そして，近世になると，キリスト教を巡る大きな事件が起こります。それは，「宗教改革」と呼ばれ，16世紀，世界史の教科書でおなじみのマルティン・ルター（Martin Luther）やジャン・カルバン（Jean Calvin）が聖職者の堕落，贖宥状（免罪符）の乱売などローマ・カトリック教会の腐敗に反抗し，信仰によって人は救われ，聖書に忠実で敬虔なプロテスタントを成立させました。その結果，労働や職業とは，神から与えられた宝物であり，励まなければならない「天職」という考え方が生まれました。

近代に入ると，イギリスで「産業革命」，フランスから「市民革命」が起こりました。そして，「産業革命」によって，人の力から機械の力への転換が進み，その結果，人の仕事が単純化され，低賃金労働へ変質することに加え，人が機械の動きに合わせて働くため，必然的に長時間労働となる，いわば人間性を疎外する労働という新たな問題が浮上しました。一方，「市民革命」は，税負担者の構成をこれまでの第三身分の負担から，すべての身分（第一身分：聖職者，第二身分：貴族，第三身分：平民や農民）の負担へ平等化したことで，職業倫理の世俗化が進みました。

## 1-2　100歳社会の到来

### 1-2-1　100年ライフ

　人生100年時代，私たちは，何を学び，いかに働き，どう引退を迎えるべきでしょうか。Gratton and Scott（2016）は，100年という長寿社会の生き方について，刺激的なビジョンを提示しています。それによると，これまでの私たちの生き方は，生まれてから22歳までの「教育」期，学校を卒業した後，会社に就職して65歳まで勤め上げる「仕事」期，会社を退職した後，天寿を全うする80代までの「老後」期という3つのステージから形成されると理解されてきました。ところが，生活環境の改善や医療技術の進歩から，平均寿命が100歳まで伸びる時代が到来すると，人生のなかで労働してお金を稼ぐ「仕事」期がこれまでより長くなるため，必然的に仕事のしかたもまた選択肢が増えると主張し，これをマルチステージと命名しました（図表1-4）。

図表1-4　伝統的な生き方と100年時代の生き方の比較

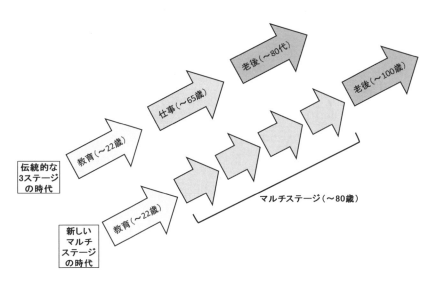

マルチステージには，主に3つの生き方があげられます。第1は，一箇所に腰を落ち着けず，身軽にして動き続ける「エクスプローラー（探検者）」です。これは，世界を旅して新しい発見や主体的な行動を通じて改めて自分を知るタイプをいいます。第2は，自由と柔軟性を重視して小さなビジネスを興す「インディペンデント・プロデューサー（独立生産者）」です。これは，お金を稼ぐ起業家ではなく，生産活動を通じて学習することを重視するタイプです。第3は，様々な種類の活動を同時並行で取り組む「ポートフォリオ・ワーカー」です。たとえば，本業とは別に副業したり，仕事をしながらスポーツや料理など異なる能力を発揮する生き方です。100年ライフでは，金銭面だけでなく，家族や友人との幸福な関係など非金銭的な資源が大切になります。このため，マルチステージでは，個々のライフスタイルに応じて2〜3のキャリアを移行または経験するようになります。

　Gratton and Scott は，みんなが同じ時期に同じことをする一斉行進の時代が終わりを迎え，これからは1人ひとりが違った働き方を見出し，ライフイベントの順序もそれぞれ異なる，自分にとって理想的な人生を追い求めていく時代になるだろうと主張しています。

## 1-2-2　教育期と老後期の取り組み

　もう一度，図表1-4をご覧ください。100年ライフ時代，大きな変化が求められるのは，真ん中の仕事期がマルチステージへと変化することです。それでは，その前後の教育期や老後期の実質的な内容は変化しないのでしょうか。答えはノーです。

　22歳までの教育期に来るべき老後期の準備として，教育課程の早い段階から超高齢化社会に関する知識や教育，たとえば，老年学（Gerontology）を学び，老化現象についての総合的な知識を身に付けることは非常に大切です。また，シニアになってからも，会社で働くことが求められるため，高齢者雇用論や福祉経営論のような新しい科目の学習もまた必要です。そして，ボランティア論の履修やボランティア活動への参加を通じて，高齢者や生活弱者に関する知見

を豊かにすることは，必修とすべきでしょう。さらに，長いシニア時代を実りのあるものにするため，教養科目である美術，芸術，音楽，体育，創作などをより一層充実させる必要があります。

　一方，60歳から80歳へ引き上がる老後期の備えはどうでしょうか。アクサ生命保険株式会社の調査によると，老後の生活について聞いたところ，回答者の61.1%が「悲観的に見ている」と回答したそうですが，いったいどんな点に不安を募らせているのでしょうか。まず，今以上に「老後資金」等の資産準備があげられます。なぜなら，今後とも公的年金は縮小する傾向にあるからです。そのため，これまで以上に分散投資や資金運用を行い，リスクを小さくすることが必要です。また，日頃から趣味やスポーツそして健康づくりなどに励む自発的な「自己管理」もあげられます。そして，高齢者に見られる「社会的孤立」という問題も悲観要因に違いありません。心身が衰えたとしても，日常生活のなかで孤立せず，社会活動や人的交流，自然とのふれあい，地域活動などを通して「社会とのつながり」を維持し，「生きがい」を見出すことが大切です。

## 1-2-3　人生100年時代に必要なスキル

　長い生涯，人生100年時代を生き抜くために必要なスキルについて考えてみましょう。先ほど登場したGratton and Scottによると，長い人生を生きるためには，お金や不動産のような有形の資産に加え，お金に換算できない無形の資産の形成がことさら大切だと主張しています。そして，有形と無形の資産では，どちらか片方の充実を図るのではなく，両者のバランスと相乗効果（シナジー）の生起がことさら必要だと主張しています。

　それでは，無形の資産とは，具体的にどんなものでしょうか。彼らは，3つのカテゴリーに分類しています。第1は「生産性資産」です。これは，仕事の生産性を高め，所得の向上につなげることであり，たとえば，長年かけて身に付けた知識やスキルを指します。第2は「活力資産」です。つまり，健康，友人，恋愛，家族愛など肉体的，精神的な健康や心理的幸福感を指します。そして，最後は「変身資産」です。これは，人生の途中で変化したり，マルチステー

ジで新しい生き方へ移行する意思や能力です。このように，人生100年時代に必要な意思や能力は，お金や不動産等の有形資産だけにとどまりません。むしろ，仕事に必要な「生産性」，健康を維持し幸福を追求する「活力」，複数の生き方へスイッチする「変化」という無形資産の構築が何よりも大切なのです。

一方，日本でも，人生100年時代に必要なスキルについて指摘がなされています。経済産業省では，「社会人基礎力」という概念を提唱しています。これは，職場や地域社会で多様な人々と仕事をしていくために必要な基礎的な力と定義され，「3つの力と12の諸要素」から構成されています。第1は，失敗しても粘り強く取り組む力を指す「前に踏み出す力（Action）」であり，その主な要素として，自ら行動する「主体性」，他人を巻き込む「働きかけ力」，確実に行動に移せる「実行力」をあげています。

第2は，疑問を持ち粘り強く考え，解決のシナリオを見つけ出す「考え抜く力（Thinking）」であり，現状を分析し目的や課題を明らかにする「課題発見力」，課題解決のプロセスを明らかにする「計画力」，新しい価値を生み出す「創造力」がその主要な要素です。

第3は，多様な人々とのつながり，目標に向けて協力する「チームで働く力（Teamwork）」であり，その要素として，自分の意見を相手に伝える「発信力」，相手の意見を素直に聞く「傾聴力」，意見の違いや相手の立場を理解する「柔軟性」，自分と人々の関係性を理解する「状況把握力」，社会のルールや約束を守る「規律性」，ストレスに対応する「ストレスコントロール力」を取り上げています。

## 1-3　ワーク・ライフ・バランス

### 1-3-1　働き方の国際比較

ここでは，日本と外国の働き方の違いについて触れたいと思います。図表1-5をご覧ください。

「1人当たり平均年間総労働時間」と「労働生産性」のそれぞれの平均値から，総労働時間と労働生産性の関係を国ごとに示した図ですが，日本は，ＯＥ

1-3 ワーク・ライフ・バランス

図表1-5 総労働時間と労働生産性の関係

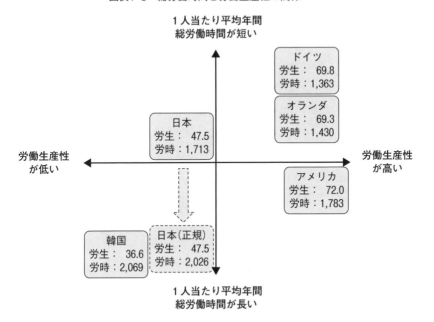

注記）1人当たり平均年間総労働時間のOECD平均は1,763時間（2017年のデータ）。
　　　労働生産性のOECD平均は、53.5ドル（2017年のデータ）。
資料）「労働政策研究・研修機構」及び「公益財団法人・日本生産性本部」のデータを
　　　基に作成

CDの平均値に比べ，総労働時間が50時間短く，労働生産性は6ドル低い左上のセルに該当します。しかし，これは総労働時間において正規と非正規を合算した数値のため，実際より労働時間が短く表示されています。そこで，正規社員だけの総労働時間を取り出して計算し直すと，OECDの平均値より263時間も長くなり，すると，韓国と同様に左下のセルに入ってしまいます。

　一方，アメリカは，労働生産性が平均より18.5ドル高い反面，総労働時間が20時間ほど長い右下のセルに位置付けられます。統計によると，現在のアメリカは，長時間労働・高生産性の国家である一方，労働時間の長さ，過度のストレス，有害な職場などの深刻な問題が浮上してきているといいます。

最後に、オランダやドイツは、総労働時間が平均よりなんと400時間も短く、労働生産性は16.3ドル高い（数値はドイツの場合）右上のセルに該当します。つまり、これらの国々では、短い労働時間にもかかわらず、生産性の高い働き方を実現しているのです。

　このように日本の正規社員の働き方は、世界屈指の長時間労働にもかかわらず、その効率性は極めて低いと言わざるを得ません。その結果、日本企業のなかには、オランダやドイツのように長時間労働を改め高い労働生産性を打ち出す企業が出てきました。たとえば、「ハードワーク」や「モーレツ」をモットーに世界屈指の総合モーターメーカーに躍り出た「日本電産」が従来の経営スタイルを転換させ、生産性の倍増と残業ゼロを掲げ、働き方改革に取り組み始めたことは、これを象徴する動きだといえます。

## 1-3-2　日本の働き方

　日本の働き方について考えてみましょう。日本では、古くから主君やお家のため忠義を尽くして働く思想が育まれてきました。たとえば、中世の鎌倉時代、時の将軍（鎌倉殿）とそれに仕える御家人は、「御恩と奉公」という主従関係によって結ばれていました。この「御恩と奉公」とは、将軍が御家人に対し領土を安堵し、土地を与える（御恩）代わりに、御家人は、いざ鎌倉とばかりに将軍のため、必死に戦う（奉公）ことです。また、江戸時代、徳川将軍とそれを支える旗本や御家人そして大名との間でも強い主従関係が生まれました。たとえば、将軍と旗本、将軍と御家人の関係は、将軍から旗本へ領地や俸禄、将軍から御家人へは俸禄がそれぞれ支給され、その見返りとして旗本や御家人は、将軍のため軍役を果たしました。一方、将軍と大名との関係では、将軍が大名へ領地を与え、大名は将軍（幕府）のため軍役を担う主従関係が形成されました。そして、このような主従関係、特にお上に対する下々の忠実な生き方は、「滅私奉公」「忠義」「忠誠心」「勤勉」等とも呼ばれ、日本では高く称賛されました。

　さて、時代は一機に下り、1970年代の高度成長や1980年代後半に起こったバブル景気の時代、相変わらず身を粉にして働く職場や現場の労働者を揶揄して、

「働きバチ」「社畜」そして「24時間働けますか。ジャパニーズ・ビジネスマン」などの言葉が一世を風靡しました。「働きバチ」とは，女王蜂のために身を粉にして仕事をする「働きバチ」と会社のために尽くすサラリーマンの姿をオーバーラップさせたものです。「社畜」とは，まるで「家畜」の如く，会社に飼い慣らされてしまった労働者の姿を揶揄したものです。そして，「24時間働けますか。ジャパニーズ・ビジネスマン」は，ビタミンドリンクのテレビCMで当時流れた，寝る暇を惜しんで働く企業戦士を声高に強調（美化）したものでした。

　それから約40年経過した現在，日本の働き方は，いったいどう変わったのでしょうか。残念ながら，本質的には，過去とあまり変わっていないのが現状の様子です。すなわち，職場や現場の社員（正社員）の労働生産性は低く，相変わらず勤勉によく働き，長時間労働や（サービス）残業がその最大の武器となっています。そして，現場で必死に働くサラリーマンをいいことに，会社のトップに君臨する経営者がその舵取りを誤り，事件や不祥事を引き起こす事例が後を絶ちません。たとえば，1997年，当時の四大証券会社のひとつであった山一證券が自主廃業に追い込まれた際，記者会見に臨んだ当時の社長が涙を流しながら，「私ら（経営者）が悪いんであって，社員は悪くありませんから。」と叫びました。また，日本を代表する大企業である東芝では，不正会計問題が発覚し，ブランド・イメージが大きく失墜しました。これは，歴代3社長が数年間にわたり，「チャレンジ」という言葉で不採算部門の部下や現場に無茶な要求を行い，"水増し" という不正行為を指示するものでした。東芝の社内では，たとえ間違えや悪いことだと分かっていても，上には逆らえない風土や空気が形成されていたことが事件のすべてだとみるべきでしょう。

　日本に長く滞在し，美術工芸を営む会社の社長を務めるデービット・アトキンソン（2015）は，アメリカやイギリスでは，日本の労働者のように優れていないため，経営者が鍛えられて強くなるが，日本では，逆に労働者の質が高く優れているため，経営者が鍛えられず弱くなると主張しています。日本の経営者は，現場や職場の名もなき労働者こそが競争力の本質であるという原点に立

ち返り、ヒトを大切にして活かす経営に回帰する必要があるかもしれません。

### 1-3-3　オランダの働き方

　次に、オランダの働き方について触れてみましょう。「チューリップ」と「風車」の国オランダでは、九州とほぼ同じ面積に約1,700万の人々が暮らしています。オランダ人は、「お金」よりも「ゆとり」を重視する家庭中心主義だと言われています。育児や介護、家事の共有・分担は当たり前。小学生は昼食を家庭で食べ、ユニセフが発表する「子どもの幸福度ランキング」でも、常に上位をキープするなど、オランダ人の子供たちは、世界一幸せだと高く評価されています。

　こうしたオランダは、図表1-5のとおり、ドイツと共に世界屈指の短い労働時間でありながら、高い生産性というパラドクスを達成していますが、その秘密のひとつは、パートタイム労働者（Part-Time Worker）の存在だと言われています。ＯＥＣＤのデータによると、2016年、就業者に占めるパートタイム労働者（男女計）の割合は、日本が22.8％に対し、オランダは37.7％とＯＥＣＤ諸国のなかで最も高くなっています。また、女性だけを取り出してみると、日本は37.1％に対し、オランダは59.8％であり、オランダでは10人に6人の女性がパートタイム労働者である計算になります。それだけではありません。日本では、フルタイム労働者に対するパートタイマー労働者の時間当たりの賃金水準は、おおよそ50％程度と言われていますが、オランダでは、約80％と高い水準になっています。つまり、オランダでは、フルタイム労働者とパートタイマー労働者の賃金水準の格差が低く、このため、男女ともにパートタイマー労働者を選択するケースが多くなるわけです。

　オランダのもうひとつの秘密は、2016年に「フレキシブル・ワーク法（Wet Flexibel Werken）」が発行されたことがあげられます。デジタル技術の飛躍的進歩、女性の社会進出、高齢化の進展等を受けて伝統的な働き方を見直し、ＡＩやIoTを活用して時間や場所にとらわれない、育児や家事など個々のライフスタイルや特性に見合った柔軟な働き方を推進する法律です。これは、「テ

レワーク」と呼ばれ、オランダでは、「テレワーク」を推進し、ワーク・ライフ・バランスのさらなる実現に取り組んでいます。その結果、最近では、在宅勤務等の「テレワーク」が徐々に浸透し、週休3日制で働く労働者も登場するようになっています。

このようにオランダでは、ワーク・シェアリングやワーク・ライフ・バランスを政府が奨励し、法制度の強化によって労働者にやさしい働き方環境が整備されています。その結果、国連が発表する「世界幸福ランキング（World Happiness Report）」でも、オランダはトップ10の常連国であり、ワーク・ライフ・バランスのランキング調査でも、オランダは世界一の働き方大国として高く評価されています（2018年はオランダ6位、日本は54位）。

## 1-3-4　ドイツの働き方

最後に、ドイツの働き方について考えてみましょう。ドイツは、アメリカ、中国、日本に次ぐ世界第4位の経済大国です。約8,000万人の人口を抱え、世帯当たりの可処分所得は、世界トップレベルであり、1人当たりのGDPや労働生産性は、日本を大きく上回ります。ドイツはまた、世界一労働時間が短い国であり、失業率は、欧州で2番目の低さにあります。貿易収支は、欧州最大の黒字国であり、ミッテルシュタンド（Mittelstand）、隠れたチャンピオン（Hidden Champion）とも呼ばれる中小企業の国際競争力の高さは、世界から注目を集めています。

ドイツは、先述したオランダ以上に短時間労働でありながら、高い生産性を達成しています。その秘密とは、何でしょうか。ドイツ人やドイツ企業に精通した識者たちは、次のように語っています。まず、隅田（2017）は、ドイツを人は人、自分は自分であり、自主・独立意識が強い個人主義の国であると分析しています。そして、友人や恋人、家族と過ごすプライベートをことさら大切にします。ドイツにとってこのような自由時間は、他人が侵してはならない神聖なものであり、企業がこれを侵すような場合には、断固として拒否します。また、日本では、「お客様は神様」という言葉が示すとおり、国民とはいわば

「消費者」であると捉えられてきました。その結果,「労働者」という側面から軽視され,会社を休めない,過剰サービスによる長時間労働は当たり前という考え方が植付きました。これに対し,ドイツでは,国民とは「労働者」であり,「消費者」という側面は軽視されました。このため,ドイツでは,労働者の権利や働きやすさに関する法律が立法化され,厳格に守られる一方で,消費者という側面は軽視されたため,顧客志向やホスピタリティなどの考え方は,あまり浸透しませんでした。

一方,熊谷(2017)は,ドイツ人について効率を重視し,無駄を嫌うメンタリティが非常に強いと分析しています。そのため,時間内に仕事を終わらせることは当たり前で,メリハリもなくダラダラと時間だけを費やす働き方は決してしません。また,ドイツの会社と労働者の関係は,「労働契約書」によってすべて決まるそうです。「労働契約書」には,業務内容,義務,権利,禁止事項,給与,所定労働時間,残業時間,有給休暇などが細かく記載されています。したがって,労働者は,会社と交わした契約書の内容を超えた働き方はしませんし,会社もまた,させることはできません。そして,もし会社や上司がこの契約書の内容を守らない場合,厳しい罰則が科せられます。こうした背景として,ドイツでは,「性悪説」に基づく契約社会,つまり,書面にして制裁措置を決めておかないと必ずルールは破られるという考え方が社会の基盤にあるからだと言われています。

長時間労働,サービス残業,過労死などの深刻な労働問題を解決する糸口が見出せない日本は,オランダやドイツの働き方から学ぶべき点が多く,これからも研究が必要でしょう。

## 1-4 ワーキング・スタイルの変化

### 1-4-1 働き方のムーブメント

現在,サラリーマンの働き方は,変化しつつあります。ひとつは,サラリーマンの働き方そのものが変化していることであり,もうひとつは,サラリーマンではなく,いわば自由人として働くやり方の台頭です。

これまでの典型的なサラリーマンの働き方は，東京郊外で暮らし，自宅から通勤ラッシュのなか満員電車に揺られながら，都心にあるオフィスを往復するワークスタイルでした。ところが，最近，従来とは異なる働き方が顕在化してきました。それは，会社に通勤しなくても，モバイル機器を駆使すれば，自由にどこでも仕事ができるという「モバイルワーク」です。皆さんも飛行機や新幹線，カフェや公園のベンチでノートＰＣを使って仕事をしている個人やサラリーマンをよく見ませんか。

　また，これまでの働き方は，会社に新規採用または中途採用で入社し，組織のメンバーのひとりとして仕事を分業する働き方が一般的でした。ところが，最近では，特定の組織に所属せず，自分で会社を興したり，個人で仕事を請け負うワークスタイルもまた普及して来ました。これらは，「フリーランス」や「ノマドワーカー」とも呼ばれ，国内や海外を旅しながら，旅先で仕事するアドレスホッパーや人気ブロガーとして成功を収める人物もまた登場してきました。

　そして，こうしたオープンで自由な働き方に強い影響を及ぼしたのは，ＩＣＴ（情報通信技術）の飛躍的な進歩とノートＰＣ，タブレット端末，スマートフォンなどモバイル機器の普及・拡大があげられます。ＩＣＴの進歩とモバイル機器の進化が満員電車に揺られながら会社へ通勤し，オフィスで働く伝統的なワーキング・スタイルを打ち破り，新たな働き方の可能性を開きました。たとえば，会社員にもかかわらず，出社せず自宅で仕事をこなすスタイル，おしゃれなカフェや駅ナカの個室オフィス，コワーキングスペース，レンタルオフィス，シェアオフィス等を仕事場として利活用するワーキング・スタイルもまた出現しました。このように今日の働き方は，画一から多様へ，拘束から自由の方向へ大きく変質してきています。

## 1-4-2　働き方の類型化

　図表1-6は，2つの軸のクロスから4つの働き方のタイプを表したものです。縦軸は，働き方が会社に勤める「雇用型」か，個人で働く「自営型」かに分け

第1章 働くことを知る

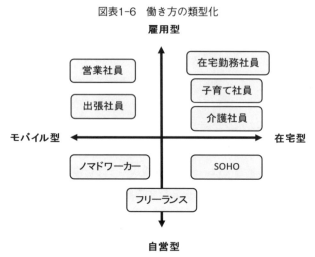

図表1-6 働き方の類型化

資料）株式会社テレワークマネジメントを参考に作成

ます。横軸は，移動可能な場所で仕事をする「モバイル型」か，自宅にて仕事をする「在宅型」かに分けます。

　最初に「雇用型-モバイル型」に当たる左上の次元は，会社に勤務しながら，移動可能なモバイル機器を使いこなして組織外部で自由に仕事をするタイプです。たとえば，自社の製品やサービスを顧客である消費者や会社へ提案し，注文を取るまでを担当する「営業社員」の仕事がその典型です。また，地方や海外へ赴き，現地で働く「出張社員」の仕事もまたモバイルワークに該当します。

　「雇用型-在宅型」に当たる右上の次元は，会社に勤務しながら，自宅で仕事をするタイプです。たとえば，親の介護が必要な「介護社員」，小さな子供を持つ「子育て社員」，ＳＥやプログラマーのようなＩＴ関連の「在宅勤務社員」などがこれに該当します。

　「自営型-モバイル型」に当たる左下の次元は，自営業者として働き，モバイル機器を携帯して自由な場所で仕事をするタイプです。たとえば，時間や場所にとらわれず仕事をする遊牧民と訳される「ノマドワーカー（Nomad Worker）」がその典型です。

18

「自営型-在宅型」に当たる右下の次元は，自宅の空き部屋を小さな事務所として個人または少人数で仕事をする「SOHO（Small Office／Home Office）」があげられます。

なお，特定の会社組織に所属せず，自分の才能や能力で生きていく「フリーランス（Freelance）」の働き方は，移動可能なモバイル機器を使用し，Wi-Fi環境にあるカフェやシェアオフィスで仕事をするケースもあれば，自宅の小さな事務所で仕事をする場合もあるため，下側の両方の次元にまたがるポジションに位置付けられます（なお，フリーランスに関する詳細については，第4章の4-5「副業とフリーランス」を参照してください）。

### 1-4-3 テレワークの現状

最後に，最近よく耳にするようになった「テレワーク」について紹介しましょう。「テレワーク（Tele-Work）」とは，自由な時間と離れた場所で仕事をする働き方をいいます。併せて，「テレワーク」と類似する概念として「リモートワーク（Remote-Work）」があります。これは，特定の会社に所属しつつ，サテライトオフィス（遠隔拠点）等で個人またはチームで仕事をすることです。

一般社団法人日本テレワーク協会によると，「テレワーク」には，自宅にいて，会社とはパソコンとインターネット，電話，ファクスで連絡をとる「自宅利用型テレワーク（在宅勤務）」，顧客先や移動中に，パソコンや携帯電話を使う「モバイルワーク」，勤務先以外のオフィススペースでパソコンなどを利用した「施設利用型テレワーク（サテライトオフィス勤務など）」の3つに分けられます。そして，こうした「テレワーク」の効果には，7つの点があげられます（図表1-7）。①非常災害時やパンデミック（感染症流行）時における事業継続，②通勤減少や電力消費・$CO_2$排出量の削減，③顧客への迅速な対応など生産性の向上，④ワーク・ライフ・バランスの実現，⑤優秀な人材の確保，⑥オフィスコスト（場所代，交通費，紙代）の削減，⑦高齢者，障害者，遠距離通勤者などに対する雇用創出と労働力創造です。

しかしながら，「テレワーク」の導入には課題もまた散見されます。平成29

年版の「情報通信白書」によると，すでに「テレワーク」を導入している企業の課題として，①情報セキュリティの確保，②対象業種が制限される，③適切な労務管理や人事評価が困難，④社員間のコミュニケーションの欠如があげられています。

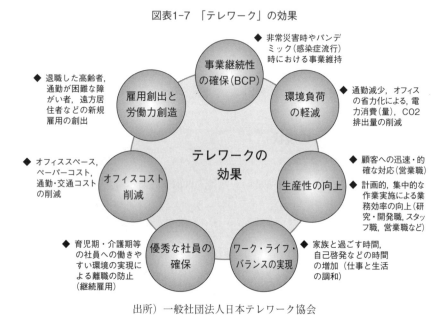

図表1-7 「テレワーク」の効果

出所）一般社団法人日本テレワーク協会

# 第2章 世界を知る

## 2-1 文化

### 2-1-1 文化と文明の違い

　ここでは,「文化」について触れたいと思いますが,その前に「文化」と「文明」の違いを明らかにしましょう。国語辞典を引くと,「文化(Culture)」とは,社会を構成する人々によって習得・共有・伝達される行動様式または生活様式の総体のように書かれています。たとえば,トヨタ自動車の社員が極端にムダを嫌う価値観を共有していたり,問題解決のため5回なぜを繰り返す(5 why)行動様式などは,トヨタの企業文化だと言えるでしょう。

　これに対し,「文明(Civilization)」とは,人知がもたらした技術的・物質的・経済的な所産とされています。たとえば,世界の4大文明(エジプト文明,メソポタミア文明,インダス文明,黄河文明)では,それぞれの地域で独自の文字,暦,建造物,宗教,石器,法典などが生み出されました。

　このように「文化」と「文明」の違いは,「文化」が人々に共有された価値観など,精神的な事柄を指すのに対し,「文明」は発達した技術的,物質的な所産(生み出されてもの)を意味するという違いがあげられます。

### 2-1-2 文化とは何か

　オランダの社会心理学者であるHofstede(1991)は,文化の概念をヒトの精神を形成する3つのレベルから説明しています(図表2-1)。まず三角形の底辺に位置する次元は,「人間性(Human Nature)」です。誠実さや愛情など全世界に共通する「人間性」は,現生人類を表すホモ・サピエンス(Homo Sapiens)として遺伝的にプログラミングされた普遍的なものを指します。

　この「人間性」の上に形成されるのが「文化(Culture)」です。つまり,「文化」とは個人ではなく,両親,家族,親戚,友人,教師,職場,企業,地域,

図表2-1 文化の概念

出所) Hofstede (1991)

国家という纏まりやカテゴリー特有の集団的現象であり,人は生まれたときからその属している集団から何らかのプログラミングを受けながら,絶えず学習し成長するのです。

そして,「文化」の上に形成されるのが「個性(Personality)」です。これは,個人特有の遺伝子や経験と学習によってプログラミングされるものです。

このように文化とは,個性や人間性とは異なり,集団やカテゴリー特有の集団的現象であることを覚えておきましょう。

### 2-1-3 自文化中心主義と文化相対主義

人々に共有された価値観など精神的な事柄を意味する「文化」を巡る知見として「自文化中心主義」と「文化相対主義」について触れてみましょう。自文化中心主義(Ethnocentrism)は,自分たちの文化が異なる文化より優れていると評価する態度です。たとえば,中国には,「中華思想」という文化があります。これは,古くから漢民族が持ち続けた自民族中心主義の思想であり,その意味は,中国が宇宙の中心と考える態度を表します。歴史を振り返ると,昔の朝鮮半島では,大に小がつき従うことで自分を守る「事大主義」と呼ばれる

思想がありました。これは，大国である中国に小国である韓国や日本が迎合しつかえる思想であり，中国が両親で韓国が長男（長女），日本が次男（次女）のように，中国からの距離が近い順に序列が形成されたことをいいます。

これに対し，文化相対主義（Cultural Relativism）は，すべての文化は優劣で比べず，対等であると評価する態度です。たとえば，一夫一婦制，倫理やモラルを守る日本の文化と一夫多妻制や間引き，食や性のタブーを持つアフリカやアマゾンの部族の文化との間には，優劣など存在せず，どちらも価値ある文化として対等に評価されるべきだとする考え方です。

この「文化相対主義」に類似する概念として「多文化共生」があります。総務省によると，「多文化共生（Multicultural Symbiosis）」とは，「国籍や民族などの異なる人々が互いの文化的ちがいを認め合い，対等な関係を築こうとしながら，地域社会の構成員として共に生きていくこと」と定義しています。「多文化共生」は，観光や留学そして仕事などで来日する外国人の数が今後とも増加が見込まれるなか，異なる文化を有する外国人とともに生きていく概念としてよく使用されます。

## 2-1-4　異文化理解

観光，留学，移住，赴任，移民など，これまで以上に国際的な人的移動が拡大した結果，異文化を理解する重要性はより強まっています。特に，国と国が陸続きでつながっているヨーロッパのような複雑な地形や環境とは異なり，日本は，国土がすべて海に覆われ，地震や台風などの天災も頻発するせいで外国との人的交流が促進されず，長い間，同質的な民族同士で暮らしてきました。ところが，近年，交通機関やグローバル・ネットワークの発達に加え，法人税減税に伴う外資系企業の参入，政府による入管法の改正やインバウンド政策，2020年の東京オリンピックや2025年の大阪万博の開催などがもたらす効果等で来日する外国人の数はうなぎ上りで増加しており，こうした時代の変化から，異文化理解の重要性がことさら強まってきています。

それでは，代表的な異文化理解（Cross-Culture Understand）に関する研究

について，少しだけご紹介しましょう。アメリカの文化人類学者であるHall（1976）は，コンテクスト（文章などの前後関係，出来事の背後関係）という概念を用いて，「ハイコンテクスト文化」と「ローコンテクスト文化」という2つの異文化コミュニケーションのパターンを明らかにしました。ハイコンテクスト文化（High Context Cultures）は，前後関係や背後関係についての共有性が高い文化であり，単純に言うと，いちいち言葉に出さなくても意思疎通ができる文化のように定義できます。そして，ハイコンテクスト文化圏に該当する国には，日本，中国，アラブ諸国があげられます。たとえば，日本では，口に出すことを嫌う例えとして，「口は災いのもと」「出る杭は打たれる」「見ざる言わざる聞かざる」などの多くの格言が古くから言われてきました。そして，口に出さなくても相手と意思疎通できるたとえでは「阿吽の呼吸」「空気を読む」「目で察する」「暗黙の了解」「忖度する」「場の雰囲気」などのことわざが昔から伝承されてきました。日本（人）で非言語による意思疎通（Non-Verbal Communication）が発達したのは，単一民族，島国，鎖国から，相手の意思をくみ取る能力が進化したと言われています。

一方，ローコンテクスト文化（Low Context Cultures）は，言語（Text）を通じて意思疎通する文化のように定義されます。そして，ローコンテクスト文化圏の国々には，ドイツ，オランダ，アメリカなどがあげられます。これらの国々は，歴史，言語，成立ちが異なる移民の手によって国が形成されました。そこで，できるだけ曖昧さを避け率直な言葉によって伝える能力が進歩したと言われています。

## 2-2　宗教

### 2-2-1　今なぜ宗教の知識は必要なのか

近年，日本を訪れる外国人の数は，年々拡大しています。日本政府観光局によると，2018年の「訪日外客数」は，過去最高の3,000万人を突破し，これは10年前に比べ，約4.5倍の伸びを記録したことになります。今後，オリンピックが開催される2020年には，「訪日外客数」が4,000万人になることが期待され

ています。一方，2018年の「出国日本人数」も過去最高の1,895万人となり，10年前の数字と比べ，約1.2倍まで拡大しました。

また，最近，コンビニや外食そして製造工場等の作業現場では，外国人労働者が目立つようになりました。厚生労働省によると，日本では働く外国人の数は，2018年10月で146万人まで達し，過去最高を記録しました。その内訳は，中国が全体の約3割弱を占める389,117人でトップを占め，次いでベトナム316,840人，フィリピン164,006人が続いています。外国人労働者が増加した主な要因では，①政府が推進している高度外国人材や留学生の受入れが進んでいる，②雇用情勢の改善が着実に進み，「永住者」や「日本人の配偶者」等の身分に基づく在留資格の方々の就労が進んでいる，③技能実習制度の活用により技能実習生の受入れが進んでいる等があげられます。そして，パーソル総合研究所によると，2030年時点における人手不足は，644万人とも推計されているため，これからも外国人労働者の数は，拡大していく可能性が高いと考えられます。

このように外国人の訪日行動と日本人の出国行動が同時並行で拡大している結果，異なる生活，習慣，言語そして信仰心に直面する機会が増加の一途を辿っています。そのため，私たちは，日頃から異なる生活習慣を学習するため「異文化理解」，異なる言語をマスターするため「外国語」を学んでいますが，異なる信仰心の理解については，ほとんど勉強しておらず，無知のまま生活しているのが実態です。このため，これからは異文化の理解や外国語の修得だけでなく，異なる信仰心に対する知識，すなわち，「宗教」についても，最低限の正しい知識を身に付けなければなりません。

## 2-2-2 「会社」と「宗教」

ビジネスを学ぶ私たちが「宗教」について学ぶべき理由には，3つの点があげられます。第1は，グーグル，フェイスブック，ゴールドマン・サックスなど欧米を代表する企業を中心に，禅やヨガの瞑想を通じた心を整える「マインドフルネス（Mindfulness）」が人気を博していることです。アップルの創業者

で亡くなったスティーブ・ジョブス（Steve Jobs）が禅に深く興味を持っていたことは，あまりにも有名ですね。最近では，日本の上場企業でも「マインドフルネス」の瞑想や呼吸法の研修を企画し，実施するケースが増加してきました。毎日，忙しく飛び回るビジネス・パーソンにとって心を落ち着かせ，ストレスを溜めない生活環境の整備は，ますます大事になってきています。「マインドフルネス」をより効果的なものにするためにも，その大元である「宗教」について正しく理解しなければなりません。

　第2は，グローバル化の影響から日本の会社で外国人社員が拡大の一途を辿っていることです。海外進出した先の国へ会社や工場を建設し現地人を雇用したり，国内の本社や工場で外国籍人材を新たに雇用するケースが拡大した結果,「宗教」に関する問題が浮上しています。たとえば，インドネシアやマレーシアなどイスラム教徒（ムスリム）の社員を雇用する場合には，プレイルーム（Pray Room）と呼ばれる礼拝室を完備する必要があります。また，1日に5回，メッカのカアバ宮殿の方向に向けてお祈りをする「サラート」と呼ばれる習慣についても理解しなければなりません。さらに，イスラム教には厳格な食物規制があります。たとえば，「豚」や「アルコール」等は厳しく制限されています。これは，ハラル（Halal）と呼ばれ，シャリア法（イスラムの教義に基づく法令）によると,「許されるもの」を意味します（逆に「禁止されるもの」は，ハラム（Haram）と呼ばれています）。このように日本の会社は，イスラム教徒を雇用する場合，彼らが信仰する「宗教」を正しく理解し，節度ある対応をとる必要があるのです。

　第3は，日本の会社が「宗教」と深く結びついていることです。というのも，日本では,「会社＝運命共同体」と考え，長期的な発展を遂げるため，カミ・ホトケを信仰し「商売繁盛・子孫繁栄」をお願いする習慣があります。たとえば，日本の大企業の社内や工場施設，中小企業の事務所には「企業内神社」が祭られています。なかには，供養塔や慰霊碑を持つ会社もあります。また，日本を代表する家電メーカーであるパナソニックには祭祀担当の社員までいるそうです。

## 2-2-3 宗教リテラシーの欠如

　私たち日本人は，これからの国際社会で異なる宗教（信仰心）を持った人たちと親しく交流し，仲良く付き合って行かなければなりません。そして，そのためには世界の宗教の基本知識を身に付けることが重要な課題です。小原（2018）は，ほぼすべての戦後世代で「宗教リテラシー」が欠如していると警鐘を鳴らしているように，日本人は「宗教」に対する知識や好奇心が余りにも少なすぎるようです。「クリスマスはキリスト教，大晦日（除夜の鐘）は仏教，初詣は神道」の如く，自由に変質してしまう日本人の宗教に対する感覚は，誤解を恐れずに言うと，とてもマイルドで大雑把でいい加減です。

　ところが，世界の国々や人々は違います。たとえば，ヨーロッパ諸国を旅行すると，文化，歴史，美術，音楽，哲学，法律までキリスト教の強い影響を垣間見ることができます。また，先進国であれ，新興国であれ，社会生活の根底部分や人々の心の中に「宗教」がしっかり溶け込んだ国家が数多く存在します。たとえば，ノーベル賞受賞者の数を見てもわかるとおり，アメリカは誰もが認める世界最高の科学技術大国ですが，その一方で，アメリカは今でも変わらぬ聖書主義（Biblism）の国家でもあります。Andersen（2017）は，全米でベストセラーとなった著書『ファンタジーランド』のなかで，「アメリカ人の3分の2は，天使や悪魔がこの世界で活躍していると信じている」「4分の1が魔女は存在すると信じている」「聖書は主に伝説と寓話であると思っている人は5人に1人しかいない」という世論調査が今でも出される現実と幻想の区別がつかない国民性からなるファンタジーランド（Fantasyland）とアメリカを揶揄しています。社会学者のマックス・ウェーバー（Max Weber）もまた，プロテスタンティズムの禁欲的な倫理が近代資本主義の精神に関わりあっていると指摘しています。これからの国際社会を生きる私たちは「宗教リテラシー」をしっかりと身に付ける必要があることを肝に銘じる必要があります。

## 2-2-4 世界の宗教比較

　最後に，世界の主な「宗教」について比較してみましょう。図表2-2を見て

第2章　世界を知る

図表2-2　主要な宗教比較表

|  | ユダヤ教 | キリスト教 | イスラム教 | ヒンドゥー教 | 仏教 | 神道 |
|---|---|---|---|---|---|---|
| 広がり | 民族宗教 | 世界宗教 | 世界宗教 | 民族宗教 | 世界宗教 | 民族宗教 |
| 信仰対象 | 一神教（ヤハウェ） | 一神教（ゴッド） | 一神教（アッラー） | 多神教 | 多神教（仏） | 多神教 |
| 開祖 | モーセ | イエス | ムハンマド | なし | 釈迦 | なし |
| 教典 | ユダヤ教典（旧約聖書） | 聖書（旧・新約聖書） | コーラン | ヴェーダ | 仏典 | なし |
| 起源 | 紀元前 | 約2000年前 | 約1400年前 | 紀元前 | 約2500年前 | 古代 |
| 信者数 | 1,510万人 | 22億5,450万人 | 14億3,140万人 | 9億1,370万人 | 3億8,430万人 | 8,474万人 |
| 食物タブー | あり | なし | あり | あり | なし | なし |

出所）小原（2018）など各種資料を基に作成

ください。それぞれの「宗教」を横軸に取り，いくつかの項目を縦軸に並べて「宗教」の違いを表しています。

　最初に，広がりで見ると，「キリスト教」「イスラム教」「仏教」は，特定の国や地域を超えて多数の国や地域に広がる「世界宗教」であるのに対し，「ユダヤ教」「ヒンドゥー教」「神道」は，特定の国や地域に狭く広がる「民族宗教」のように表現できます。たとえば，「ユダヤ教」はイスラエル，「ヒンドゥー教」はインドとネパール，「神道」は日本でそれぞれ篤く信仰されています。

　第2に，「ユダヤ教」「キリスト教」「イスラム教」は，「一神教」であるのに対し，「ヒンドゥー教」「仏教」「神道」は，「多神教」のように位置付けられます。たとえば，これら一神教の名前は，ユダヤ教が「ヤハウェ」，キリスト教が「ゴッド」，イスラム教が「アッラー」と呼ばれています。

　第3に，それぞれの宗教の開祖は，「ユダヤ教」が「モーセ」，「キリスト教」が「イエス」，「イスラム教」が「ムハンマド」であるのに対し，「ヒンドゥー教」はなし，「仏教」は「釈迦」，「神道」はなしという違いがあります。

　第4に，各宗教の教典は，「ユダヤ教」が「ユダヤ教典（旧約聖書）」，「キリ

スト教」が「新約聖書」,「イスラム教」が「コーラン」,「ヒンドゥー教」が「ヴェーダ」,「仏教」は「仏典」,「神道」はなしという違いがあります。

最後に,信者数は,「ユダヤ教」が約1,500万人,「キリスト教」が約22億人,「イスラム教」が約14億人,「ヒンドゥー教」が約9億人,「仏教」が約4億人,「神道」が約8,000万人となっています。

## 2-3 人口

### 2-3-1 世界の人口

図表2-3は,1950年から2050年までの世界の人口の推移を示したものです。世界の人口は,1927年20億人,1961年30億人,1974年40億人,1987年50億人,1998年60億人,2011年70億人を超え,現在も増え続けています。今後は,2020年77億人,2030年83億人,2040年88億人,2050年92億人まで膨張すると予測されています。

2020年における世界人口の内訳は,全体の6割をアジア地域が占め,次いでアフリカ地域が約2割となっています。時系列で見ると,今後とも世界の半分

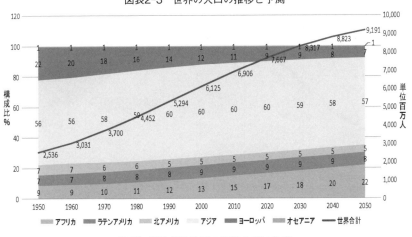

図表2-3 世界の人口の推移と予測

資料）総務省統計局の資料を基に作成

第2章 世界を知る

以上の人口を占めるのがアジア地域である一方で、アフリカ地域で人口爆発が予測されています。これに対し、ヨーロッパ地域の人口は、これからも、減少することが予想されています。

## 2-3-2 日本の総人口

国立社会保障・人口問題研究所によると、明治期から21世紀終わりまでの日本の人口推移は、ちょうど2010年前後をピークとした独立峰のような形になります（図表2-4）。「総人口」は、1880年（明治13年）の段階で僅か3,665万人でしたが、1965年（昭和40年）9,827万人まで増加し、1967年（昭和42年）には、初めて1億人の大台を超え、2015年（平成27年）には1億2,709万人となりま

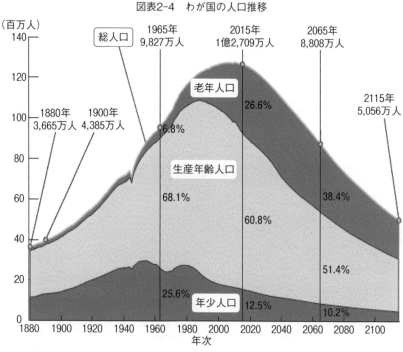

図表2-4　わが国の人口推移

出所）国立社会保障・人口問題研究所

した（過去最高は，2008年の1億2,808万人）。その後，総人口は急激に下がり始め，2065年の推計では8,808万人，2115年には5,506万人まで落ち込むことが予測されます。

　ところで，総務省統計局のデータによると，2018年（平成30年）8月時点における日本の「総人口」は1億2,649万6,000人ですが，これは，世界第10位の人口国家に相当します。外務省によると，世界の国の数は196ヶ国あるそうですが，「総人口」が1億を超える国は12ヶ国（上から順に中国，インド，アメリカ，インドネシア，ブラジル，パキスタン，ナイジェリア，バングラデシュ，ロシア，日本，メキシコ，フィリピン）しかなく，日本はその1ヶ国なのです。日本は，経済大国だけでなく，人口大国でもあることを忘れないでください。

　次に，「総人口」の極端な落ち込みと減少は，私たちの暮らしにどんな影響を与えるでしょうか。まず，都市部と地方における格差問題が懸念されます。人口減少は，都市部よりも地方でエスカレーションするため，地方の経済や自治が立ち行かなくなる可能性があります。また，人口減少は，国内消費市場の縮小を意味します。とりわけ，小売・飲食・娯楽・医療機関等生活関連サービスは，ある程度の人口規模のうえに成り立っている事業のため，市場の縮小は避けられません。一方で，国内消費市場の縮小は，イノベーションを生起しにくくさせる可能性があります。さらに，すでに社会問題となっている「空き家」「空き店舗」「工場跡地」「耕作放棄地」等の増加もまた，より一層深刻化が懸念されます。最後に，人口減少は，町内会や自治会といった住民組織の担い手不足をもたらし，地域コミュニティの崩壊にもつながる危険性があります。このように人口減少の現象とは，無数の問題を引き起こすため，その抜本的な対策が求められます。

## 2-3-3　生産年齢人口

　「総人口」のなかで仕事に従事できる能力と資格を持つ世代を「生産年齢人口」と呼びます。通常，15歳以上65歳未満の人口を指す一方で，生産年齢人口の割合が拡大し，税収が豊かになり，経済が成長する状態を「人口ボーナス（賞

与）」，逆に生産年齢人口が少なくなり，社会保障が増大し，経済発展が困難になる状態を「人口オーナス（重荷）」といいます。

　総務省統計局によると，2018年（平成30年）8月時点における日本の「生産年齢人口」は7,552万5,000人で，「総人口」に占める割合は約60％となっています。そして，今後，2065年になると「生産年齢人口」の割合は，全体の51.4％まで減少することが予測されています。つまり，約50年後の日本では，国民に占める働き手の割合が2分の1まで縮小することを，これは物語っているのです。

　次に，「生産年齢人口」の国際比較を調べてみましょう。すると，日本は世界の主要国のうち，もっとも稼ぎ手となる人口が衰退する国家であることが分かります。たとえば，2040年時点で見ると，日本は53.5％の割合であるのに対し，アメリカ60.6％，中国62.2％，シンガポール58.6％，韓国56.3％と，どの国よりも「生産年齢人口」の減少が著しいことが分かります。

　それでは，「生産年齢人口」の大幅な減少は，いったいどのような難題を日本へ投げかけるのでしょうか。それは，15歳以上65歳未満の人々が「働き手」であると同時に消費の担い手（つまり，買い手）であることがポイントです。まず，「働き手」の視点で見ると，「生産年齢人口」の減少は，深刻な労働力不足の問題を生じさせます。そして，慢性的な人手不足によって頻繁な残業が発生し，長時間労働が拡大することが懸念されます。次に，「買い手」の立場から見ると，「生産年齢人口」の低下は，消費（内需）の縮小を招く一方で，それに伴い，企業の設備投資の減少を促進させます。つまり，「消費」も「投資」も大きく落ち込んでしまうため，ＧＤＰ（国内総生産）は伸び悩み，日本経済の成長力が衰退してしまうことが懸念されます。

　最後に，個人消費の低下は，企業の業績に大きな影を落とすことにつながります。これにより，企業と消費者の双方が税金を納めることができなくなり，税収が落ち込む可能性もまた危惧されます。

## 2-3-4　年少人口

　日本には，様々な人口問題が潜んでいますが，なかでも深刻な課題として，「年少人口」，つまり「少子化」があげられます。「少子化」とは，その名のとおり，子供の数が少なくなる現象を指します。総務省統計局によると，2018年8月時点における15歳未満人口は1,546万3,000千人であり，「総人口」に占める割合を指す少子化率は12.2％となっています。1965年の少子化率は，25.6％であったことを考えると，約50年間で13.4％も年少人口は減少したわけです。しかも，2065年には10.2％まで落ち込むことが予測されています。

　日本では，将来的にも子供の数が増えない状況が続くわけですが，それでは，「少子化」の主な理由について説明してみましょう。ひとつは，結婚している女性の出生率の低下があげられます。1人の女性が一生のうちに出産する子供の平均数を「合計特殊出生率」といいますが，わが国の「合計特殊出生率」は，「第1次ベビーブーム期（1947～49年まで）」に4.3を超え，年間で約270万人の出生数を記録しました。「第2次ベビーブーム期（1971～74年まで）」には出生率が2.1まで下がりましたが，年間で約210万人が生まれました。しかし，その後「合計特殊出生率」は，ドンドン下降線を辿り，2005年には過去最低の1.26という数値まで落ち込みました。近年は，若干改善されて微増傾向が続いていますが，直近に当たる2017年の出生率は1.43，年間で約95万人の出生数となり，100万人を割り込む事態となっています。

　もうひとつは，女性の「非婚化」「晩婚化」そして「晩産化」があげられます。「非婚化」とは，結婚しない男・女が増加することであり，これを示す未婚率は，男・女とも上昇を続けています。「少子化社会対策白書」によると，男性の未婚率は，2015年の段階で23.4％に達し，おおよそ男性の4人に1人が未婚である実態が浮き彫りにされました（女性の未婚率は14.1％）。

　これに対し，「晩婚化」は，平均初婚年齢が高くなることであり，少子化社会対策白書によると，2016年の段階では，夫が31.1歳，妻が29.4歳となっています。

　そして，「晩産化」は，女性の出産する年齢が年々高くなることです。厚生

第2章 世界を知る

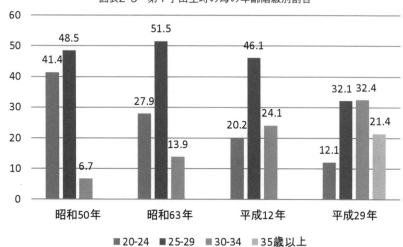

図表2-5 第1子出生時の母の年齢階級別割合

資料）厚生労働省 平成29年人口動態統計及び人口動態統計特殊報告を基に作成

労働省の「人口動態統計」によると，第1子出生時の母の年齢階級別割合は，図表2-5のようになっています。昭和50年当時，20-29歳までの間に第1子を産んだ母の割合は約9割にも達し，30-34歳までの割合は僅か7％でした。昭和63年になると，20-29歳までの割合は8割を切り，30-34歳までの割合は14％まで上昇しました。平成12年になると，20-29歳までの割合は7割を切り，30-34歳までの割合は24％まで上昇しました。そして，平成29年には，20-29歳の割合は44.2％まで落ち込み，30-34歳の割合は32.4％まで上昇しました。さらに，これまで見られなかった35歳以上の割合が21.4％を占め，母の晩産化の拡大が浮き彫りとなりました。

それでは，なぜ女性の「非婚化」「晩婚化」「晩産化」が進んだのでしょうか。その主な理由には，女性の社会進出が拡大したこと，伝統的な価値観に対し多様化が進んだこと等があげられます。

## 2-3-5　老年人口

　高齢化社会とは，総人口に占める65歳以上の人々の比率が拡大している社会を指し，その割合のことを「高齢化率」と呼んでいます。総務省統計局のデータによると，2018年8月の時点における65歳以上の老年人口は3,550万8,000人であり，「総人口」に占める割合を示す高齢化率は28.1%でした。これを1950年時点での数字と比較した場合，当時の総人口は8,320万人であり，そのうち65歳以上人口は411万人，高齢化率は4.9%でした。つまり，この間における高齢化の割合は，20%以上も拡大したことになります。さらに，2065年を迎えると，総人口は8,808万人と減少しますが，65歳以上人口は3,381万人となり，高齢化率は38.4%まで上昇することが予測されています。

　それでは，世界の国々に比べ，現在の日本の高齢化率は，どう位置付けられるでしょうか。結論から言うと，日本は，世界最高水準の高齢大国となっています。総務省統計局のデータによると，2018年の世界の高齢化率は，日本（28.1%）が最も高く，次いでイタリア（23.3%），ポルトガル（21.9%），ドイツ（21.7%）の順となっています。同じく，高齢者の就業率を比べても，日本は主要国のなかで最高の水準にあります。2017年における高齢者の就業率は，日本が23.0%に対し，アメリカ（18.6%），カナダ（13.5%），イギリス（10.5%），ドイツ（7.0%）となっています。つまり，今日の日本は，世界最高の高齢化社会に突入する一方，元気に働き活躍するシニアの割合もまた世界一の国なのです。

　さらに，日本の高齢者について触れると，平均寿命もまた世界最高水準にあります。国立社会保障・人口問題研究所によると，2017年の日本人の平均寿命は，男性81.09歳，女性87.26歳でしたが，2065年になると，男性84.95歳，女性91.35歳まで伸びることが推計されており，女性の100歳時代の到来は，もう目の前まできています。平均寿命が伸び，高齢者が拡大の一途を辿っている現実は，国家や国民にとって大変喜ばしい出来事です。経験や知識を持つ元気なシニア世代が就労やボランティアなどを通じて社会参加してもらえれば，人手不足の解消にもつながるし，高齢者の活躍が若手世代へ影響を与え，地域コミュ

ニティ等の発展にも貢献してくれることが期待されています。

その一方で，高齢化社会の到来を手放しに喜ぶことはできません。年金，医療，介護等の社会的コストは，間違いなく拡大するでしょうし，現役世代の負担は，今後とも重くのしかかることに間違いありません。日本は，世界に先駆けた高齢大国であり，どの国にもお手本がないため，自らの知恵と努力で難しい課題を克服していかなければなりません。

## 2-4 各国体制

### 2-4-1 政治・経済体制

世界の国々は，それぞれ独自の政治・経済体制を採用しています。ここでは，政治・経済体制のタイプを4つに分け，どの国がどんな体制を構築しているかについて考察しましょう。

まず，「政治体制」は，「民主主義」と「独裁主義」に大別できます。「民主主義（Democracy）」は，一言で表すと「国民主権」という考え方です。つまり，国のカタチやあり方を決める権利は国民が持っているため，選挙によって国民が代表者を選び，その代表者に政治を任せるわけです。これに対し，「独裁主義（Despotism）」は，「支配者主権」とも言い表せます。すなわち，政治権力が1人または1政党に集中し，国家を支配体制に置いて政治を行うスタイルです。

次に「経済体制」は，「資本主義」と「社会主義」に大きく分けられます。「資本主義（Capitalism）」は，資本家と呼ばれる個人が資本（資金，土地，工場設備など）を所有し，労働者を雇用しながら自由に競争して利潤を得るしくみです。資本主義は，自由に競争する活力によって経済は成長しますが，一部の個人（資本家）に富が集中するため，貧富の格差が生まれ，不平等になりやすいという側面があります。これに対し，「社会主義（Socialism）」は，国が資本（資金，土地，工場設備など）や労働者を持つため，自由な競争は生まれません。国が策定した計画に則り，資本や労働者は統制されるため，貧富の格差や不平等は生まれない反面，競争が不在のため，経済の成長が見込めないとい

う課題があります。

このような「政治体制」と「経済体制」を縦軸と横軸に取り，それぞれクロスすると，4つの政治・経済体制のモデルが浮き彫りとなります（図表2-6）。世界の国々は，多かれ少なかれ，これら4つのモデルのどれかに該当します。以下では，4つのモデルそれぞれについて詳しく見ていきましょう。

図表2-6 政治・経済体制の類型化と該当する国家

|  | 社会主義 | 資本主義 |
|---|---|---|
| 民主主義 | 民主社会主義<br>（スウェーデン）<br>（ノルウェー）<br>（フィンランド）<br>（デンマーク） | 民主資本主義<br>（アメリカ）<br>（日　本）<br>（イギリス）<br>（ドイツ）<br>（フランス） |
| 独裁主義 | 独裁社会主義<br>（中　国）<br>（ベトナム）<br>（キューバ）<br>（ラオス）<br>（北朝鮮） | 独裁資本主義<br>（サウジアラビア）<br>（カタール）<br>（シンガポール）<br>（ロシア） |

（政治体制：縦軸　経済体制：横軸）

資料）池上（2016）など各資料を参考に作成

## 2-4-2 民主資本主義

政治体制が「民主主義」で経済体制が「資本主義」に該当する右上のモデルをここでは便宜的に「民主資本主義」と呼びます。このモデルは，資本主義の経済体制を採用しながら，国のカタチやあり方を決める権利は国民が持っている「国民主権」を採用しているパターンです。このモデルに該当する国々には，アメリカ，日本，イギリス，ドイツ，フランスなどがあげられます。これらの国々は，自由競争を通じて高い経済発展を遂げる一方で，貧富の格差や社会的不平等といった課題を抱えた国々といえます。

### 2-4-3　独裁資本主義

　政治体制が「独裁主義」で経済体制が「資本主義」に当たる右下のモデルをここでは「独裁資本主義」と呼びます。このモデルは，資本主義の経済体制を採用しながら，特定の人物に政治権力が集中しているパターンです。このモデルに該当する国々には，サウジアラビア，カタール，シンガポール，ロシア等があげられます。具体的に言うと，サウジアラビアはサウード家による「絶対君主制」，カタールはサーニー家による「首長制」，シンガポールは建国の父リー・クアンユー以来の「開発独裁」，ロシアはプーチン大統領の「長期政権」がこれに該当します。

### 2-4-4　民主社会主義

　政治体制が「民主主義」で経済体制が「社会主義」に当たる左上のモデルをここでは「民主社会主義」と呼びます。このモデルは，社会主義的な経済体制を採用しながら，国のカタチやあり方を決める権利は国民が持っている「国民主権」を採用しているパターンです。このモデルに該当するのは，スウェーデン，ノルウェー，フィンランド，デンマークなど北欧の国々があげられ，このため「民主社会主義」は，「スカンジナビアモデル」とも呼ばれています。これらの国々では，ＧＤＰ（国民総生産）や国の発展など経済の成長を達成すること以上に，教育，福祉，環境，労働時間，自由時間，ＧＮＨ（国民総幸福量）など社会的平等や格差是正を重視しています。そのため，このモデルは，同じ社会主義といっても1991年に崩壊したソビエト社会主義共和国連邦のような政治体制とは異なり，むしろ，よりマイルドな資本主義に近い社会主義であると表現できるでしょう。

### 2-4-5　独裁社会主義

　政治体制が「独裁主義」で経済体制が「社会主義」に当たる左下のモデルをここでは便宜的に「独裁社会主義」と呼びます。このモデルは，社会主義の経

済体制を採用しながら，特定の人物に政治権力が集中しているパターンです。たとえば，このモデルに該当する国々には，中国，ベトナム，キューバ，ラオス，北朝鮮等があげられます。中国は「中国共産党」，ベトナムは「ベトナム共産党」，キューバは「キューバ共産党」，ラオスは「ラオス人民革命党」が一党独裁体制を敷いています。また，北朝鮮は世襲による独裁体制によって国内を支配しています。

## 2-5 キャッシュレス社会

### 2-5-1 キャッシュレスとは何か

　最近,「キャッシュレス」という言葉をよく耳にします。経済産業省によると，「キャッシュレス（Cashless）」は，「物理的な現金（紙幣・硬貨）を使用しなくても活動できる状態」をいいます。今，日本は国をあげて「キャッシュレス化」を推進しています。計画では，2027年までにキャッシュレス決済比率を今の約2割から約4割まで引き上げることを目標としています。

　どうして日本では，「キャッシュレス化」を推し進めているのでしょうか。第1は，労働力の不足があげられます。これから日本は，少子高齢化が進みます。また，生産活動の中心となる15歳以上65歳未満の人口を意味する生産年齢人口の減少もまた併せて進みます。このような人手不足を代替するひとつの方策として，最近のスーパーやコンビニなどの実店舗等で導入が進んでいる無人化・省力化に注目が集まっているのです。

　第2は，消費の活性化もまた期待できます。スーパーやコンビニなどの小売業でキャッシュレス決済が普及すれば，レジ待ち等の煩わしさが解消されるだけでなく，ショッピングそのものがしやすくなり，より消費の拡大につながる可能性があります。併せて，キャッシュレス決済は，電子商取引と相性が良いため，インターネット・ショッピングのさらなる活発化を促します。

　第3は，国をあげた大小様々な国際的なイベントが目白押しだからです。特に，2020年の東京オリンピック・パラリンピック，2025年に予定されている大阪・関西万博の開催は国をあげた大イベントなので，世界中から外国人観光客

が日本に押し寄せることは確実です。このため，世界的に普及が進んでいる電子決済の加速化が叫ばれているのです。

第4は，現金を持ち歩くことによる盗難や紛失の危険性を低減できます。キャッシュレス決済を通じて，販売するお店側も消費するお客側も，町のATMや金融機関に出向き現金を引き出す行為やお金を管理する手間も省けます。

第5は，電子マネー，デビットカード，クレジットカードの利用履歴が電子データ化されるため，資産管理が容易となります。また，キャッシュレス決済ごとにポイントやマイルなどが貯まることも大きな魅力と言えるでしょう。

## 2-5-2　キャッシュレス決済比率の低い日本

次に，世界各国のキャッシュレス決済比率を見てみましょう。図表2-7を見ると，キャッシュレス決済比率が異様に高い韓国と極端に低い日本またはドイツが目を引きます。韓国の比率は89.1％まで達し，他国を圧倒しています。韓国は，クレジットカードの利用率が72.3％と高く，デビットカードやプリペイドカードの利用率を合わせると，現金以外の決済比率が約9割にも及んでいます。1997年に勃発したアジア通貨危機を通じて，韓国の経済は大打撃を受けましたが，この際，脱税の防止や消費の活性化を実現するため，クレジットカードの利用促進策が打ち出されたのがキッカケだと言われています。

中国のキャッシュレス比率もまた高く60％まで達しています。これは，国内において現金の安全性（偽札問題），透明性（脱税問題），コスト（印刷・流通コスト）などの課題が内在したからです。また，アリババの決済サービス「支付宝（アリペイ）」，テンセントの「微信支付（ウィーチャットペイ）」の普及もまた，キャッシュレス化を加速させた原動力となりました。

それ以外の国々は，おおよそ40％～50％台で進展しているのに比べ，日本は18.4％，ドイツはさらに低い14.9％であり，キャッシュレス化が非常に遅れているように映ります。日本は，1人当たり約8枚のカード（クレジットカード，デビットカード，電子マネー）を保有する「カード保有大国」です。なので，本来であれば，キャッシュレス決済比率は最も高くなるはずです。しかし，そ

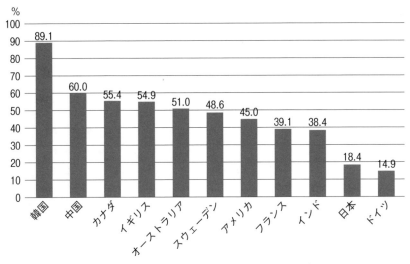

図表2-7 各国のキャッシュレス決済比率の状況

出所）経済産業省「キャッシュレス・ビジョン」

れが低いのは，特定のカードだけを繰り返し使用し，未使用な各種カードを数多く保有しているからです。

　それでは，なぜ，日本は各国と比べキャッシュレス決済比率が低いのでしょうか。第1に，治安の良さがあげられます。たとえば，現金を落としても返ってくることやお財布泥棒に会うこともほとんどありません。第2に，偽札の少なさがあげられます。中国では偽札の横行がキャッシュレス化に拍車を駆けたと言われていますが，日本では，お金の偽造はほとんどありません。第3に，現金に対する信頼があげられます。日本の紙幣がきれいなのは，お金に対する信頼や安心感が高いからです。第4に，日本ではお年玉やお小遣い，冠婚葬祭などの儀礼の場で現金が必要とされるからです。第5に，「使い過ぎ」等への不安感があげられます。日本では，カードを使い過ぎで膨大な支払いが発生することに大きな危機感を感じている人が少なくありません。第6に，店舗等で使用される端末やＰＯＳシステムの優秀さがあげられます。店舗で使用されるキャッシュレジスターの性能は高く，現金払いで起こり得る手間や煩雑さはあ

りません。また,「販売時点情報管理」と呼ばれるPOSシステムにおいて現金支払いが障害になることはなく,高速かつ正確に処理することができます。第7に,町内,施設内そして店舗内にもATMマシンが隅々まで設置されているため利便性が高く,容易に現金を入手できる環境が整っています。

## 2-5-3　キャッシュレス決済に対する不安

　世界各国のキャッシュレス化が進展するなか,日本では,現金主義,現金払い信仰が根強く続いています。これは,多くの日本人にキャッシュレス化に対する不安があるからです。博報堂生活総合研究所が行った調査によると,「キャッシュレス社会」の賛否について聞いたところ,賛成49％：反対51％という結果となりました。そして,これを性別で見た場合,男性は賛成59％：反対41％と賛成が反対を上回り,女性は賛成39％：反対62％と反対が賛成を上回るという正反対の結果が得られました。女性が「キャッシュレス社会に反対する理由として「浪費しそうだから」「お金の感覚が麻痺しそうだから」といった使い過ぎの不安を指摘する声が多くあがりました。

　もうひとつ,経済産業省が行った調査結果をご紹介しましょう。それによると,日本人がキャッシュレス社会に対して不安感を抱く主要な理由としては,第1に,セキュリティの不安があげられます。特に,男性が抱く不安の声として,システムダウンに対する懸念,暗証番号や個人情報の流出に対する不安,システムの脆弱性をついた不正の可能性があげられました。

　第2に,自己決定権,知られない権利を侵害されることの不安です。つまり,キャッシュレス化により,購買履歴や購買特性などの個人データが収集,利活用されてしまう不安を抱いていることです。

　第3に,特に年配層における不安があげられます。キャッシュレス社会になった際,年配層ほど,「使いこなせない」「店に嫌がられる」「時代に取り残されてしまう」という懸念が強いようです。

第 **3** 章

# 経済を知る

## 3-1　各国の経済と政策

### 3-1-1　世界経済のゆくえ

　現代は「VUCA」の時代と言われています。「VUCA（ブーカ）」とは，Volatility（変動性），Uncertainty（不確実性），Complexity（複雑性），Ambiguity（曖昧性）の頭文字から成る言葉であり，その意味は，これら「変動性」「不確実性」「複雑性」「曖昧性」が同時に起こるような混沌とした時代や世界をいいます。そして，VUCAの時代を迎えた世界経済では，以前のアメリカと旧ソ連が繰り広げた冷戦（Cold War）のように，超大国のアメリカに新興国の中国が肉薄し，互いに競い合う２強体制が顕在化しつつあります。

　図表3-1は，アメリカ，中国，日本そしてドイツの名目ＧＤＰ（ＵＳドル）の推移を1980年以降，５年単位で表すとともに，ＩＭＦ（国際通貨基金）のスタッフによる2023年の予測値を書き加えたものです。なお，ご承知のとおり，ＧＤＰ（Gross Domestic Product）は，モノやサービスの付加価値（儲け）の総額を意味します。

　これを見ると，1980年以降のアメリカは，現在まで世界一のＧＤＰ大国を維持しています。1980年当時を見ると，ＧＤＰは２兆8,573億ドルでしたが，2017年には，19兆4,854億ドルまで増加を続けています。つまり，アメリカという国家は，この37年間でＧＤＰ規模が約７倍まで膨張したわけです。

　一方，1980年当時の中国のＧＤＰは，僅か3,053億ドル足らずでした。しかし，2017年には，12兆146億ドルまで増加しています。つまり，中国は，この37年間でＧＤＰ規模を約39倍まで膨張させたわけであり，恐るべき成長性が見て取れます。

　次に，日本のＧＤＰの変化はどうでしょうか。1980年当時，日本のＧＤＰは１兆1,054億ドルで，アメリカに次ぐ世界第２位の規模を誇っていました。

第3章 経済を知る

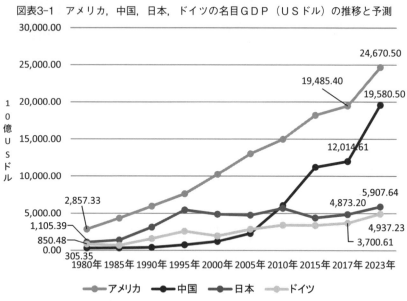

図表3-1 アメリカ、中国、日本、ドイツの名目ＧＤＰ（ＵＳドル）の推移と予測

出所）ＩＭＦ World Economic Outlook Databases

　1995年になると、ＧＤＰ規模は５兆4,491億ドルまで増加しましたが、その後は、ほぼ横ばい状態が続き、2017年は４兆8,732億ドル、この間の伸び率は約４倍となっています。

　最後に、ドイツは1980年当時、ＧＤＰ規模が8,505億ドルでした。2017年になると、３兆7,006億ドルまで増加し、この間のＧＤＰ成長率は約４倍を記録しています。

　それでは、将来の国別ＧＤＰの数字は、どのように予測されているでしょうか。先ほど触れたＩＭＦのスタッフによると、2023年の予測値は、アメリカ24兆6,705億ドル、中国19兆5,805億ドル、日本５兆9,076億ドル、ドイツ４兆9,372億ドルとなり、アメリカと中国が依然として高い伸びを示す一方で、日本とドイツは、緩やかな伸びが見込まれています。また、国内外のシンクタンク等が2050年の予測を発表していますが、それによると、中国が世界一となる予測が大勢を占め、第２位はアメリカかインドのどちらかになる可能性が高いと発表

されています。他方，日本の順位は，残念ながら第4位から第8位まで下がることが予測されています。

## 3-1-2　日本

　ここでは，戦後の日本経済から振り返ってみよう。1985年（昭和60年），米国の輸出競争力を高め，膨らんだ貿易赤字を解消する目的から，各国が協調行動してドル高を是正し，ドル安の方向へ誘導する「プラザ合意」が交わされました。その結果，様々な内需振興策が打ち出され，その過程において「株価」や「地価」などの資産価値が急騰しました。たとえば，1989年（平成元年）における「株価」は38,915円のピークを迎え，同じく，1991年（平成3年）における東京の地価平均は，2,740,900円まで上昇し，過去最高値を記録しました。ところが，「株価」と「地価」の高騰による急激なインフレーション（物価高騰）を恐れた当時の大蔵省（現財務省）が行き過ぎた不動産価格の高騰を抑える「総量規制」政策を実施し，日本銀行もまた公定歩合を2.5％から6％台まで引き上げ，融資を抑える「公定歩合」政策を実行に移した結果，「株価」と「地価」を含む資産価値が大幅に下落し，結果として，消費需要の長期的停滞を引き起こしました。

　その後，日本は，「失われた30年」とも呼ばれる長い低成長時代に突入します。1990年代から2000年代にかけて，地価・株価とも長い低迷が続きました。そして，この間に国内では，1995年（平成7年）に阪神・淡路大震災や地下鉄サリン事件が起こりました。世界に目を転じても，1997（平成9）年に起こったアジア通貨危機，2008年（平成20年）にはリーマン・ブラザーズの経営破綻に伴う金融危機（リーマン・ショック）が相次いで起こり，日本経済の回復に水を差すことになりました。

　2010年代に入ってからも，危機は続きました。2011年（平成23年），まだ記憶に新しい東日本大震災が起こり，福島第一原発事故を招き，その後，すべての原発の稼働が止まるなど，日本は国土だけでなく経済や社会も大打撃を受けました。

第3章　経済を知る

　2012年（平成24年），政権が代わり安倍内閣が発足すると，大胆な「金融政策」，機動的な「財政政策」，民間投資を喚起する「成長戦略」という3つの柱からなる経済政策（アベノミクス）が実行に移されました。その結果，低迷していた株価は次第に上昇に転じ，2018年の日経平均株価は，20,014円まで回復しました。一方，地価平均価格は，相変わらず横ばい状態が続いており，2018年の時点では1,003,601円となっています（図表3-2）。

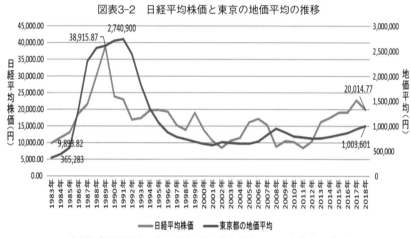

図表3-2　日経平均株価と東京の地価平均の推移

資料）「世界経済のネタ帳」及び「土地代データ」を基に作成

　次に，今後の日本経済の課題を考えてみましょう。「オリンピック後の景気」「少子高齢化」「財政問題」「社会保障」「デフレ経済」「エネルギー問題」「消費税」「外国人労働力」など，問題は山積していますが，ここでは，「エネルギー問題」を取り上げて見たいと思います。

　言うまでもなく，日本は，世界屈指のエネルギーの消費大国ですが，エネルギー自給率は8％と少なく，そのほとんどを海外からの輸入に頼っています。（電気事業連合会によると，日本のエネルギー自給率は8％で先進国35ヶ国中2番目に低い水準である一方で，ノルウェーは702.6％でトップ，アメリカは92.2％で第7位，イギリスは65.8％で13位となっています）。

46

また，2011年（平成23年）3月に勃発した東日本大震災の影響から，原子力発電が長期停止しています。このため，火力発電による発電量が大幅に増えたことで，輸入燃料費の増大や二酸化炭素（$CO_2$）排出量の増加という深刻な影響が出ています。また，火力発電の燃料である原油の86％は，主にサウジアラビア（35.7％）やアラブ首長国連邦（24.5％）から調達し，天然ガスの24％もまた，カタール（14.5％）やアラブ首長国連邦（6％）などのいずれも中東にかなり依存しているのが実態です。なお，自然のエネルギーを活用する太陽光発電や風力発電などの再生可能エネルギーが注目されていますが，残念ながら，これだけでは，国内の高いエネルギー消費量を賄うことができない状況にあります。経済産業省資源エネルギー庁によると，再生可能エネルギーによる発電は，面積当たりの発電量（エネルギー密度）が小さく，稼働している時間が短いからだと説明しています。太陽光発電は，夜間や雨そして曇りの日には発電できません。風力発電も，風が止んでいる時，台風や強風の時にも設備故障のリスクがあり運転できません。さらに，原発の平均設備利用率は80％に対し，太陽光発電は15％，風力発電は20％程度と非効率である一方で，原発や火力発電に比べ，再生可能エネルギー発電は，広大な敷地を必要とします（図表3-3）。

図表3-3　原子力発電1年間分と同じ発電量を得るために必要な面積

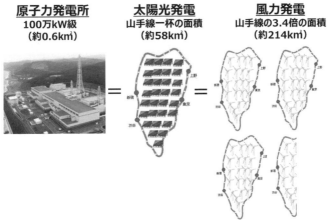

出所）経済産業省資源エネルギー庁

### 3-1-3 アメリカ

　アメリカは，言うまでもなく，あらゆる点で世界一の超大国です。「名目ＧＤＰ」「国際競争力」「貿易輸入額」「(国際) 移民」「インバウンドがもたらす観光収入」「ノーベル賞受賞者数」「軍事力」など，どれを取り上げても世界ナンバーワンの国家だと言えます。

　そんなアメリカでは，今日，数多くの課題に直面しています。まず，移民問題では，メキシコとの国境にメキシコ政府の資金で壁をつくる計画が波紋を呼んでいます。というのも，人口約３億人のアメリカには，1,100万人以上もの不法移民がおり，そのなかの約８割がメキシコ国境線を越えて侵入するヒスパニック人（中南米からの移民やその子孫であるスペイン語系アメリカ人）と言われているからです。

　第２に，貿易問題では，為替操作国，巨額な貿易赤字，ハイテク摩擦，知財侵害等を巡って，中国との間で新冷戦（New Cold War）時代に突入しています。今日の中国は，経済力や軍事力の面で超大国アメリカに肩を並べるまで成長しました。中国はまた，世界最大の対米貿易黒字国でもあります。このため，アメリカは，中国の急速な追い上げに対し，何もしないで手をこまねくのではなく，輸入制限，高関税，追加関税などの対抗的措置を断行するなど，積極的な対決姿勢を取り始めました。

　第３に，安全保障問題では，特に中国の軍事的な脅威に対し，アメリカは，日本や韓国との安全保障同盟をより一層強化し，これに対抗する構えを見せています。

### 3-1-4 欧州

　外務省によると，欧州連合（European Union：ＥＵ）とは，欧州連合条約に基づき「経済通貨同盟」「共通外交・安全保障政策」「警察・刑事司法協力」等のより幅広い分野での協力を進める「政治・経済統合体」と定義されています。

　欧州連合の長い歴史は，1946年代当時のイギリス首相であるウィンストン・チャーチルがスイスのチューリッヒ大学での演説のなかで「ヨーロッパ合衆国

（The United States of Europe）」を声高に提唱したことから始まります。この背景には，アメリカの一極支配体制に対抗する手段であり，欧州諸国がアメリカとは異なる連合体組織の構築を目指すことでした。それから70年以上の歳月が流れ，2019年現在，ＥＵに加盟する国々は，ベルギー，ブルガリア，チェコ，デンマーク，ドイツ，エストニア，アイルランド，ギリシャ，スペイン，フランス，クロアチア，イタリア，キプロス，ラトビア，リトアニア，ルクセンブルク，ハンガリー，マルタ，オランダ，オーストリア，ポーランド，ポルトガル，ルーマニア，スロベニア，スロバキア，フィンランド，スウェーデンそして英国（但し，英国は，2016年６月の国民投票の結果を受け，離脱に向けて交渉中）など，計28ヶ国に及びます。

　ＥＵの特徴は，あらゆる分野での統合を目指していないことがあげられます。特に，各国の言語については，英語万能主義を排除して複数言語主義を採用しています。というのも，言葉とは，そもそも自国そのものを現し，これを捨てることは，国としての歴史や文化などアイデンティティを喪失することに成りかねないからです。

　さて，現在のＥＵは，大きな曲がり角に立たされています。それは，シリア，コソボ，アフガニスタンなど中東地域から大量のイスラム教難民がドイツ，スウェーデン，ハンガリー，イタリア，フランスなどのＥＵ諸国へ押し寄せた影響によるものです。このような移民の急増から，ＥＵ各地では，近年，テロリストによる甚大な事件が勃発し，治安の悪化を招きました。加えて，大量に押し寄せた移民を支援するための負担増から，ＥＵ経済は，大きく落ち込みました。とりわけ，ＥＵの中心国であるドイツは，最も移民を受け入れた影響から経済が落ち込み，イタリアもまた景気後退を起こしました。さらに，イギリスは，ＥＵからの離脱で大きく揺れています。

　イギリスによるＥＵ離脱は，"ブレグジット（Brexit）"と呼ばれています。これは，イギリス（Britain）と離脱（Exit）を組み合わせた造語であり，イギリス国内に移民が流入した結果，雇用や財政の悪化を招き，ナショナリズムが台頭した現象を指します。2016年にＥＵを離脱するか否かの国民投票が実施さ

れ，僅差で離脱が決定しましたが，その後，EUとの間で離脱交渉が難航する一方で，イギリス経済の見通し悪化を恐れた多国籍企業が国内からの撤退を決めるなど，「ブレグジット」問題は暗礁に乗り上げています。

### 3-1-5　中国

　中国は，名目GDP（国内総生産）でアメリカに次ぐ世界第2位の経済大国です。ところが，1人当たり名目GDPに換算すると，世界第70位の平凡な国となってしまいます。これは，中国が国家としては豊かですが，国民1人ひとりは貧しいことを意味します。もう少し分かりやすく言えば，北京や上海など沿岸部の大都市に住む都市戸籍を持つ4割弱の国民（約4億人）は，非常に豊かであり，すでに先進国に住む国民以上に裕福な人も存在しますが，内陸部の農村地域に住む農村戸籍を持つ6割超の人々（約9億人）は，いまだ貧困に悩む国民が少なくないのです。ちなみに，アメリカは名目GDPで世界第1位，1人当たり名目GDPでも世界第9位ですから，世界から見ると，貧富の差はかなり低い国と言えます。日本は，名目GDPで世界第3位，1人当たり名目GDPで世界第26位なので，中国ほどではないものの，徐々に貧富の格差が顕在化してきているといえます。

　中国の正式な名称は，中華人民共和国（People's Republic of China）といいます。1949年10月に成立した中華人民共和国の歩みは，毛沢東による「社会主義体制の確立」「大躍進と挫折」そして「文化大革命」，鄧小平による「改革開放政策」を通じた「社会主義市場経済」への移行を経て，現在は，習近平国家主席が掲げた2049年の建国100年までに富強・民主・文明・調和・美しさを備えた「社会主義現代化強国」の実現に向けて歩んでいます。

　現代の中国では，「社会主義現代化強国」の実現のため，活発な内外政策を展開しています。第1は，国際金融政策として，アジアインフラ投資銀行（Asian Infrastructure Investment Bank：AIIB）を設立しました。これは，道路や発電設備など，アジアの開発を目的として融資や専門的な助言を行う機関で中国主導による国際開発金融機関です。アメリカや日本は参加を見送っていますが，

2015年の設立時57ヶ国であった加盟国は，今では欧州，南米，アフリカなど93ヶ国にも広がりを見せています。

　第2は，産業政策として「中国製造2025」が策定されました。これは，「製造強国化」に向けた重要産業として，「ＩＣＴ産業」「高級ＮＣ工作機器とロボット」「航空・宇宙用機器」「海洋土木設備およびハイテク船舶」「先進型軌道系交通設備」「省エネルギー・新エネルギー車」「電力機器」「農業設備」「新材料」「バイオ医薬品及び高性能医療機器」という10分野を指定し，2025年までにこれら重点品目の国産製造比率を60-80％水準まで達成する目標を掲げていることです。2035年までに世界のイノベーションをリードする能力を形成し，中国を中位の製造国レベルに引き上げます。そして，2049年までに製造業大国としての地位を確固たるものとし，世界トップレベルの製造強国と肩を並べる計画を立てています。

　第3は，外交政策として「一帯一路」構想が展開されています。ＯＢＯＲ（One Belt, One Road）とも呼ばれ，中国が陸路（一帯：シルクロード経済ベルト）と海路（一路：21世紀海上シルクロード）でアジア，中東，欧州を結ぶ巨大な経済圏構想を作ることをいいます。この経済圏構想の狙いは，①中国の沿岸地域と内陸地域の連結と一体化による格差是正，②道路・鉄道・通信ネットワーク等のインフラ整備，③中国と周辺諸国の間でインフラ整備による貿易振興があげられます。

## 3-2　国際競争力

### 3-2-1　国力とは何か

　一国の力とは何でしょうか。国際政治学者のジョゼフ・ナイ（Joseph Nye）は，新しい国力の概念としてスマート・パワー（Smart Power）を提唱しています。それによると，これまでの国力の中心は，相手を威圧し，強制するハード・パワー（Hard Power）でした。ハード・パワーは支配できる力であり，「軍事力」や「経済力」を指します。「軍事力」とは，強制，抑止，保護する行動であり，相手を威嚇，軍事でもって制圧する行為です。一方，「経済力」

とは、誘導、強制する行動であり、相手を制裁、援助、報酬、賄賂によって屈服させる行為です。

しかし、21世紀に入ると、相手を吸引し、魅了するソフト・パワー（Soft Power）が新たな国力の概念として浮上しました。従来のハード・パワーでは、破壊と復讐の連鎖を生み出し、抜本的な解決に至らないからです。ソフト・パワーは、吸引、魅力する行動であり、具体的には、価値観、文化、政策という手段を通じて相手を引き入れる力を指します。

現在、世界の国々を見渡した時、ハード・パワー大国としてアメリカと中国、ソフト・パワー大国にはフランスをあげることができます。世界の防衛費を比較すると、アメリカと中国は、世界第1位と2位を占め、他国を圧倒しています。ストックホルム国際平和研究所（ＳＩＰＲＩ）によると、2017年の防衛費は、アメリカ（6,100億ドル）でトップ、次いで中国（2,280億ドル）、日本（454億ドル）は世界第8位となっています。また、名目ＧＤＰ（国内総生産）を見ても、アメリカと中国は、世界第1位と2位を独占しています。国際通貨基金（ＩＭＦ）によると、2017年の世界の国内総生産（名目ＧＤＰ）は、世界第1位アメリカ（19.4兆米ドル）、第2位中国（12.0兆米ドル）であり、世界に占める2ヶ国の割合は4割弱を占めています（第3位の日本は4.9兆ドル）。このように軍事力、経済力においてアメリカと中国は、世界の中で抜き出た存在であり、ハード・パワー大国そのものと言えます。

これに対し、文化力によって世界を魅了する国家としてフランスがあげられます。国連世界観光機関（ＵＮＷＴＯ）によると、2017年の世界各国・地域への外国人訪問者数は、フランス（86,918人）が毎年第1位を続けています。第2位はスペイン（81,786人）であり、日本（28,691人）は第12位となっています。また、フランスを訪問する大半の外国人は、欧州からの訪問者で占められ、日本もまた、中国、韓国、台湾、香港というアジア諸国の国々が大勢を占めています。

世界の人々がフランスに憧れ、魅了されるソフト・パワーとは、具体的に何でしょうか。まず、ルーブル美術館、オルセー美術館、凱旋門、エッフェル塔、

パリ，ベルサイユ宮殿など，世界一流の文化力，芸術力が存在します。ファッションでも，ルイ・ヴィトン，エルメス，イヴ・サンローランなど世界屈指の高級店が集積し，世界のブランドの発信源となっています。食の世界でも，ワインやフランス料理があります。このようにフランスには，数々の引き付ける力が存在し，このため，世界屈指のソフト・パワー大国とも呼べるのです。

最後に，国力の概念として，ハード・パワーそれともソフト・パワーのどちらが重要なのでしょうか。先ほどのナイは，ハードとソフトの両方のパワーを持ち合わせた「スマート・パワー」と呼ばれる力が未来の国力だと主張しています。そして，現在，スマート・パワー大国に一番近い国家は，言うまでもなくアメリカだと考えられます。世界一のハードパワーを有するアメリカは，先程の外国人訪問者数のランキングでも，フランスとスペインに次ぐ観光大国である一方，映画，音楽，文化，教育等の分野でも世界に大きな影響を及ぼすソフトパワー大国でもあるのです。

## 3-2-2　グローバル競争力レポート

次に，世界の研究機関や大学そして出版社が毎年国家の競争力ランキングを発表しています。ここでは，主要な調査を取り上げ，過去から現在まで日本が辿った変遷をグラフで示してみましょう。

スイス・ジュネーブに本部を置く独立・非営利団体である世界経済フォーラム（World Economic Forum：ＷＥＦ）は，毎年，グローバル競争力レポート（Global Competitiveness Report：ＧＣＲ）と呼ばれる報告書を発表し，そのなかで，国家の国際競争力をランキングしています。ＧＣＲは，国際競争力を「国の生産性のレベルを決定する諸要素の組み合わせ」のように定義しています。

図表3-4は，グローバル競争力指標（Global Competitiveness Index）を用いて，日本の競争力ランキングの変遷（1996年〜2018年）を示したものです。この資料を見ると，日本の競争力ランキングは，緩やかに右上がりで推移しています。2001年の時点で23位まで落ち込んだ日本の順位は，その後，回復基調に

第3章　経済を知る

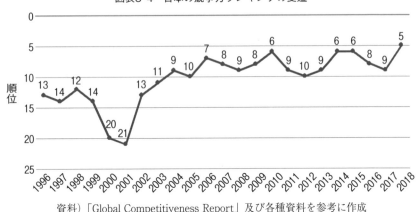

図表3-4　日本の競争力ランキングの変遷

資料）「Global Competitiveness Report」及び各種資料を参考に作成

乗り，2018年は5位まで上がってきました。そして，その内訳として，健康1位，ＩＣＴ適応3位，市場規模4位，製品市場とインフラが5位，イノベーション能力6位が特に高い評価を得ています。

### 3-2-3　世界競争力年鑑

　スイス・ローザンヌにあるＩＭＤ（International Institute for Management Development）は，幹部教育（Executive Education）に特化したビジネス・スクールです。毎年，国際競争力年鑑（World Competitiveness Yearbook：ＷＣＹ）と呼ばれる資料を公表し，そのなかで，国家の世界競争力をランキングしています。ＷＣＹでは，国際競争力を「グローバル企業にとってのビジネス環境の整備状況」のように定義しています。図表3-5は，日本の総合評価ランキングの長期推移（1989年〜2018年）を示したものです。

　同資料によると，日本の総合評価ランキングは，バブル景気に当たる1989年から1992年まで常に第1位を記録しました。その後，バブルが弾けた結果，1993年から1996年まで日本は第1位の地位から転落し，4位まで順位を下げました。そして，1997年に三洋証券と北海道拓殖銀行，1998年に日本長期信用銀行と日本債券信用銀行，1999年に山一証券などの巨大な金融機関が相次いで破

54

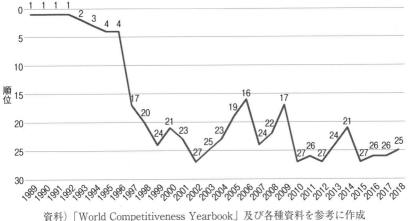

図表3-5 日本の総合評価ランキングの長期推移

資料）「World Competitiveness Yearbook」及び各種資料を参考に作成

綻し，金融不安が深刻化した影響から日本は17位に転落し，さらに2002年には27位まで順位を下げました。その後，日本の評価は，ほぼ25位前後を上下しながら推移し，今日に至っています。

2018年における日本の総合順位（25位）の内訳は，経済実績15位，行政効率41位，ビジネス効率36位，インフラストラクチャ15位と辛口の評価がなされています。

### 3-2-4 グローバル・イノベーション指標

コーネル大学，欧州経営大学院（ＩＮＳＥＡＤ），世界知的所有権機関（World Intellectual Property Organization：ＷＩＰＯ）は，2007年から毎年，グローバル・イノベーション指標（Global Innovation Index：ＧＩＩ）と呼ばれる国家のイノベーション・ランキングを公表しています。ＧＩＩは，「公的機関」「人材と研究能力」「インフラストラクチャ」「市場の高度化」「ビジネスの高度化」「知識と技術のアウトプット」「創造的なアウトプット」などの指標から，国家のイノベーション能力と成果を評価するものです。図表3-6は，日本のグローバル・イノベーション・ランキングの変遷（2007年～2018年）を表したもので

第3章　経済を知る

図表3-6　日本のグローバル・イノベーション・ランキングの変遷

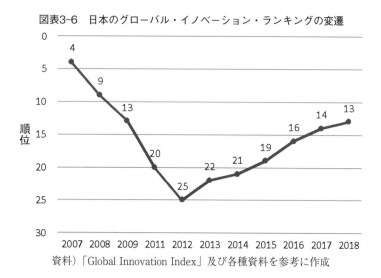

資料）「Global Innovation Index」及び各種資料を参考に作成

す。

　同資料によると，2007年時点に4位であった日本の地位は，その後，大幅に下落し，2012年には25位まで落ち込みました。しかし，その後は，右肩上がりで上昇し，2018年は13位まで回復しています。

　なお，図表では示していませんが，中国のランキングは，2010年の43位から2018年は17位と急速に上昇し，すでに日本を射程範囲内に捉えています。中国は，経済の分野だけでなく，イノベーションの能力や成果でも，世界のトップクラスに入ってきたと評価されています。

## 3-2-5　フォーチュン・グローバル500

　次に，視点を変えて，一国が世界有数の企業をどれだけ生み出せたかという視点から国力について考えてみましょう。アメリカのビジネス雑誌「Fortune」が毎年，世界のグローバル500社を売上高ベースでランキングしています。図表3-7は，1995年〜2018年までの国別ランキングの推移をアメリカ，日本，中国という3ヶ国で比較したものです。

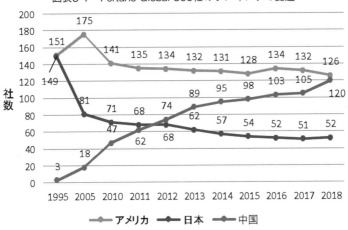

図表3-7 Fortune Global 500社のランキングの変遷

資料)「Fortune Global 500」及び各種資料を基に作成

　まず，アメリカは，2005年の175社（35％）をピークにその後，現在まで微減傾向を続けています。直近の2018年には，126社（25％）まで世界トップ500社に該当する企業が減少していますが，ランキング上では不動の１位を続けています。これに対して日本は，1995年に149社（30％）とアメリカの151社と対等な企業数を誇っていましたが，2018年には，52社（10％）まで大幅に落ち込み，過去の存在感が大幅に薄れつつあります。

　こうしたアメリカや日本とは対照的に，急激に伸長しているのが中国です。1995年当時，世界トップ500社中，僅か３社に過ぎなかった中国は，その後，2011年に50社を突破し，2016年には100社を超え，2018年現在は，アメリカに次ぐ120社（24％）まで企業数が増加しました。このまま行くと，近い将来，アメリカを抜き，世界第１位の国家になる日も近いかもしれません。

　これまで世界のエクセレント・カンパニーと言ってすぐ思い浮かべるのは，アメリカのＩＢＭ，ＧＥそしてＰ＆Ｇのようなグローバルなハイテク企業でした。ところが，近年，これら巨大企業の国際競争力は大きく伸び悩んでいるのが実態です。特に，20世紀最高の経営者とも言われたジャック・ウェルチの時

代,世界最高のカンパニーとして高く称賛されたGEの業績は,深刻な状況に陥っています。一方,最近のビジネスの世界では,グーグル(Google),アップル(Apple),フェイスブック(Facebook),アマゾン(Amazon)というアメリカが誇る巨大IT4社を「GAFA」と呼んでいます。一説によると,「GAFA」の時価総額は,合計で3兆ドルを超えており,ドイツの国内総生産(GDP)に匹敵する規模とも言われています。このため,世界各国では,GAFA規制を設け,これ以上の肥大化を防ぐことが検討されています。

一方,バイドゥ(Baidu),アリババ(Alibaba),テンセント(Tencent),ファーウェイ(Huawei)など,「BATH」と命名された中国の巨大IT4社の国際競争力もまた,近年,急速に拡大しています。「BATH」は,「GAFA」ほどではないものの,それに迫る勢いで成長を遂げており,今後の動向が注目されています。

## 3-3 産業構造

### 3-3-1 産業とは何か

世の中には「産業」という名の付く言葉が沢山あります。たとえば,「産業革命」「IT産業」「産業廃棄物」「経済産業省」「○○産業大学」等などです。それでは,「産業(Industry)」の意味とは何でしょうか。辞書で引くと,「財やサービスの生産・提供を行うためのさまざまな経済活動」と書かれています。また,ビジネスや経営学では,これを「業界」と呼び,「競争優位を獲得したり,喪失したりする"場"である」とか「代替可能な製品を作りあう企業集団」のように定義しています(Hout, Porter and Rudden, 1982)。

「産業」については,次のような2つの考え方が皆さんお馴染みでしょう。ひとつは,「コーリン・クラークの産業分類」です。イギリスの経済学者であるコーリン・クラーク(Colin Clark)は,産業を「第1次産業」「第2次産業」「第3次産業」という3つに分類しました。「第1次産業」は,農林水産業など自然から直接資源を採取する産業を指します。「第2次産業」は,製造業,鉱業,建設業のように,自然から採取した資源を加工や組立てによって優れた

財（製品）に変換する産業を意味します。「第3次産業」は，サービスや情報の産業であり，卸売・小売業，運輸業，情報通信業，金融・保険業，サービス業などがあげられます。

　もうひとつは，「ペティ・クラークの法則」です。これは，経済発展に伴い，労働生産人口が「第1次産業」→「第2次産業」→「第3次産業」の方向にシフトする法則です。この理由は簡単で，人は収益性の高い仕事へシフトするからです。農林水産業のような「第1次産業」は，自然相手なので，収益が安定しません。内閣府が実施した平成30年度の「食と農林漁業に関する世論調査」によると，「農林漁業は収益が不安定」「農林漁業はきつい肉体労働」という問いに対し，どちらも8割以上がそう思うと回答しています。また，「第2次産業」は，経済の成長期やモノ不足の時代において高い収益が期待できますが，成熟期やモノ余りの時代には，高いパフォーマンスは期待できません。こうした理由から産業転換が起こるのです。

　確かにどの国を見ても，国家の経済発達や進化に伴い，GDPに占める産業別の割合は，「第2次産業」が低下し，「第3次産業」が拡大しています。18世紀後半から19世紀前半にかけて技術，動力，交通など「産業革命」を生み出した「イギリス」，20世紀の初め，フォード社がT型フォードの開発と量産化に成功し，モータリゼーション（自動車社会）を生み出した「アメリカ」，20世紀後半に軽薄短小（軽くて薄くて短くて小さな）製品の開発に成功し，生産性の向上のため，工作機械やロボットなどのオートメーション革命に成功した「日本」など，これら「第2次産業」が発達した主要な先進国では，今日どれも「第3次産業」のウエイトがもっとも高くなっています。図表3-8は，2015年版「ものづくり白書」で取り上げられたデータを基に，GDPに占める各産業の割合比較を算出したものです。それによると，日本，アメリカ，イギリスでは，第3次産業が約7割，第2次産業が約2割，第1次産業が約1割のような構成比となっています。これに対し，中国は，第3次産業が約5割，第2次産業が約4割，第1次産業が約1割と，日本，アメリカ，イギリスに比べ第2次産業の割合が高くなっています。

第3章 経済を知る

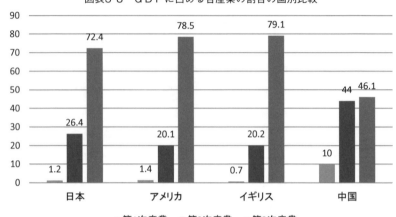

図表3-8　ＧＤＰに占める各産業の割合の国別比較

注）第１次産業は「農業」，第２次産業は「鉱業・公益」「製造業」「建設業」，第３次産業は「卸・小売・飲食」「運輸・倉庫・通信」「その他」の区別した
資料）2015年版ものづくり白書「ＧＤＰに占める製造業比率の主要国比較」を基に作成

　また，総務省の「労働力調査」によると，2018年における日本の就業者数合計は6,664万人。このうち，１次産業の就業者は，231万人（3.5％），２次産業は1,563万人（23.5％），３次産業は4,870万人（73％）と第３次産業の従事者が７割以上を占めています。これに対し，工業化のスタートが出遅れた中国は，国家統計局によると，2015年時点で１次産業は約９％，２次産業は40.5％，３次産業は50.5％であり，割合こそ日本と異なりますが，やはり第３次産業の従事者が半分以上を占めています。

## 3-3-2　第１次産業
### 3-3-2-1　農業
　日本の農業，林業，水産業（漁業）は，深刻な構造的問題に苦しんでいます。まず，農業を取り巻く問題のひとつとして，農業就業者数の大幅な減少があげられます。農林水産省がまとめた「農林業センサス」によると，農業就業人口は，1985年（昭和60年）の段階で543万人でしたが，その後，急速に衰退し，

2000年（平成12年）には389万人まで落ち込みました。その後，2010年（平成22年）には260万人となり，2018年（平成30年）には175万人まで減退してしまいました。つまり，今日の農業就業者数は，この30年間で3分の1まで縮小を余儀なくされているのです。そして，2018年の農業就業人口175万人のうち，68％を占める120万人が65歳以上の高齢者となっています。

　高齢化する農業就業者と慢性的な人手不足を解消するため，日本の農業では，外国人労働力を受け入れその解決を図っています。厚生労働省の「外国人雇用状況」によると，2018年10月末における農業に従事する外国人労働者は31,072人となりました。2019年4月に施行された「改正入管法（改正出入国管理法）」によって，外国人の受入れは5年間で約34万5,000人を見込んでおり，今後とも農業で働く外国人は，拡大される予定です。

　もうひとつの問題は，2018年4月，主要農作物種子法（以下，種子法）が廃止されたことです。種子法は「主要農作物であるコメ，麦，大豆などの種子の生産と普及を促進する」目的のために制定された法律です。種子法の廃止は，種子の生産と普及を都道府県に義務付ける法律のため，民間企業の参入を著しく阻害するという理由から廃止されました。この結果，民間企業へ品種開発の道が開かれるだけでなく，都道府県の農業試験場が蓄積してきた種子に関する知識や技術を国内外の民間企業へ提供することになりました（農業競争力強化支援法）。これにより，日本の化学会社（住友化学，三井化学）のみならず，ドイツのバイエル（アメリカの遺伝子組み換え種子メーカーであるモンサントを買収），中国の国有企業である中国化工集団（スイスの農薬・種子メーカーであるシンジェンタを買収），アメリカのダウ・デュポン（ダウ・ケミカルとデュポンの経営統合により新設）などの巨大な化学・農薬企業にも提供されることが決まりました。今後の懸念材料としては，遺伝子組み換え農業を得意としているこれら欧米の巨大企業が，種子ビジネスを独占してしまう可能性，遺伝子組み換え種子が大量に生産されてしまう可能性，種子と農薬と肥料がワンセットで提供されることになる危険性が危惧されており，今後の動向に目が離せません。

最後に，今日の農業では，ロボット技術や情報通信技術（ＩＣＴ）を駆使して超省力・高品質生産を実現する「スマート農業」が飛躍的に進歩しています。これは，もともと日本が得意とする先端科学技術を人手不足や高齢化，低生産性に悩む農業の現場へ応用化し，問題解決を図る取り組みです。こうした「スマート農業」を実現するため，農機メーカーとＩＴメーカーの共同研究プロジェクト等が活発化しており，そのなかから，ユニークなマシンやしくみが次々に生み出されつつあります。

### 3-3-2-2　林業

　日本は，国土面積に占める森林面積の割合（森林率）が7割にも達する森林大国です。日本は，豊かな森林から様々な恩恵を享受しています。たとえば，多様な野生の動物や植物が生息しています。森林が地面にしっかり根を張ることで土砂災害を防いでくれます。地下水を保つ役割もまた果たしています。空気中の二酸化炭素（$CO_2$）と根から吸い上げた水を材料に光合成を行い，養分と酸素を作り出してくれます。国産の質の良い木材を供給してくれます。

　このような恵まれた森林を維持管理する仕事が林業ですが，農業と同じく，深刻な課題に直面しています。ひとつは，林業就業者の不足と高齢化です。総務省の「国勢調査」によると，林業従事者数は，1985年（昭和60年）126,343人いましたが，1990年（平成2年）になると100,497人まで下がり，2015（平成27年）には，僅か45,000人まで減少してしまいました。また，65歳以上の割合（高齢化率）は，1985年当時は10％程度だったものが，2015年に25％まで上昇しています。これは，林業が労働負担の割に儲からないことから，若者離れが起きている理由によるものです。

　もうひとつは，特に水源地の外資による買収です。50代以上の読者ならお分かり頂けると思いますが，昔，水はタダが当たり前でした（もちろん，今でも水道水はタダですが）。ですから，その当時，水にお金をかけることなどあり得ませんでした。しかしながら，今では，お金を出して水を買う行動は，当たり前となりました。都会には，ウォーターバーなる店舗がありますし，セレブ

ご用達の水になると，数万円から数百万円の商品まであるぐらいです。このようにミネラルウォーターの生産と消費は，健康志向ブームから，年々，拡大の一途を辿っています。日本ミネラルウォーター協会によると，2017（平成29）年の国産ミネラルウォーターの生産量は，3,255千キロリットルにも及んでいます。また，ミネラルウォーターの需要は，日本だけではありません。砂漠化や温暖化が深刻となり，困っている世界の国々からすると，水資源に恵まれた日本の土地は，とても魅力的となります。こうした理由から，近年，外資による日本の水源地（たとえば，北海道や長野県等）の買収が深刻な課題となっています。

最後に，日本の林業の将来性について考えてみましょう。林野庁では，貴重な森林資源を守るため，数年前から「緑の雇用」と呼ばれる将来の林業を担う人材の確保・育成と緑の青年就業準備給付金事業を行っています。この研修は，未経験者を3年かけて「フォレスト・ワーカー」，5年かけて「フォレスト・リーダー」，10年かけて「フォレスト・マネジャー」まで育て上げるプログラムであり，年々，森林を守る後継者が生まれているそうです。また，若者を中心に造林，育林，木材生産，木工などを扱う「森林ベンチャー企業」もまた，徐々に立ち上がりつつあります。加えて，ドローンやＡＩ，ロボットなどのＩＣＴ技術を林業の分野に転用する「スマート林業」も活発化しています。そのため，産官学が連携して画期的なビジネスモデルの創造に打ち込んでいます。

### 3-3-2-3　水産業

日本は「森林大国」だけでなく，世界屈指の「海洋大国」でもあります。国家の主権が及ぶ陸上の領域を「領土」と呼ぶように，国家の主権が及ぶ海上の領域は「領海」といいます。日本の領海は，海岸線から12カイリ（約22キロメートル）を指します（1カイリ＝1,852m）。海岸線から24カイリ（約44キロメートル）の海域は，「接続水域」と呼ばれ，不法侵入や密輸などの取り締まり，感染症の拡大防止など必要な規制ができます。海岸線から200カイリ（約370キロメートル）までの「排他的経済水域（Exclusive Economic Zone：ＥＥＺ）」

では，漁業や鉱物資源の開発など経済活動の権利を自国が持っており，他国は無断で漁や資源開発が禁止されています。

　日本の国土面積は，38万平方キロメートルであり，世界61位に過ぎませんが，領海＋ＥＥＺの面積は，国土の12倍以上に相当する約447万平方キロメートルを誇り，世界第6位の海洋大国となります。そして，この広い日本の海洋には，世界の全海洋生物の約15％に相当する3万3,629種の海洋生物が存在しています。

　こうした恵まれた海洋資源を持つ日本の水産業（漁業）を巡る今日的課題は，主に2つあげられます。1つ目は，就業者と高齢化の問題です。2003年（平成15年）当時は，23万8,000人いた就業者が2015年（平成27年）には，約半分の16万7,000人まで減少しています。また，65歳以上の割合を意味する高齢化率は，2015年で36.3％にも及んでいます。

　2つ目の課題は，生産高の急激な落ち込みです。水産庁の「水産白書」によると，漁業・養殖業の生産量の推移は，1984年（昭和59年）に記録した1,282万トンをピークにその後は一貫して減少を続け，2016年（平成28年）は，ピーク時の3分の1に当たる436万トンまで下がってしまいました。この背景には，中国，インドネシア，インド，ベトナムといったアジアの国々の漁獲量の増大による影響があげられます。日本では長きにわたり「魚離れ」が続いていますが，逆に諸外国では，健康志向ブームなどから「魚」を好む文化が拡大しています。

　近年，水産業を巡る新たな課題として「マイクロ・プラスチック」の問題が浮上してきました。この問題を整理すると，次のようになります。①人間が生み出した海洋廃棄物のうち，ペットボトル，アルミ缶，レジ袋，発泡スチロール，釣り糸，紙おむつのような廃棄されたプラスチック（廃プラ）が長期間海洋を漂いながら，5mm以下のマイクロ・プラスチックに細かく分解されます。②それを小魚が体内に取り組み，食物連鎖を通じて大型の魚類に高濃度の廃プラが蓄積されます。③大型の魚類を人間が捕獲し，それを摂取することで，人体に悪影響が発生するという問題です。この点において日本は，国際的にも責

任ある立場にあります。というのも，日本は，プラスチックの生産量で世界第3位，1人当たりの容器包装プラスチックごみの発生量は，世界第2位のプラスチック大国だからです。また，国内で年間に流通するレジ袋は推定400億枚，ペットボトルの国内年間出荷は227億本にも達しています。日本は，率先して廃プラの問題を解決する責任があります。

一方，水産業を取り巻く日本の強みとは，いったい何でしょうか。それは，水産業にＩＣＴを活用する「スマート漁業」です。これまでの漁業は，人間の経験や勘に頼るやり方が残っていました。しかし，最近は，スマートフォン，センサー，ドローン，ＡＩ等のようなＩＣＴ技術が飛躍的に発達し，水温や塩分濃度などの詳しいデータから魚の居そうな場所をピンポイントで割り出すデジタル漁業へと進化してきています。人工衛星に搭載した観測装置を使って海水温を測定し，魚の居場所を探知するしくみもより高度化しています。さらに，海から離れた場所で"水道水"を使用して海水魚を生産するしくみや野菜と一緒に魚を陸上養殖する農家なども登場してきました。

### 3-3-2-4　第6次産業

第1次，第2次，第3次を貫き，これを統合する新たな産業モデルが人気を博しています。これは，「1＋2＋3＝6」のように，3つの産業を合わせることから「第6次産業」とも呼ばれています。第6次産業は，農林水産業者が生産（第1次），加工（第2次），流通・販売（第3次）までを手掛け，所得の向上や農産物の生産拡大につなげる取り組みとされ，その効果が期待されています。

今日，我々は第6次産業化を様々な場面でみることができます。たとえば，各地に「直売所」が設置され，ロードサイドには地産地消をうたった「道の駅」が人気を呼んでいます。また，都心部でも定期的に大規模な「マルシェ」が開催されるようになりました。マルシェ（marché）とは，フランス語で「市場」を指し，生産者と消費者が直接対話を通じて売り買いを楽しむしくみです。

### 3-3-3　第2次産業

　ＧＤＰの約2割を占める製造業では，どのような課題を抱えているのでしょうか。2018年版「ものづくり白書」では，日本の製造業が4つの危機に直面していると指摘しています。第1は，少子化に伴い人材の量的不足とシステム思考ができるデジタル人材という質的不足の危機です。第2は，日本の製造業が蓄積してきたアナログ時代の強みである「すり合わせ」がデジタル時代には変革の大きな足かせとなることです。第3は，今日のデジタル化が大変革期に突入したという認識を経営者が持っていないことです。第4は，非連続的な変化の時代，従来のやり方である自前主義やボトムアップ経営では未来はないことです。このため，製造業が抱える危機から脱却するには，①デジタル人材の育成と確保，②過去の強みであった「すり合わせ」からの脱却と「組み合わせ」への移行，③デジタル変革期の認識と自覚，④過去の成功パターンを破壊し新たなやり方の創造が必要とされています。

　こうしたなか，日本では，連結された諸産業（Connected Industries）という新たな概念が提唱されるようになりました。先ほど取り上げた2018年版「ものづくり白書」によると，連結された産業とは，「データを介して，機械，技術，人など様々なものがつながることで，新たな付加価値創出と社会課題の解決を目指す産業のあり方」だと説明しています。つまり，「モノとモノがつながるIoTによる付加価値」「人と機械・システムの協働・共創による付加価値」「技術が人とつながることで人の知恵・創意がさらに引き出される付加価値」「国境を越えて企業と企業がつながることによる付加価値」「世代を超えて人と人がつながることで技能や知恵を継承する付加価値」など，様々なつながりから価値創出を実現する産業であると定義することができます。このように現在の製造業のキーワードとは「連結，コネクト」なのです。

### 3-3-4　第3次産業

　ＧＤＰの約7割を占める第3次産業は，広範囲な業種から構成されています。日本標準産業分類によると，第3次産業は，市民社会のインフラを扱う「電気・

ガス・熱供給・水道業」「情報通信業」「運輸業」「郵便業」，商品の販売を扱う「卸売業」「小売業」，お金を扱う「金融業」「保険業」，資産の売買や貸し借りを扱う「不動産業」「物品賃貸業」，専門的な学問に関する「学術研究」「専門・技術サービス業」，旅行や外食に関する「宿泊業」「飲食サービス業」，生活や余暇を充実させる「生活関連サービス業」「娯楽業」，学業に関する「教育」「学習支援業」，医療や介護・福祉に関する「医療」「福祉」，郵便局や協同組合を指す「複合サービス事業」から構成されています。

そして，第3次産業を巡る顕著な動きとしては，非正規社員の拡大があげられます。たとえば，「小売業」「飲食サービス業」「娯楽業」「学習支援業」「福祉」などの業種では，非正規社員がいなければ，職場がうまく回らない事態にまで発展しています。併せて，外国人労働者の割合もまた飛躍的に高まっています。コンビニンスストアの店舗では，全体の約1割が外国人の店員だそうです。

第3次産業は，一部を除くと相対的に賃金水準が低いという特徴があります。特に，「小売」「福祉」「物流」「飲食」などの業種では，低賃金で働く非正規社員や外国人労働者の割合が高いため，賃金水準が上がりにくい構造を有しています。

## 3-4　外国為替相場

### 3-4-1　外国為替相場とは何か

私たちが海外旅行をする場合，原則として旅先の国の通貨を使わなければなりません。たとえば，アメリカなら「ドル」，欧州なら「ユーロ」のように現地の通貨が必要となりますが，そのためには，あらかじめ「円」を外国の通貨へ換える必要があります。外国為替とは，円とドル，円とユーロなど，自国通貨（円）と外国通貨（外貨）を交換するしくみであり，その交換比率を「外国為替相場」と呼んでいます。よくテレビのニュースで「今日の東京外国為替市場の円相場は，ドルが売られ円が買われました」などの報道が流れますが，これは，円と外貨の交換比率が常に変動することを物語っています。

それでは，円と外貨の交換比率，つまり，為替レートはどのように決定され

るのでしょうか。それは，通貨の需要と供給の関係で決まります。たとえば，外貨を売って円に換える状況では，円の相対的価値が高くなりますから「円高」が進みます。逆に円を売って外貨を買うような環境では，外貨の価値が上がり円の価値が下がりますので「円安」となるのです。

### 3-4-2 為替レートの歴史

図表3-9は，円とドルの為替レートの推移です。

1980年から2019年までの変動の様子を表しています。これを見ると，これまでの為替レートの推移は，左上から右下へ，つまり，円安から円高へ進展してきた流れが見て取れます。それでは，実際に為替レートの変遷を辿ってみましょう。

過去，為替レートの変動に強い影響を与えた出来事として，3つの事件を取り上げることができます。1つ目は，1985年の「プラザ合意」です。1980年代の前半まで為替レートは，200円台で推移していました。ところが，1985年，日米英独仏が協調介入する「プラザ合意」が交わされました。すると，為替レー

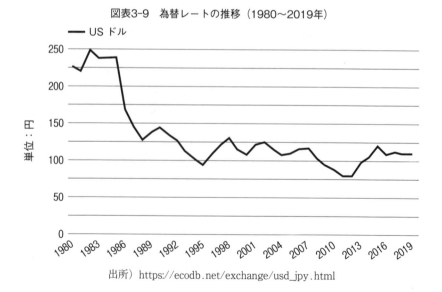

図表3-9 為替レートの推移（1980～2019年）

出所）https://ecodb.net/exchange/usd_jpy.html

トは，1ドル＝¥240から¥220円へ変化したのもつかの間，そのわずか1年半後には，1ドル＝¥120円まで急激な円高が起こり，国内では，「産業の空洞化」が深刻な問題として浮上しました。「産業の空洞化」は，国内のとりわけ製造業が海外に生産拠点を移した結果，国内産業の衰退を招いた現象を指します。その当時の自動車やエレクトロニクスなどのハイテク産業は，急激な円高の進展から，伝統的な国内生産による輸出戦略から海外直接投資による現地生産へ転換を余儀なくされました。

その後，しばらくの間，100円台で推移した為替レートですが，2つ目の事件として「リーマンショック」が起こります。2008年，米国の大手投資銀行であるリーマン・ブラザーズが経営破たんし，その影響から世界金融危機を招き，グローバル経済を混乱の渦に落とし入れました。リーマンショックの影響から，2012年の平均レートは，1ドル＝79.8円という過去最大の超円高ドル安となり，日本経済は，デフレ・スパイラルの罠に陥ることとなりました。

3つ目の出来事は，2013年，政権が交代し現在の安部内閣に変わり，「アベノミクス」と呼ばれる脱デフレ対策が実施されたことです。アベノミクスについては，3-5-3の「インフレ期とデフレ期における経済政策の違い」で詳しく説明しますが，その結果，為替レートは，瞬く間に円安ドル高へ転換しました。2019年9月現在の為替レートは，1ドル＝111円まで円安が進行し，日本を代表する大手製造業では，為替差益の恩恵から軒並み業績がアップするだけでなく，新卒者の雇用改善にもつながる結果となりました。

### 3-4-3 円高・円安と輸出入の関係

図表3-10は，円高と円安そして輸出入との関係について描き出したものです。まず，図表左側は「円高ドル安局面」の事例です。為替レートが1ドル＝100円の時，10,000ドルの商品を米国から日本へ輸入すると，日本から米国への支払いは，1,000,000円（10,000ドル×100円＝1,000,000円）となります。それがもし，為替レートが1ドル＝90円という円高となった場合，日本から米国に対する支払いは，900,000円（10,000ドル×90円＝900,000円）となります。つ

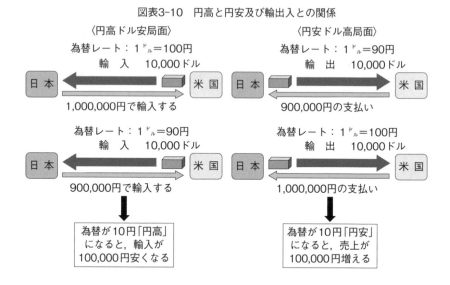

図表3-10 円高と円安及び輸出入との関係

まり，為替レートが僅か10円円高になるだけで，輸入代金はこれまでに比べ100,000円も安く購入できるのです。

　一方，図表右側は，「円安ドル高局面」の事例です。今度は，為替レートが1ドル＝90円の時，10,000ドルの商品を日本から米国へ輸出した場合，米国から日本への支払いは，900,000円（10,000ドル×90円＝900,000円）となります。それがもし，1ドル＝100円まで円安が進んだとしたら，米国から日本への支払額は，1,000,000円（10,000ドル×100円＝1,000,000円）となります。つまり，為替レートが10円円安になると，売上げが100,000円も増えるのです。

## 3-4-4　円高・円安のメリット・デメリット

　図表3-10の内容を総括してみましょう。円高になると輸入する会社は儲かります。なぜなら，手持ちの円で外国製品を安く買えるからです。また，円の価値が上がると，国際的な購買力が引き上がるため，高価な外国企業の買収もやりやすくなる利点があります。さらに，海外へ旅行する場合，円をより多くの外貨へ換金できることも円高の大きな魅力と言えるでしょう。

逆に，円高だと輸出する会社は儲かりません。それは，外国へ輸出する際，その国の通貨で販売するため，輸出価格が割高となり，現地の消費者に避けられてしまうからです。たとえば，1ドル＝100円の時，1台100万円の車の価格は10,000ドルとなります。ところが，もし円高が進み1ドル＝50円になった場合，同じ車を売って同じ利益を稼ぐためには，価格を20,000ドルに引き上げる必要があります。このように円高は，クルマや家電といった輸出型産業を弱体化させる原因のひとつであり，深刻な業績悪化を引き起こす可能性があるのです。

それでは，円安はどうでしょうか。円高の場合とは異なり，円安になると，輸出する会社が儲かります。というのも，先ほどの円高のケースと同様に，外国へ輸出する際，その国の通貨で販売するため，輸出価格が割安となり現地の消費者に受け入れられやすくなるからです。たとえば，1ドル＝100円の時，1台100万円の車の価格は10,000ドルです。ところが，もし円安が進み1ドル＝200円になった場合，同じ車を売って同じ利益を稼ぐためには，価格を5,000ドルに引き下げて売ることができるのです。その結果，円安時における輸出型産業は，軒並み好業績を記録します。たとえば，トヨタ自動車は，わずか1円の円安によって400億円もの利益が押し上げられたと言われています。同じく，ホンダや日産自動車では120億円，富士重工業では97億円もの押し上げ効果があったと発表されています（日本経済新聞，2015年1月24日）。円安効果は，それ以外にもあります。たとえば，取引先の輸出増加に伴い，受注の増加も期待できます。また，外貨を円に替える場合，より多く換金できることも大きな魅力です。

一方，円安だと輸入する会社は損の方が大きく儲かりません。たとえば，外国から原材料や部品の仕入価格，石油やガスなどの燃料価格が値上がりし，会社にとって大きなコスト負担となるからです。また，日本では，東日本大震災が起こり，福島原子力発電所事故の発生による影響から，全国の原子力発電所の多くが停止しています。それを補うため，現在，外国から大量のエネルギー燃料（LNG，石炭，石油）を調達し，火力発電所等を動かして対応している

状況にあります。このため，エネルギー燃料の輸入量が膨らむほど，円安により多額の支払いを余儀なくされるという点も忘れてはなりません。

## 3-5 「需要」と「供給」のバランス

### 3-5-1 「需要」と「供給」のバランス

　経済の語源は，経世済民（けいせいさいみん）に由来します。その意味は，「世を経（おさ）め，民を済（すく）う」です。経済は，会社経営やビジネスと深く結びついています。ここでは，経済の専門的な話ではなく，会社経営に影響を与える景気の話，すなわち，「需要」と「供給」の関係について説明しましょう。まず，需要（Demand）とは，買い手である顧客の欲求を指します。これに対し，供給（Supply）とは，売り手である会社の提供を指します。つまり，「需要」と「供給」のバランスとは，「顧客の欲求」と「会社の提供」がバランスしていることを表すのです。

　「需要」と「供給」のバランスには，大きく3つのパターンが考えられます。1つ目は，「需要」と「供給」が均衡（一致）する（需要＝供給）状態です。たとえば，「需要」が100で供給もまた100の場合であり，これは，世の中が安定している状態だと言えます。しかしながら，普通に考えても「需要」と「供給」が一致する理想的な状態は，瞬間的には可能でも，中長期的に持続させることは難しいものです。「供給」は，会社の自助努力を通じて安定させることは容易ですが，「需要」は，顧客の可処分所得の増減や世の中の流行の変化に強い影響を受けて変動を余儀なくされます。このため，「需要」の変化を事前に予測し，あるいは把握することは，ほとんど不可能です。

　2つ目は，「供給」に比べ「需要」が多い（需要＞供給）状態です。たとえば，「需要」が200に対し，「供給」が100のような場合であり，こうした「需要」が「供給」を上回る状態が長期間続くと，モノが不足して物価が高騰するインフレーション（Inflation）を招きます。インフレーションは，過剰でない限り好景気を意味するため，経済成長には好ましい状態と言えます。ところが，物価がさらに上がり続けると，世の中は，一時的な不景気では終わらず，最悪の

場合，経済恐慌に突入してしまうかもしれません。これが適度なインフレ状態が望ましいとされる理由です。

3つ目は，「需要」に比べ「供給」が多い（需要＜供給）状態です。たとえば，「需要」が100しかないのに「供給」が200もあるような場合を指し，これが長期化すると，モノ余りに伴い物価が下落するデフレーション（Deflation）に陥ります。行き過ぎたデフレーションは，深刻な不景気や経済不況を引き起こします。このため，極端なデフレの状態は避けるべきだと理解されています。

## 3-5-2　インフレとデフレに陥るシナリオ

恒常的に物価が高騰する「インフレ・スパイラル」と逆に物価が下がり続ける「デフレ・スパイラル」に陥るシナリオについて説明しましょう。

まず，「インフレ・スパイラル」について，インフレとは「需要」が「供給」を上回る現象です。このため，モノ不足の状態を招き，物価は高騰します。消費者は，モノの価格が上がるため購買でなきなくなり，その結果，モノは売れなくなります。すると，モノを生み出す会社では生産能力の削減または縮小するため，社員の給与は，低下を余儀なくされます。給与が下がった社員は，可処分所得が下がったことで，従来通り，市場からモノをあれこれ買えなくなり，消費意欲が落ち込みます。こうした現象が繰り返されることで世の中全体の購買意欲が低下し，消費はますます落ち込みます。これが「インフレ・スパイラル」の落とし穴という悪循環です。

次に，「デフレ・スパイラル」について，デフレとは「供給」が「需要」を上回る現象です。このため，モノ余り状態を起こし，物価は下落します。すると，消費者は，これまで以上にモノを買いやすくなるため，購買力は上昇しますが，モノやサービスの値段がドンドン引き下がるため，会社ではモノが売れるほど儲からなくなり，業績悪化に伴う社員の給与の削減に着手することになります。このような現象が循環することで世の中全体の購買意欲が落ち込み，モノ余り状態がより一層深刻の度合いを増します。これが「デフレ・スパイラル」の罠と呼ばれるものです。

このようにインフレやデフレは，過度に進むと，どちらも深刻な不景気の状態に陥ってしまうため，注意が必要です。なお，経済では，ややインフレ気味に誘導することが好ましいとされており，このような金融政策は，「インフレ・ターゲット（Inflation Targeting）」と呼ばれています。

### 3-5-3　インフレ期とデフレ期における経済政策の違い

さて，需要が供給を上回る「インフレ期」と供給が需要を上回る「デフレ期」では，採用されるべき経済政策は，全く異なります。図表3-11のとおり，「インフレ期」は，インフレ・スパイラルに陥る危険性があるため，需要抑制と供給強化をしなければなりません。具体的な経済政策として，増税や金融の引き締めによって行き過ぎた需要を抑制します。これに対し，供給サイドは，競争を促進し，自由化と規制緩和を行い，労働市場を流動化し，グローバル化を促進することで，供給を強化します。

一方，「デフレ期」は，デフレ・スパイラルに陥らないよう，需要を刺激し，供給を抑制する必要があります。具体的には，減税や金融緩和によって不足す

図表3-11　インフレ期とデフレ期の経済政策

|  | インフレ期 | デフレ期 |
| --- | --- | --- |
| 状　況 | 需要＞供給 | 供給＞需要 |
| 解　決 | 需要抑制・供給強化 | 需要刺激・供給抑制 |
| 目　標 | 物価安定・賃金抑制 | 雇用確保・賃金上昇 |
| 政　策 | 〈需要政策〉<br>小さな政府<br>緊縮財政<br>増税<br>金融引き締め<br>〈供給政策〉<br>競争促進<br>自由化・規制緩和・民営化<br>労働市場の流動化<br>グローバル化の促進 | 〈需要政策〉<br>大きな政府<br>積極財政<br>減税<br>金融緩和<br>〈供給政策〉<br>競争抑制<br>規制強化・国有化<br>労働者の保護<br>グローバル化の抑制 |
| 理　論 | 新自由主義 | ケインズ主義 |

出所）中野（2019）

る需要サイドを刺激します。これに対し，供給サイドは，競争を抑制し，規制強化を行い，雇用政策によって労働者を保護し，グローバル化を抑え込むことで，供給を抑制するのです。

　ここでは，「インフレ期」と「デフレ期」それぞれの経済政策について触れてきましたが，次に，つい最近まで注目を集めてきた「アベノミクス」または「三本の矢」と呼ばれる経済政策について簡単に説明しましょう。日本では，「アベノミクス」または「三本の矢」と呼ばれる経済政策が数年前から実施されてきました。それは，「第1の矢」と名付けられたお金を大量に市場へ流通させる大胆な「金融政策」。「第2の矢」と命名された民間の代わりに政府が支出して仕事を作る機動的な「財政政策」。「第3の矢」と呼ばれるビジネスの自由度をなるべく高め，民間投資を喚起する「規制緩和政策」を段階的に実行してデフレ・スパイラルからの脱却を果たすものです。それでは，「金融政策」，「財政政策」そして「規制緩和政策」という基本戦略の中味について触れてみましょう。

　「金融政策」とは，日本銀行が公定歩合を操作するやり方です。日本銀行が市中銀行へ貸し出す際の金利である公定歩合を引き下げると，市中銀行が民間や個人へ貸し出す金利が連動して下がります。そうすると，低金利となるため，会社や個人は借金しやすくなり，借金で得た資金でもって新たにヒトの雇用や設備投資が活発化して消費を押し上げます。加えて，低金利になると，貯蓄（貯金）する意味合いが薄れるため，その金が消費に回りやすくなります。

　「財政政策」は，政府が民間の代わりに仕事を作ること（有効需要の創出）です。つまり，政府が税金を使い，公共投資（公的資本形成）を行うことで民間の仕事が拡大します。すると，個人の可処分所得が増加して個人消費が拡大するだけでなく，会社の雇用も拡大します。また，支払能力に応じて公平に税を負担するしくみ（累進課税）や失業者を救済するしくみ（失業保険）を政府が制度化し，景気を自動的に安定させる政策（ビルトイン・スタビライザー）もまた，「財政施策」の一環とされています。

　最後に「規制緩和政策」は，ビジネスにおける様々な制限を撤廃または緩和

して会社の自由な活動を行いやすくすることです。こうした規制緩和によって，市場への参入の自由化，製品やサービスのイノベーションの活発化，そして，新しい雇用も生み出す可能性が高くなります。過去，1990年代以降に日本で進められた主な自由化政策として，タクシー台数の制限撤廃，電力自由化，酒類免許制度の撤廃，港湾運送事業への新規参入，電気通信事業の解放，農業への株式会社参入，郵便事業の民間開放，地ビールなどの最低醸造量の緩和，人材派遣業が実施され，新たな雇用やビジネスが生まれました。しかし，その一方で，新規参入者が集中した結果，競争激化に伴う低賃金化という副作用もまた発生しました。

### 3-5-4　好景気・不景気における企業行動

　すでに触れたとおり，景気は「需要」と「供給」のバランスから決定されます。もし「需要」が「供給」を上回る場合は「好景気（インフレ期）」，「需要」が「供給」を下回る場合は「不景気（デフレ期）」と呼びます。そして，短期的な好景気はブーム（Boom）と呼ばれ，逆に一時的な不景気が発生し景気が後退することはリセッション（Recession），リセッションが長期間持続する不況をディプレッション（Depression）のように区別します。

　好景気と不景気は，基本的に繰り返し訪れるものだと考えられます。図表3-12は，「需要」と「供給」のバランスから景気循環のステージを一般化したものです。斜め45度で伸びる直線を「供給」，上下する曲線を「需要」として重ね合わすと，好景気を指す「X期」と不景気を意味する「Y期」が浮き彫りとなります。

　さて，会社は，好景気と不景気の段階で取り得る行動がそれぞれ異なります。まず，X期（好景気）には「アップサイジング（Upsizing）」，つまり，設備投資を行いインフラの拡張や人手不足を何とか改善するため，新しい人材を雇用したり，残業時間を増やす行動が採用されます。とりわけ，日本の会社は，好景気の際，残業時間を増やして対処する場合が多いとされます。新規に人を雇用すれば，不景気に陥った際，高い固定費の負担となるからです。そこで，既

3-5 「需要」と「供給」のバランス

図表3-12 好景気と不景気の景気循環

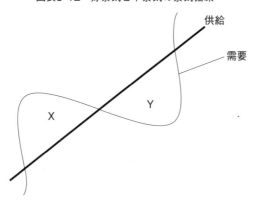

存の社員がこれまでの2倍以上働いて生産性を高めるやり方が採用されるのです。その結果，一部の会社では，行き過ぎた長時間労働のせいで社員がうつ病を発症したり，最悪の場合，過労死するという深刻な事態を招いたことを忘れてはなりません。ちなみに，過労死とは，日本以外の国ではこれに該当する語句がなく，「Karoshi」として英語の辞書や他言語の辞書にも掲載されています。なお，「Karoshi」を英語辞典で引くと，日本における残業による死（Death from overwork in Japan）や働き過ぎにより招く死（Death Caused by overwork）などと書かれています。一方，米国の会社では，好景気になると，雇用や残業を増やす方策よりも，製品やサービスの価格を値上げする高価格政策が採用されます。好景気なので，需要は沢山あります。そこで，値上げして粗利（マージン）を稼ぐことが何よりも優先されるわけです。

次に，不景気における会社の対応はどうでしょうか。Y期（不景気）になると，日本の会社は段階的な対策を講じます。初期の段階では，景気が回復するまでしばらくの間，会社の蓄財（内部留保）を消費しながら，その場を凌ぐ行動がとられます。ところが，不景気が続き明るさの兆しが一向に見られない場合，会社は，遊休資産などの売却や工場の稼働率を下げる「ダウンサイジング（Downsizing）」によってこれに対処します。それでも，不景気が改善されず業績赤字が累積する事態まで及んだら，その時は，雇用の削減に着手せざるを

得ません。最初は，早期退職制度を実施し，その後，シニア人材やCクラス社員など余剰人材を対象としたリストラ（雇用削減）が断行されます。これに対し，米国の会社は，不景気になると最初の段階から，事業や資産の売却，人材の削減など「ダウンサイジング」を実施します。この結果，米国では，事業や資産の売り買いを意味するM＆Aと，入社と退職（転職）が激化する雇用の流動化が活発化するのです。

## 3-6　シェアリング・エコノミー

### 3-6-1　シェアリング・エコノミーとは何か

　「シェアリング・エコノミー（Sharing Economy）」は，「共有経済」と訳され，これまでの「所有経済」のアンチテーゼとして，10年ほど前から注目が寄せられてきました。シェアリング・エコノミーは，遊休資産などを保有する提供者とそれを活用したい利用者を仲介するサービスによって成り立つ経済のように定義されます。「所有経済」から「共有経済」への移行，そして「ハイパー消費」から「コラボレーション消費」へのシフトの背景として，まず，日本を含む世界の先進国で過剰な消費行動を避け，希少資源の有効利用を重視する動きが強まってきたことがあげられます。たとえば，アフリカ人のワンガリ・マータイがノーベル平和賞を受賞するキッカケとなった「ＭＯＴＴＡＩＮＡＩ（モッタイナイ）」運動は，各国で高く称賛されました。また，小学校の教科書でも，日本の割りばし文化に代表された過剰な使い捨て消費社会がすでに限界を迎えていることに警鐘を鳴らし，３Ｒ（Reduce：減量，Reuse：再使用，Recycle：再生利用）の重要性について教えるようになりました。さらに，最近の若者が無駄な消費をせず，必要なものだけを購入する行動を好むとして，これを「サトリ世代」や「嫌消費世代」と呼ぶようにもなりました。

### 3-6-2　シェアリング・エコノミー・サービスのしくみ

　次に，このサービスの基本的なしくみを紹介しましょう。図表3-13を見てください。これは，シェアリング・エコノミー・サービスの基本的なしくみを表

3-6 シェアリング・エコノミー

図表3-13 シェアリング・エコノミー・サービス

```
                  遊休資産や              相互評価
                  スペースの提供
  ┌─────┐  ←─────────  ┌─────┐  ─────────→  ┌─────┐
  │提供者│                │運営会社│                │利用者│
  └─────┘  ─────────→  └─────┘  ←─────────  └─────┘
                                          代金の支払い
```

したものです。シェアリング・エコノミーとは，遊休資産を持つ提供者とそれを活用したい利用者を仲介するサービスで成り立つ経済のことです。したがって，「シェアリング・エコノミー・サービス（Sharing Economy Service）」とは，提供者と利用者をマッチングさせるサービスであると表現することができます。

まず，提供者は，遊休資産や空きスペースをプラットフォーマーである運営会社へ登録します。すると，運営会社は，これに関心を持つ利用者との間を仲介し，取引をまとめます。そして，利用者が支払った代金は，運営会社が仲介手数料として受け取り，残りの代金は提供者に支払われます。最後に，運営会社が音頭を取り，提供者と利用者が双方に相互評価を行います。

## 3-6-3　シェアリング・エコノミー・サービス企業

シェアリング・エコノミー・サービス企業と聞くと，すぐに思い浮かべるのは，世界最大の民泊シェアリング・エコノミー企業であるAirbnbと世界最大のライドシェアリング・エコノミー企業のUberかもしれません。これら2つの会社は，設立後，僅か10年足らずで世界のトップ企業に躍り出ました。

一般社団法人シェアリング・エコノミー協会は，シェア・サービス企業のタイプを5つに大別しています（図表3-14）。「シェア×空間」には，ホームシェア，駐車場，会議室などの企業があげられます。「シェア×モノ」には，フリマ，レンタルなどの企業が該当します。「シェア×移動」は，カーシェア，ライドシェア，シェアサイクルなどの企業があげられます。「シェア×お金」は，クラウドファンディング企業があげられます。「シェア×スキル」には，家事，介護，育児，知識，料理，教育，観光などの企業が該当します。

第3章　経済を知る

図表3-14　シェア・サービス・マップ

出所）一般社団法人シェアリング・エコノミー協会

## 3-6-4　ギグ・エコノミー

　シェアリング・エコノミーが本格化するなか，「ギグ・エコノミー（Gig Economy）」と呼ばれる新たな経済形態がアメリカで注目を集めています。「ギグ・エコノミー」とは，単発な仕事によって成り立つ「日雇い経済」です（ギグは「一切れ」「切れ端」と訳されます）。すなわち，インターネットを通じて単発請負することで成り立つ経済であり，この際，個人は特定の組織に属していないのが特徴です。たとえば，一般人がマイカーを使って他人を単発で送迎サービスすることや配達などの仕事を個人で請負サービスするなどがあげられます。ギグ・エコノミーは，組織に拘束されず，個人が自由に働ける長所がある一方で，受注や収入の面で競争の激化を招き，格差問題を引き起こす課題もまた含んでいます。

### 3-6-5 サーキュラー・エコノミー

　所有から利用へのシフトを意図するシェアリング・エコノミーに対し，最近，注目される新しい概念として，サーキュラー・エコノミーが提唱されています。「サーキュラー・エコノミー（Circular Economy：ＣＥ）」は，「循環経済」と訳され，ムダ（Waste）を富（Wealth）に変えて持続可能な経済を作り上げることを指します。具体的に言うと，これまでの経済は，資源を使って製品を生み出し，それを消費して廃棄するリニア（直線型）モデルでした。これに対し，サーキュラー（循環型）モデルとは，資源の無駄，役割を終えた製品，遊休資産等を回収し，永続的に再生・再利用することです。たとえば，日本で今深刻化している空き家の再生や再利用は，サーキュラーモデルの典型な事例です。また，ファッションレンタル・アプリの「メチャカリ」が月額定額制で新品の服を借り放題できるサービスを提供し，「戻ってきた商品」を自社ＥＣサイトなどで中古品として販売しているやり方もまた，循環型モデルといえるでしょう。

## 3-7　サブスクリプション・エコノミー

### 3-7-1　サブスクリプション・エコノミーは何か

　所有や購入をしない新たな消費スタイルとして，月額や年額で会費を納める「定額制」サービス経済を意味する「サブスクリプション・エコノミー（Subscription Economy）」にも注目が集まっています。サブスクリプション・エコノミーは，新聞や雑誌の定期購読，音楽や動画の配信サービス，電気・ガスの支払いなど，以前から存在するやり方でした。それが今，改めて脚光を浴びているのは，シェアリング・エコノミー・サービスと同じく，モノ余り時代，３Ｒ（Reduce：減量，Reuse：再使用，Recycle：再生利用）の推進，嫌消費時代の到来などの波が押し寄せている結果，特に若い世代の消費者を対象に「所有」から「利用」へ価値観が変質してきていることです。おそらく，数十年後の未来の姿は，「所有社会」から「利用社会」へ大きく舵を切っている可能性が少なくありません。

## 3-7-2 サブスクリプションのしくみ

それでは，サブスクリプションのしくみを説明しましょう。図表3-15は，会社と購入者との間における「一回きり取引（左側）」と会社と利用者との間における「繰り返し利用（右側）」をそれぞれ示したものです。

図表3-15 「一回きり取引」と「繰り返し利用」の違い

まず，「一回きり取引（One Time Transaction）」とは，購入者が会社に購入代金を支払い，会社は購入者へ製品・サービスを提供するものです。これを別の言い方で表現すれば，購入者から会社へ代金が支払われた段階で，製品・サービスの所有権が会社から購入者へ移転することであると説明できます。

これに対し，「繰り返し利用」とは，会社と利用者との間でサービス契約を締結し，利用した分だけお金を支払う「従量課金」，月額や年額で会費を支払い解約の申し出がなければ繰り返し利用できる「継続収益（Recurring Revenue）」など，会社と利用者の間で取り決め，長期的な価値共創を構築するものです。このため，「一回きり取引」とは異なり，製品・サービスの所有権は，利用者側には移行せず，あくまでも会社が所有権者となります。したがって，「一回きり取引」は，「所有権」の移転に関する取引であるのに対し，「繰り返し利用」は，「利用権」の付与に関する取引であると説明できるでしょう。

次に，会社にとってサブスクリプション（繰り返し利用）の主な長所とは何でしょうか。ひとつは，会社が毎月，確実に入金を期待できるため，安定した利益を得ることができます。もうひとつは，会社が利用者を囲い込む（Lock in）ことが可能になることです。その反対に，会社にとってサブスクリプションのその主な短所とは何でしょうか。ひとつは，会社のやり方が利用者である

購入者に飽きられてしまったら，すべてが終了してしまう危険性です。もうひとつは，長く利用すると，買い切りの場合と比べ，支払費用が高くなってしまう可能性があげられます。

### 3-7-3　サブスクリプションの広がり

　サブスクリプション・ビジネスは，これまで音楽や動画配信，新聞や雑誌の定期購読などで利用されてきました。しかし，最近では，自動車や家電の分野にも徐々に広がりつつあります。それでは，サブスクリプション・ビジネスのいくつかの新しい事例を紹介しましょう。

　まず，自動車のサブスクリプション・ビジネスでは，日頃庶民には手が届かない高級車がリーズナブルな価格で手軽に利用できるようになりました。たとえば，トヨタでは，高級車「レクサス」の月額制サービスである「キント・セレクト（Kinto Select）」を開始しました。これは，月額19万4,400円を支払えば，高級車レクサス６車種の中から６ヶ月ごとに１台ずつ，３年間で６台を乗り継ぎできるサービスです。定額料金の中には「車両代金」「税金」「登録諸費用」「任意保険」「故障修理」が含まれ，レクサスオーナー専用サービスである「レクサスオーナーズデスク」もまた利用できます。

　ダイソンでは，コードレスクリーナー，空気清浄機能付ファンヒーター，ヘアドライヤー等を対象に，サブスクリプション・サービス「ダイソン・テクノロジー・プラス（Dyson Technology＋）」を展開しています。たとえば，「アドバンスプラン」では，月額2,700円を支払うと，設定期間２年で最新のハイエンドモデルであるコードレスクリーナー，空気清浄機能付ファンヒーターが利用できます。

　サブスクリプション・ビジネスの広がりは，自動車や家電だけでなく，様々な事業へ拡大してきています。たとえば，美容の世界では，美容定額サービス「ＭＥＺＯＮ」が注目を集めています。月額会員登録16,000円（税別）を支払うと，「ＭＥＺＯＮ」と提携する厳選した200以上の美容室なら，シャンプ・ブローのサービスがいつでもどこでも何回でも受けられます。これにより，利用

者は，気軽に有名サロンへ足を運び，質の高いサービスを受けられる一方で，美容室もまた，1回のみの来店で終わりではない，新たな顧客を獲得でき，お店とお客の双方が価値を得られるしくみとなっています。

# 第4章

# 雇用を知る

## 4-1 雇用とは何か

### 4-1-1 労働契約

　雇用（Employment）とは，人を雇い入れることです。「雇用者」とは，人を雇い入れている会社を指し，またの名を「使用者」または「雇用主」ともいいます。一方，会社に雇い入れられている人は「被雇用者」または「労働者」といいます。

　次に，「雇用者」と「労働者」との間に発生する「労働契約」について説明しましょう。図表4-1のとおり，「労働者」は「雇用者」に対して労働の提供義務があります。一方，「雇用者」は，「労働者」に対して賃金の支払義務があります。「労働者」は，「雇用者」へ仕事を提供し，「雇用者」はその対価として，「労働者」へ賃金を払うのが「労働契約」です。「労働者」は，雇用者に対して「賃金請求権」という権利を有し，「雇用者」は，労働者に対して「指揮命令権」という権利を持ちます。

図表4-1　労働契約

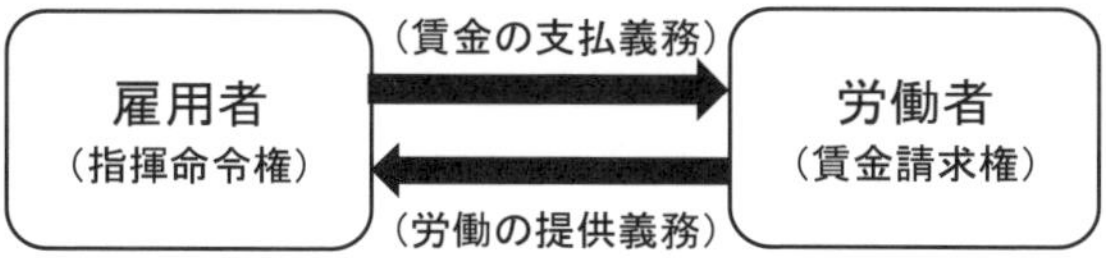

```
             （賃金の支払義務）
  雇用者  ────────────▶  労働者
（指揮命令権） ◀────────────  （賃金請求権）
             （労働の提供義務）
```

　雇用者と労働者との間で雇用契約の内容について，合意がなされたことを証明する書面として，「雇用契約書」と「労働条件通知書」があります。「雇用契約書」は，雇用者と労働者の双方で署名や押印によって合意する必要があり，「労働条件通知書」は，雇用者から労働者へ書面が通知されるだけという違いがあります。

「雇用契約書」は，「民法」第623条の定めに従った書面であり，次のように書かれています。「雇用は，当事者の一方が相手方に対して労働に従事することを約し，相手方がこれに対してその報酬を与えることを約することによって，その効力を生ずる。」つまり，雇用者と労働者との間で，①労働契約の期間，②期間の定めのある労働契約を更新する場合の基準，③就業の場所，従事すべき業務，④始業・終業の時刻，所定労働時間を超える労働の有無，休憩時間，休日，休暇，就業時転換，⑤賃金の決定・計算・支払いの方法，賃金の締切り・支払いの時期，⑥退職（解雇の事由を含む）などの雇用契約の内容について合意がなされたことを証明する書面が「雇用契約書」なのです。

これに対し，「労働条件通知書」は，労働基準法第15条第1項の定めに従った書面であり，次のように書かれています。「使用者は，労働契約の締結に際し，労働者に対して賃金，労働時間その他の労働条件を明示しなければならない。」つまり，雇用者は労働者に対し，①労働契約の期間，②就業の場所及び内容，③始業及び終業の時刻，所定労働時間を超える労働の有無，休憩時間，休日，休暇，④賃金，⑤退職，⑥退職手当，⑦安全及び衛生，⑧職業訓練，⑨災害補償及び業務外の傷病扶助，⑩表彰及び制裁，⑪休職の内容について，通知する必要があるのです。

### 4-1-2　就業規則

「就業規則」とは，雇用者と従業員との間に定められたルールブックです。労働基準法第89条によると，10人以上の労働者を使用する雇用者は，「就業規則」を作成する義務があり，それを「労働基準監督署」に届け出る必要があります。そして，「就業規則」の記載内容については，必ず記載しなければならない事項（絶対的必要記載事項），その制度を置く場合は記載しなければならない事項（相対的必要記載事項），記載するかどうか自由な事項（任意記載事項）に分けることができます。

「絶対的必要記載事項」の内容には，①始業及び終業の時刻，休憩時間，休日，休暇並びに交替制の場合には就業時転換に関する事項，②賃金の決定，計

算及び支払いの方法，賃金の締切り及び支払いの時期並びに昇給に関する事項，③退職に関する事項（解雇の事由を含む）があげられます。

「相対的必要記載事項」の内容には，①退職手当に関する事項，②臨時の賃金（賞与），最低賃金額に関する事項，③食費，作業用品などの負担に関する事項，④安全衛生に関する事項，⑤職業訓練に関する事項，⑥災害補償，業務外の傷病扶助に関する事項，⑦表彰，制裁に関する事項，⑧その他全労働者に適用される事項があります。

### 4-1-3　労働組合

賃金や労働時間などの労働条件の改善を図るため，労働者が団結する団体を「労働組合」といいます。「労働組合」は「ユニオン」や「労組」とも呼ばれ，日本国憲法第28条によって権利が保障されています。すなわち，労働者の「団結する権利」「団体交渉をする権利」「団体行動をする権利」を保障するものであり，これは「労働三権」と呼ばれています。「労働三権」のそれぞれの内容を説明すると，まず，「団結権」とは，労働者の団体を組織する権利であり，労働組合結成権を意味します。「団体交渉権」とは，労働者の団体が使用者と労働条件について交渉する権利を意味します。最後に，「団体行動権」は，労働者の団体が労働条件の実現を図るために団体行動を行う権利であり，争議権を指します。

労働組合の現状としては，単一労働組合数が年々やや減少しているのに対し，労働組合員数はやや増加しているようです。これは，労働組合員数のうちパートタイム労働者の組合員数が増加している影響があげられます。また，全国規模の労働組合組織として，日本最大の労働組合のナショナルセンター（全国中央組織）である連合（日本労働組合総連合会）の加盟組合員は約700万人，同じく，全労連（全国労働組合総連合）は約78万人，全労協（全国労働組合連絡協議会）は約11万人となっています。

## 4-1-4 労働契約の終了

　労働契約を終了するタイプには「終了」「退職」「解雇」があげられます（図表4-2）。最初に、「終了」とは、期間の定めのある労働契約（有期労働契約）が契約期間の満了によって自動的に終了することをいいます。

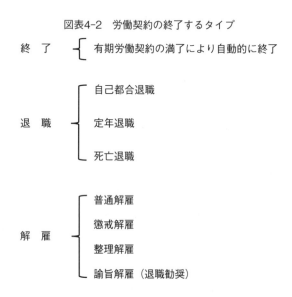

図表4-2　労働契約の終了するタイプ

　「退職」とは、職を退くこと、つまり、会社を辞めることです。この「退職」には、「自己都合退職」「定年退職」「休職期間満了による退職」「死亡退職」に分けられます。「自己都合退職」は、労働者が労働契約の終了を申し出て、雇用者が承諾して退職するパターンです。そして、労働者が自ら辞めることを「辞職」「自主退職」または「依願退職」ともいい、この場合、雇用者は労働者の申し出を基本的に拒否できません。この「自己都合退職」については、最近、「退職代行サービス」が注目を集めています。これは、本人に代わって退職の手続きを行うものであり、現代の世相を反映するビジネスと言えます。

　「定年退職」は、就業規則で定められた年齢に達したら、雇用契約が自動的に解除され退職するパターンをいいます。定年制は、これまで60歳でしたが、

人手不足，公的年金支給開始年齢の引き上げ，法律の改正などに伴い，最近では65歳まで引き上げ，さらに将来的には70歳まで延長すべきという意見も強まっています。

「死亡退職」は，言葉のとおり，労働者が死亡したため，退職するパターンです。「死亡退職」や「定年退職」は，自動的に労働契約が終了することであり，またの名を「自然退職」ともいいます。

次に，「解雇」とは，雇用者の権限で労働者を辞めさせることです。「解雇」のタイプには「普通解雇」「懲戒解雇」「整理解雇」そして「諭旨（ゆし）解雇」があげられます。「普通解雇」は，労働者に解雇される理由がある場合の解雇パターンです。たとえば，労働者の能力不足，協調性の欠如，勤務態度の不良，体調の不良などで解雇されることをいいます。

「懲戒解雇」もまた，労働者に解雇される理由がある場合の解雇パターンです。たとえば，横領，収賄，機密漏洩，交通違反，命令拒否，無断欠勤，ハラスメント（セクハラ・パワハラなど），経歴詐称，犯罪行為など，悪質なルール違反をした労働者を解雇することです。

一方，「整理解雇」は，雇用者側の経営責任から事業を継続できなくなった時の解雇パターンです。たとえば，リストラや人員整理など，雇用者側の都合により解雇されることをいいます。なお，「整理解雇」には，次のような4条件（①人員整理の必要性，②解雇回避努力の義務の履行，③人選の合理性，④解雇手続きの妥当性）をすべて満たす必要があります。

最後に，「諭旨解雇」の「諭旨」とは，趣旨や理由を諭し告げることです。したがって，「諭旨解雇」とは，労働者の責任で生じた業務上の支障や損害について，情状酌量の余地がある場合，雇用者が労働者に自発的な依願退職を説得することで最も処分の重い「懲戒解雇」を避ける解雇パターンであり，「退職勧奨」とも呼ばれています。

さて，会社都合である「普通解雇」「整理解雇」と自己都合である「諭旨解雇」「懲戒解雇」では，「退職金」や「失業保険」の支払いに差が出る可能性があります。「退職金」は，「普通解雇」「整理解雇」の場合には支給されますが，「懲

戒解雇」は支給されない可能性があり、「諭旨解雇」は、基本的に支給されますが、減額される場合もあります。また、「失業保険」は、「普通解雇」「整理解雇」において給付され、「懲戒解雇」「諭旨解雇」は3ヶ月間の給付制限が設けられています。

## 4-2 労働基準法

### 4-2-1 法定労働時間と法定休日

　労働時間とは、社員が会社の指揮命令下に入る時間をいいます。労働時間は、法律で次のように定められています。それによると、雇用者は、原則として1日8時間、1週間40時間を超えて労働させてはいけません（労働基準法第32条）。また、雇用者は、労働時間が6時間を超える場合は45分以上、8時間を超える場合は1時間以上の休憩を与えなければいけません（労働基準法第34条）。さらに、雇用者は、少なくとも毎週1日の休日か、4週間を通じて4日以上の休日を与えなければなりません（労働基準法第35条）。このように1日8時間、1週間40時間の労働ルールを「法定労働時間」、週に1日以上の休日ルールを「法定休日」とそれぞれ呼んでいます。

### 4-2-2 時間外・休日労働

　実際の会社では、1日8時間、1週間40時間以上労働するケースがかなり見られます。これは、労働基準法第36条に定められた「時間外・休日労働に関する協定」によるものです。それによると、雇用者は、労働組合または労働者の過半数を代表する者との書面による協定をし、これを行政官庁（労働基準監督署）に届け出た場合、その協定で定めるところによって労働時間を延長し、または休日に労働させることができると明記されています。このような時間外・休日労働に関する協定は、労働基準法第36条に定めることから、「36（サブロク）協定」と呼ばれています。

## 4-2-3　時間外，休日及び深夜の割増賃金

「36協定」を通じて時間外・休日労働がなされた場合，会社は労働者に対して「割増賃金」を支払うことが法律で定められています。「割増」とは，通常の金額に対し，さらに何割か増した金額と定義されます。労働基準法第37条によると，労働時間を延長し，または休日に労働させた場合には，その時間またはその日の労働について通常の労働時間または労働日の賃金の計算額の2割5分以上5割以下の範囲内で，それぞれ政令で定める率以上の率で計算した割増賃金を支払わなければならないと記載されています。

## 4-2-4　変形労働時間制

繰り返しますが，法定労働時間は1日8時間，1週間40時間と定められています。ところが，繁忙期と閑散期との差が著しく，激しい仕事にこのルールを適用した場合，かえって労働時間や賃金の支払いが非効率化してしまうことが懸念されます。そこで，労使協定または就業規則において定めるもとで「変形労働時間制」が認められています。労働基準法第32条によると，「変形労働時間制」は，法定の労働時間を超えない範囲内において，特定の日または週に法定労働時間を超えて労働させることができると記載されています。

「変形労働時間制」の種類には，「1ヶ月単位」「1年単位」「1週間単位」「フレックスタイム制」があります。「1ヶ月単位」は，たとえば，月初と月末は忙しく，月中は余裕がある場合です。「1年単位」は，夏と冬が忙しく，春と秋は余裕がある場合です。「1週間単位」は，たとえば，土曜日と日曜日は忙しく，月曜日から金曜日までのウィークデイは余裕がある場合です。「フレックスタイム制」は，始業時間と終了時間を自主的に決定できる制度です。

## 4-2-5　みなし労働時間制

労働者は，デスクワーク中心のオフィスワーカーだけではありません。オフィス外で働く営業職，定められた納期まで仕事を完了しなければならないシステムエンジニア（SE）やデザイナー，研究所の研究員など，これら労働時

間の把握やカウントがしづらい一部の職種では,「みなし労働時間」という制度が適用される場合があります。

　労働基準法第38条によると,「みなし労働時間制」には「事業場外みなし労働時間制」と「裁量労働制」の2つのタイプがあります。「事業場外みなし労働時間制」は,事業場の外で働いている場合,会社が実際の労働時間について算定困難である場合,所定の時間労働したものとみなす制度です。たとえば,月曜日に7時間働き,火曜日に9時間働いたとしても,みなし労働時間制の場合,8時間労働としてみなされます。また,1日のなかで午前中は内勤,午後は外勤(営業)して計8時間働いた場合もまた,8時間労働とみなされます。

　これに対して「裁量労働制」は,実際の労働時間数とはかかわりなく,労使協定で定めた労働時間数を働いたものとみなす制度です。たとえば,SEやデザイナーなどの専門職,事業運営の企画,立案,調査及び分析の業務などで働く人は,労働が不規則で深夜に及ぶ場合もあります。こうしたケースでは,仕事の時間配分や業務の進め方が労働者の裁量に委ねられます。

## 4-2-6　年次有給休暇

　労働者の休暇のうち,雇用者から賃金が支払われる有給の休みを「年次有給休暇」といいます。労働基準法第39条によると,雇用者は,労働者が6ヶ月間継続勤務し,その6ヶ月間の全労働日の8割以上を出勤した場合は,10日(継続または分割)の有給休暇を与えなければならないと定めています。すなわち,雇用日から6ヶ月経過していること,その期間の全労働日の8割以上出勤したことの2つの要件を満たした労働者は,10労働日の年次有給休暇が付与されるのです。

　また,最初に年次有給休暇が付与された日から1年を経過した日(つまり,1年6ヶ月)に,全労働日の8割以上出勤したことを満たせば,11日の年次有給休暇が付与されます。その後は,同様なルールに基づき,2年6ヶ月勤続したら12日の年次有給休暇,3年6ヶ月勤続したら14日,4年6ヶ月勤続したら16日のように増えていきます。

## 4-3　長時間労働と残業問題

### 4-3-1　過労死の実態

　日本では，長時間労働や過剰労働が引き金となって過労死や過労自殺，精神障害に陥る労働者の問題が後を絶ちません。この不名誉な問題の深刻さを物語る資料はたくさんあります。たとえば，「過労死」という言葉は，英語の辞書にないため，そのまま"KAROSHI"として記載され，その意味は，日本における過剰労働による死のように説明されています。また，毎年，厚生労働省が世界に類を見ない「過労死等防止対策白書」を取りまとめ発表していることも見逃せません。

　一方，その「過労死等防止対策白書」によると，自殺者総数のうち勤務問題を原因・動機のひとつとする割合は，年々，上昇の一途を辿っています（平成19年当時の6.7％が平成29年は9.3％までアップしました）。そして，長時間労働や過剰労働に伴う精神障害の請求件数もまた，年々右肩上がりで上昇しています。

### 4-3-2　実労働時間の実態

　過労死等の問題は，長時間労働や過剰労働が主要な原因であることに間違いありません。図表4-3は，パートタイム労働者を含む年間総実労働時間の推移を表したものです。

　これを見ると，総実労働時間は，年々減少していることが分かります。平成5年当時1,920時間だったのに比べ，平成29年は1,721時間と，その差は年間で199時間も労働時間が短縮されたことになります。また，ここでは出図しませんが，労働政策研究・研修機構の「データブック国際労働比較2018」によると，日本は，先進国のなかで総実労働時間が一番長いわけではありません。むしろ，アメリカやイタリアの方が日本よりも総実労働時間が長いという結果が得られています。

　このように統計上では，日本の総実労働時間は徐々に短くなってきており，

第4章 雇用を知る

図表4-3 年間総実労働時間の推移（パートタイム労働者を含む）

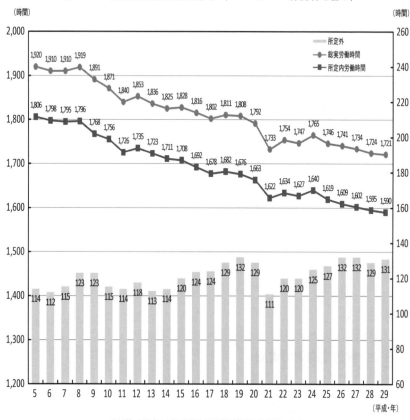

出所）平成30年度版 過労死等防止対策白書

このため，仕事に拘束される負担は，年々軽減されてきていると言えます。同じく，統計上では，日本の総実労働時間が世界一長いわけではなく，むしろ，外国のほうがそれを上回っています。にもかかわらず，日本において過労死などの問題が一向に改善されないのはなぜでしょうか。

もう一度，図表4-3のタイトルをご覧ください。年間総実労働時間の推移（パートタイム労働者を含む）と書いてあります。つまり，このデータは，一般労働者（正社員）だけでなく，パートタイム労働者の労働時間も合算した数

94

4-3 長時間労働と残業問題

図表4-4　就業形態別年間総実労働時間及びパートタイム労働者比率の推移

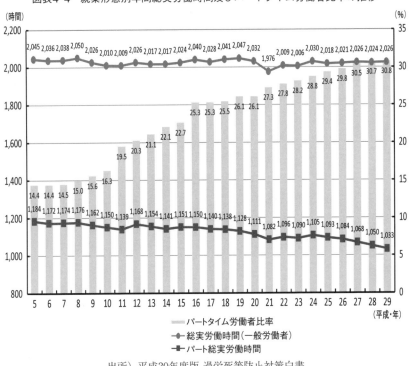

出所）平成30年度版 過労死等防止対策白書

字です。このため、一般労働者の年間総労働時間が長いとしても、部分で働くパートタイム労働者の短時間分が加算されることで、全体の総実労働時間が引き下げられてしまっているのです。それでは、一般労働者だけの総実労働時間は、どうなっているのでしょうか。

次に、一般労働者とパートタイム労働者を分けた年間総労働時間の推移を記したデータを紹介しましょう。図表4-4は、就業形態別年間総実労働時間及びパートタイム労働者比率の推移です。この図表で注目すべきは、パートタイム労働者比率が右上がりに上昇していることです。平成5年時点では約14％に過ぎなかったものが、平成29年には約31％まで膨らんでいます。つまり、10人の職場のうち3人はパートタイム労働者が占めるまで拡大してきているのです。

95

そのようなパートタイム労働者のパート総実労働時間は，年々，右下がりに減少しています。たとえば，平成5年は1,184時間であったものが，平成29年には1,033時間となり，年間151時間も労働時間が下がっています。つまり，パートタイム労働者の割合は，年々増加傾向を示しているのに対し，パート総実労働時間は，年々下降しているのです。

一方，一般労働者（正社員）の総実労働時間は，平成21年の数字だけを除き，2,000時間を常に超えて推移しています。つまり，過去，「モーレツサラリーマン」「ワーカーホリック（仕事中毒）」「社畜化」「エンドレス・ワーカーズ（永久に続く労働者）」とも酷評される一般労働者（正社員）の働き方は，未だに改善されていない現実をこのデータは示しています。日本の会社で過労死や精神障害が依然として続くのは，一般労働者（正社員）の総実労働時間が全く変化せず，高止まりしているからであり，これは，もはや構造的な問題だと言えそうです。

それでは，長時間労働の仕事（業種）とは，いったいどんなものでしょうか。最も長時間労働なのは，「運輸業・郵便業」であり，次いで「教育・学習支援業」「建設業」の順となっています。この背景には，①インターネット通販の拡大で宅配事業の負担が増えた影響があげられます。②平日の深夜や休日に開かれる学習塾や日々のレポートや部活動の顧問に追われ休めない学校教師という現状があります。③オリンピックや再開発の事業が目白押しのため休日返上で働く建設業者などがあげられます。

最後に，長時間労働に伴う過労死問題は，これまでわが国特有の出来事とされてきました。しかし，最近では，中国やアメリカでも日本と同様な問題が深刻化しているようです。組織行動学者のPfeffer（2018）は，その近著のなかで，中国では低賃金，劣悪な職場環境，超長時間労働，予測不能な不規則勤務が原因で，年間100万人が過労死していると指摘しています。また，アメリカでも，ホワイトカラーが正規の労働時間の枠外で夜間や旅行先でもメールチェックする人が5割，休日にもチェックする人が8割を超え，健康を害するケースが増えていると言及しています。

### 4-3-3 残業の実態

　日本型経営の特徴のひとつは，特に好景気時において残業（Overwork）が増えることです。残業は，別名「時間外労働」「超過勤務」とも呼ばれ，日本の会社では，おなじみのキーワードであり，最近でも，残業の歴史やメカニズムそして残業文化を体系的に明らかにした『残業学』なる本も出版されました。そこで，この本の内容で特にユニークな発見や分析を少しだけ紹介しましょう。まず，残業は遺伝するという発見です。これは，若いころ，長時間残業経験がある人物がその後上司になると，部下の残業時間もまた長くなるそうです。というのも，上司は部下を統括し，部下は上司の指示に耳を傾けるのが基本的な上下関係だからです。このため，残業麻痺状態にある人物が上司となれば，部下もまた基本的に残業が強いられるわけです。このように長時間残業体質は，世代を超えて上司から部下へ遺伝されるのです。

　また，職場全体が長時間残業化する理由は「残業インフルエンサー」と呼ばれる人物が存在するからです。どんな会社でも職場でも誰もが憧れるエース（仕事ができる）社員がいるものです。このエース社員が常習的な長時間残業者であった場合，周りは無能扱いされることを恐れて早く帰宅できなくなり，残業化が進んでしまうと考えられます。

　さらに，職場が残業化する理由に「フェイク残業」があると分析しています。これは，自分だけ時間までに仕事を終わらせると，上司から新しい仕事を振られる可能性が強まります。そこで，部下は，これを回避するため少しだけ仕事を余らせ，適度に残業して忙しさを演出する行動に出るのです。

　このように残業には，様々な思惑と真実が隠されています。加えて日本では長い時間をかけて残業文化が深く浸透し根付いています。このため，国が法律を定め，会社が残業禁止を唱えても，そう簡単に残業を是正することはできないかもしれません。

　さて，もうひとつ残業について取り上げねばならない話があります。それは「サービス残業」という聞きなれない言葉です。すでに述べたとおり，法律では，1日8時間，週40時間を超えた法定労働時間を禁止しています。但し，「36

協定」と呼ばれる労使協定を結び，行政官庁へ届け出をした場合，定められたルールに基づき，法定労働時間以上労働（残業）してもよく，雇用者は労働者に割増賃金（残業代）を支払うこととなっています。これに対し，「サービス残業」とは，その名のとおり，残業代がサービス（無料）になることです。すなわち，労働者が残業しても，その分の賃金は支払われないことであり，これは明らかに労働基準法違反です。

不払残業を意味する「サービス残業」は，日本の会社の間でどれだけ蔓延しているのでしょうか。厚生労働省が毎年発表する「監督指導による賃金不払残業の是正」によると，平成29年度の是正企業数は1,870企業，そのうち，1,000万円以上の割増賃金を支払ったのは262企業，対象労働者数は20万5,235人，支払われた割増賃金合計額は446億4,195万円にも及んでおり，不払残業の深刻さがよく分かります。

最後に，残業や36協定については，2019年4月に「働き方改革関連法」が施行され，時間外労働の上限規制が義務化されました（中小企業への適用は2020年4月1日）。具体的には，時間外労働の上限が月45時間（1日当たり2時間程度の残業），年360時間を原則とし，もしこれに違反すると，6ヶ月以下の懲役または30万円以下の罰金が科される恐れがあります。

### 4-3-4　年次有給休暇の実態

雇用者から賃金が支払われる有給の休みを「年次有給休暇」といいますが，その実際の取得率は，半分しか消化できていません。つまり，「年次有給休暇」は，労働基準法で認められた制度にもかかわらず，実際には，半分の日数しか取得できないのが暗黙のルールと化しているのです。

厚生労働省の「就労条件総合調査」によると，1990年代，5割を上回っていた年次有給休暇の取得率は，2000年（平成12年）以降，5割を下回る状態が続いています。直近に当たる2017年（平成29年）の年次有給休暇の付与日数は18.2日，そのうち労働者が取得した日数は9.3日，取得率は51.1％でした。

それでは，これを日本と世界で比較した場合，どうなるでしょうか。オンラ

イン旅行会社のエクスペディアが発表した「有給休暇国際比較調査2018」によると，アメリカ，メキシコ，ブラジル，フランス，イタリア，スペイン，オーストラリア，香港，インド，シンガポール，韓国，日本の12ヶ国中，日本は3年連続最下位に甘んじています。

　図表4-5の上図のとおり，有給休暇取得率を見ると，日本の5割に対し世界はどの国も7割以上の取得率を記録しています。しかも，ブラジル，フランス，スペインは，有給休暇の支給日数が30日で消化率100％となっています。

　それでは，なぜ日本は取得率が低いのでしょうか。休暇中でも仕事のことが気になるなど，様々な理由が考えられますが，「有給休暇の取得に罪悪を感じる割合」において，日本は約6割を占める一方で，韓国を除くその他の国々は，極めて低い割合となっています（図表4-5の下図）。このため，2019年4月に施行された「働き方改革関連法」で，年次有給休暇の消化を義務化しました。具体的には，年10日以上の有給が付与される全ての労働者に対し，会社は，最低でも5日間の有給休暇を確実に取得させる必要があります。

### 4-3-5　祝祭日の実態

　有給休暇の日数や消化率について日本は，世界最下位の状況ですが，その一方で国が定めた祝祭日の日数では，逆に群を抜いて世界一の祝祭日大国であります。たとえば，日本の祝祭日は年間17日に対し，アメリカ10日間，フランス9日間，イタリア7日間と国際的にも日本が多いことが分かります。ところが，祝祭日だからといって会社や仕事を休めない労働者は，かなり多く存在します。たとえば，運輸業，小売業，教育支援業などでは，たとえ祝祭日でも仕事をしなければならず，長時間労働や過剰労働の温床となっている可能性はぬぐい切れません。

第4章 雇用を知る

図表4-5 有給休暇取得率と罪悪感に関する国際比較

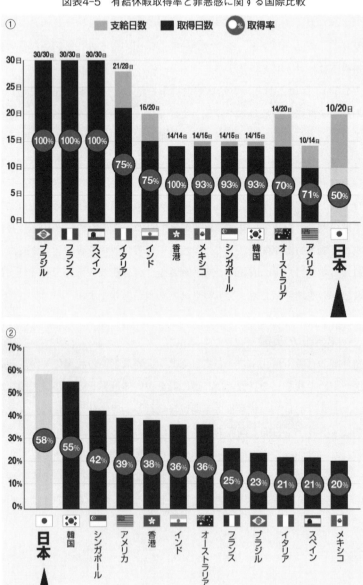

出所) エクスペディア

## 4-4 雇用形態

### 4-4-1 多様な雇用形態

　従業者の働き方には，多様な雇用形態があります。図表4-6を見てください。社員は「正規社員」と「非正規社員」に大別できます。「正規社員」と「非正規社員」の定義は，特に法律によって定められていないようですが，一般的には「正規社員」が期間を定めない雇用契約で働いている「フルタイム・ワーカー」や「正社員」のことであり，「非正規社員」とは，期間を定めた雇用契約で働いている「パートタイム・ワーカー」や「非正社員」のように規定できます。そして，「正規社員」はさらに「（無限定）正社員」と「限定正社員」に分けられます。一方，「非正規社員」は「パート・アルバイト」「契約社員・嘱託」「派遣社員」「請負社員」に区別することができます。

図表4-6　多様な雇用形態

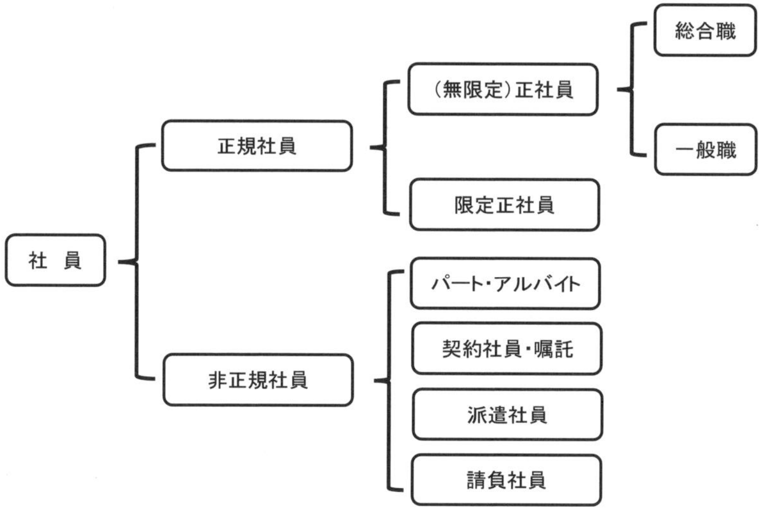

```
                            ┌─ （無限定）正社員 ─┬─ 総合職
              ┌─ 正規社員 ─┤                    └─ 一般職
              │             └─ 限定正社員
社　員 ─┤
              │             ┌─ パート・アルバイト
              │             ├─ 契約社員・嘱託
              └─ 非正規社員 ┤
                            ├─ 派遣社員
                            └─ 請負社員
```

### 4-4-2 正規社員

　最初に，「（無限定）正社員」とは，会社と雇用契約を結ぶ（終了時期は定め

101

られていない）人物をいいます。会社の指揮命令によって業務に当たり，基本的に他の仕事と掛け持ちはしない人物を指します。「正社員」は「総合職」と「一般職」に分けられます。通常，「総合職」は，会社のコア（中核的）な業務，非定型な業務に従事し，無期雇用，昇進・昇給で優遇されますが，残業や転勤，人事異動等が義務付けられています。「一般職」は，会社の補助的な業務，定型的な業務に従事し，昇進・昇給で優遇されず，転勤や人事異動については義務付けられていません。

　一方，「限定正社員」は，勤務地，職務内容，勤務時間などの範囲が限定されている正社員をいいます。「限定正社員」は，いわば「正社員」と「非正規社員」の中間的な存在です。つまり，「正社員」は，賃金が高く，雇用保障や義務そして拘束が強く，逆に「非正規社員」は，賃金が低く，雇用保障や義務そして拘束が弱い特徴をそれぞれ持っているのに比べ，「限定正社員」は，その「中間」に位置し，両方のうまみをミックスした働き方ともいえます。「限定正社員」は，ワーク・ライフ・バランスの実現，雇用の安定と処遇の改善，中長期的なキャリア形成などの利点を持つ働き方として，期待が寄せられています。

### 4-4-3　非正規社員

　次に，「非正規社員」には，「パート・アルバイト」「契約社員・嘱託」「派遣社員」「請負社員」があげられます。まず，「パート・アルバイト」は，厳密な定義がなされていないようです。ただパート（Part）は，「部分」や「短時間」，アルバイト（Arbeit）は「仕事」を意味するため，「パート・アルバイト」とは，「短時間の仕事」くらいの表現になるでしょうか。なお，学生による短時間の仕事は「アルバイト」，主婦による短時間の仕事は「パートタイム」のように区別する場合もあるそうです。

　「契約社員・嘱託」は，2つに分けて説明しましょう。「契約社員」とは，雇用者と労働者の合意により契約期間を定め，その満了によって労働契約が自動的に終了する働き方をいいます。「契約社員」は，フルタイムで働くため，「正

社員」の業務内容とあまり変わらない場合が多いようです。「契約社員」が多く存在する会社には,「特定のスキルを活用したい」「離職率が高い傾向が強い」などの特徴がみられます。一方,「嘱託（社員）」は,「契約社員」と同様,雇用者と労働者の合意により契約期間を定め,その満了によって労働契約が自動的に終了する働き方をいいます。そして,フルタイムで働く人だけに限らず,パートタイムの人,週3回の非常勤で働く人など働き方が多様である場合が多くみられます。一般に「嘱託」は,定年退職した社員を再雇用する場合に多くみられます。

「派遣社員」は,労働者が人材派遣会社（派遣元）との間で労働契約を結び,派遣元が労働者派遣契約を結んでいる会社（派遣先）に労働者を派遣し,労働者は派遣先の指揮命令を受けて働くものです（図表4-7）。

図表4-7　派遣と請負の違い

「派遣元」と「派遣先」が異なるなど複雑な雇用労働形態なため,「労働者派遣法」によって細かなルールが定められています。「派遣社員」にとって派遣会社は「雇用主」,派遣先企業は「勤務先」であり,もし事故やトラブルが発生した場合,「雇用主」である派遣会社が責任をもって対処しなければなりません。

「請負社員」は,労働者が請負会社（請負元）との間で労働契約を結び,請負会社が請負契約を結んでいる会社（請負先）から仕事を請け負い,労働者は請負会社の指揮命令を受けて働くものであり,この点が「派遣社員」との大きな違いです。「請負社員」にとって請負会社が「雇用主」であり,もし事故や

第4章　雇用を知る

トラブルが発生した場合,「雇用主」である請負会社が責任をもって対処しなければなりません。「請負」は,発注先が人件費等の削減のため,業務の一部をアウトソーシングしたい場合に用いられるやり方です。

### 4-4-4　正規と非正規の割合と非正規の内訳

厚生労働省の「正規雇用と非正規雇用労働者の推移」によると,2017年（平成29年）における全労働者の数は,5,460万人でした。そのうち,正規社員（労働者）は,3,423万人で全体の63％を占めています。一方,非正規社員（労働者）は,2,037万人であり,その割合は37％まで達しています。つまり,今日の社内や職場では,概ね10人に4人が非正規社員によって占められている計算になります（図表4-8）。

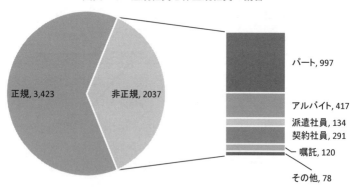

図表4-8　正規社員と非正規社員の割合

資料）厚生労働省の資料を基に作成

次に,非正規社員の内訳を見てみましょう。最も割合が多いのは,パート997万人であり,非正規に占める割合は49％となっています。次いで,アルバイト417万人であり,非正規の20％を占め,非正規全体の約7割がパートとアルバイトによって占められています。

## 4-5 副業とフリーランス

### 4-5-1 ライフスタイルの変化

　図表4-9は，1980-2010年代までのライフスタイルの変化を表したものです。1980-1990年代は，バブル経済とその崩壊を迎えた時代でした。当時，土地神話の影響から戸建て購入への憧れが強く，オフィスの固定席で社員たちはモーレツに働きました。また，この時代の主な滞在先は，ユースホステル，カプセルホテル，ビジネスホテルであり，バックパッカーと呼ばれる若者が国内外で数多く観察されました。

　2000年代は，デフレ不況に突入し，国民の所得が伸び悩みました。ライフスタイルでは，戸建て購入派からマンション派，賃貸派に大きく舵を切りました。オフィスでは，固定席を廃止し，自由にデスクを選べるフリーアドレスが増加しました。宿泊特定型ホテルやネットカフェが人気を博し，貧困層の増加に伴い，ネットカフェ難民なる現象も生まれました。

　2010年代は，デフレ経済が長期化する一方，消費増税も加わり，可処分所得が増えず，豊かさを実感できない時代となりました。こうした時代，モノ消費

図表4-9　ライフスタイルの変化

|  | 1980-1990年代 | 2000年代 | 2010年代 |
|---|---|---|---|
| 住 む | ・戸建て購入への憧れ<br>・バブル以前の土地神話 | ・マンション派，身軽な賃貸派が増加 ||
| 働 く | ・オフィスの固定席での「モーレツ社員」 | ・フリーアドレスの増加 | ・テレワークやフリーランスの拡大 |
| 台頭した滞在先 | ・ユースホステルから，カプセルホテルやビジネスホテル | ・宿泊特化型ホテルやネットカフェ | ・割安で交流可能な民泊やゲストハウス |
| 経済社会の状況 | ・バブル経済とその崩壊 | ・所得の伸び悩み | ・所有しないシェア経済<br>・割安なLCCの台頭 |
| 際立った現象 | ・学生のバックパッカー | ・貧困によるネットカフェ難民 | ・定職のある社会人の積極的・合理的選択で多拠点を移動する「アドレスホッパー」 |

出所）日経ＭＪ 2019年3月6日記事

からコト消費へ，所有経済から共有経済への転換が進みました。ライフスタイルは，引き続き，マンション派，賃貸派中心で，オフィスでは，会社に通勤せず，自宅やカフェなどで仕事をするリモートワークやテレワーク，さらに会社に所属せず，自由に働くフリーランスもまた拡大しました。割安で交流可能な民泊やゲストハウスも生まれました。そして，特定の拠点を持たず，国内外を移動して暮らすアドレスホッパーなる現象も登場しました。

### 4-5-2　副業の解禁

「副業」は，「兼業」「サイドビジネス」「サイドジョブ」「ダブルワーク」とも呼ばれ，雇用されている会社で活動しながら，すきま時間を使って収入を得る活動を指します。なので，仕事の位置付けは，会社での活動が「主」，すきま時間の活動が「副」となります。

これまで日本の会社は「副業」を禁止してきました。リクルートキャリアの調べによると，今でも約7割の会社がこれを禁止しているそうですが，それはなぜでしょうか。第1に「副業」は，長時間労働や過重労働を助長するからです。第2に副業が解禁されると，本業より副業が重視され，会社の業務が疎かになる危険性があるからです。第3に副業を許すと，その輪がドンドン広がり，会社の統制や秩序が乱されることもまた懸念されます。第4に会社との利益相反，つまり，「副業」と会社の事業や製品・サービスが競合する可能性も否定できないことです。第5に社内の機密情報が漏れる危険性もあります。第6に人材の流出が加速してしまうことも危惧されます。

しかし，昨今，政府による働き方改革が打ち出され，「副業」や「兼業」を普及促進させる方向に大きく舵が切られました。ひとつは，労働者のあいだで多様な働き方を求める声が強まってきたからです。エン・ジャパンの調査によると，20-40代の正社員3,000人のうち，副業に興味があると答えたのは88%，副業の経験があると回答したものは32%となりました。この背景には，①すでに水面下で「闇副業」が広がっていること，②リストラが当たり前となった雇用不安，③働き方改革による残業抑制に伴う収入減，④本業の業績不振に伴う

収入減，⑤自宅の空き部屋を貸し出して儲けるなどシェアリング・エコノミーが拡大し，副業環境が広がっていること，⑥クラウドソーシングやクラウドファンディングの普及により，副業が身近なものになったことで，労働者の価値観が会社への過度な期待や依存から，自立や自衛の方向へ大きく転換したことがあげられます。

　もうひとつは，労働生産人口の減少に伴う人手不足の深刻化です。日本では，今後とも少子高齢化に歯止めが効かず，若年労働者の慢性的な人手不足は解消されない状況にあります。その穴を埋めるひとつの突破口として，良し悪しは別として「副業」に期待が寄せられているのです。

　ランサーズの調査によると，副業（本業・副業を区別しない労働者を含む）者の数は，2018年で744万人，副業経済は，約8兆円規模にも達していると推計しています。また，今日「副業」を奨励している主な会社には，ディー・エヌ・エー，新生銀行，コニカミノルタ，サイバーエージェント，サイボウズ，ヤフー，メルカリ，リクルート，富士通，ソフトバンク，ＨＩＳ，ロート製薬，パナソニック等があげられます。このなかで特に副業を推進する企業として有名なロート製薬では，2016年に社外チャレンジワーク制度を導入しました。これは，就業時間外・休日のみに限り，収入を伴った仕事に就業することを認める制度です。同社のＨＰによると，この制度は，本業を大切にしながらも，自身の時間を使って（兼業という形で）社会に貢献したい社員のために作られた制度です。その趣旨は，会社で与えられた仕事をするのではなく，自分自身で考えて行動し，社会に貢献できる働き方をする自立・自走の社員を増やしたいと考えているからです。約80名の社員が利用しているそうですが，あくまでも，本業に支障をきたさないことが条件となっています。

## 4-5-3　副業のメリット・デメリット

　副業のメリット・デメリットについて整理しましょう（図表4-10）。まず，労働者側のメリットには，①新しいスキルや経験が得られる，②本業の所得を活かして挑戦できる，③所得の増加が期待できる，④起業・転職に向けた準備

ができることです。逆に，そのデメリットとしては，①就業時間や健康管理が懸念される，②職務専念，秘密保持，競業避止の義務の懸念，③雇用保険等の適用がない場合があることです。

図表4-10　副業のメリット・デメリット

|  | 労働者 | 会　社 |
|---|---|---|
| メリット | ・新しいスキルや経験が得られる<br>・本業の所得を活かして挑戦できる<br>・所得の増加が期待できる<br>・起業・転職に向けた準備ができる | ・新たな知識・スキルの獲得ができる<br>・自律性・自主性を促すことができる<br>・優秀な人材の獲得・流出の防止ができる<br>・事業機会の拡大につながる |
| デメリット | ・就業時間や健康管理が懸念される<br>・職務専念，秘密保持，競業避止の義務<br>・雇用保険等の適用がない場合がある | ・必要な就業時間の把握・管理<br>・健康管理への対応<br>・職務専念，秘密保持，競業避止の義務を確保する懸念への対応 |

資料）厚生労働省「副業・兼業の促進に関するガイドライン」を基に作成

次に，会社側のメリットには，①新たな知識・スキルの獲得ができる，②自律性・自主性を促すことができる，③優秀な人材の獲得・流出の防止ができる，④事業機会の拡大につながることです。これに対し，デメリットには，①必要な就業時間の把握・管理，②健康管理への対応，③職務専念，秘密保持，競業避止の義務を確保する懸念への対応があげられます。

### 4-5-4　副業マップ

それでは，具体的にどんな副業があるのかについて触れてみましょう。縦軸は報酬が高いか安いか，横軸は報酬のスタイルが時間か成果なのかを取ると，それぞれのクロスから4つの次元を表すことができます（図表4-11）。

それによると，報酬が高くて時間給に該当する副業には「ガテン系」「スポーツ系」があげられる一方で，報酬が安くて時間給に位置付けられる副業には「事務・軽作業系」が該当します。そして，時間給で報酬が高くもなく安くもない位置に該当する副業には「清掃・配達系」「接客業系」があります。次に，報酬が高く成果給に該当する副業には「投資系」「ネットビジネス系」があげられ，その一方で，報酬が安く成果給に位置付けられる副業には「ネット系」

があります。そして，成果給で報酬が高くもなく安くもない位置にある副業には「スキル系」「教える系」があげられます。この副業マップから，稼げる副業とは「ガテン系」「スポーツ系」と「投資系」「ネットビジネス系」であり，逆に稼げない副業とは「事務・軽作業系」と「ネット系」であることが分かります。

図表4-11　副業マップ

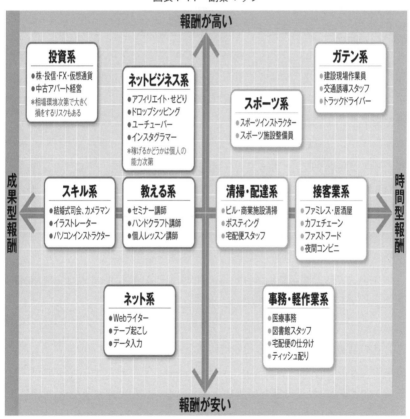

出所）週刊ダイヤモンド「人生を再選択する　副業」

## 4-5-5　フリーランスとは何か

　皆さんは，フリーランスという言葉を聞いたことがあるでしょうか。フリーランス協会によると，「フリーランス」は，特定の企業や団体，組織に専従しない独立した形態で，自身の専門知識やスキルを提供して対価を得る人のように定義されています。つまり，フリーランスとは，会社や組織に所属せず，自分の能力を武器にお金を稼ぐ働き方なのです。

　「フリーランス（Freelance）」は，その名のとおり「自由業」と訳され，それ以外にも「セルフ・エンプロイド（Self-employed）」，つまり，「自己雇用」とも呼ばれる場合もあります。世界のなかで「フリーランス」先進国は，おそらくアメリカであり，すでに20年前から会社に雇われない生き方について指摘がなされています。たとえば，Pink（2001）は，次のように論じています。20世紀後半までは，画一的な価値観やルール，システムに縛られた「オーガニゼーション・マン（組織人間）」の時代でした。ところが，21世紀前半は，組織人間の時代が終焉を迎え，大きな会社組織を離れ，自分にとって望ましい条件で独立して働く「フリーエージェント（自由人）」の時代が到来したと主張しています。そして，自分の未来を自分の手で切り開く「フリーエージェント」は，言い換えると，個人の事情や希望に合わせた「テイラーメード主義（Tailorism）」の働き方を追求する人物であると論じています。

　ランサーズが毎年発表する「フリーランス実態調査2018年」によると，副業・兼業などフリーランスの経済規模は，推計で20兆円を超え，フリーランス人口は1,119万人にも及んだと発表しました（なお，同資料によると，アメリカのフリーランスの経済規模は，日本の約8倍に当たる154兆円，フリーランス人口では日本の約6倍の5,730万人とされています）。そして，フリーランスのモチベーションについては，「時間と場所にとらわれない自由で柔軟な生活ができる」を挙げた人は全体の44％に達し，フリーランスという自由な働き方の障壁では，「収入不安定さ」と回答した割合が全体の45％を占める結果が得られました。

## 4-5-6 フリーランスのタイプ

　フリーランスは，主に3つのタイプに分けられます。第1は，1つの仕事だけに従事する「専業型フリーランス」です。第2は，いくつかの仕事を兼業する「複業型フリーランス」です。第3は，雇用されている会社で働きながら，1つないしそれ以上の仕事をこなす「副業型フリーランス」です（図表4-12）。

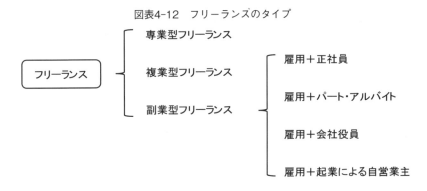

図表4-12　フリーランスのタイプ

　このうち，「副業型フリーランス」は，さらに3ないし4つのタイプに分けられます。第1は，雇用されている会社で働きながら，その他の会社でも正社員として働くパターンです。第2は，雇用されている会社で働きながら，その他の会社でパート・アルバイトという非正規社員として働くパターンです。第3は，雇用されている会社で働きながら，別の会社で役員として働くパターンです。第4は，雇用されている会社で働きながら，別に会社を設立して経営者として働くパターンです。

## 4-5-7 フリーランスのメリット・デメリット

　フリーランスのメリット・デメリットは，単純明快です。まず，そのメリットは，特定の会社や組織に属さないため，仕事をする自由度が高いことです。その結果，仕事のやりがいも高まります。さらに，一定の会社や組織に所属しないため，仕事とプライベートの両立を図ることができます。しかし，デメリットもあります。それは，仕事や収入が不安定になることです。このため，私生

活への影響や老後の不安等が懸念されます。また，保険料の負担や年金の支払いでもサラリーマンのように恩恵を受けられません。さらに，フリーランスに対する社会的認知度や評価の低さもまた欠点としてあげられます。

## 4-6　人手不足下の雇用対策

### 4-6-1　外国人雇用

　人手不足下における雇用対策には「外国人雇用」「高齢者雇用」「女性雇用」「障害者雇用」などがあります。ここでは，その実態について順を追いながら説明していきましょう。

　まず，「外国人雇用」ですが，図表4-13のとおり，外国人労働者数は，年々，増加の一途を辿っています。厚生労働省によると，2018年の外国人労働者数は1,460,463人に達しました。2008年当時は，わずか486,000人でしたので，この間に3倍増加したことになります。外国人労働者数が増加したその主な理由は，①政府が推進している高度外国人材や留学生の受入れが進んでいる，②雇用情勢の改善が着実に進み，「永住者」や「日本人の配偶者」等の身分に基づく在留資格の方々の就労が進んでいる，③技能実習制度の活用により技能実習生の受入れが進んでいること等があげられます。パーソル総合研究所の予測では，2025年に178万人，2030年には209万人まで増加すると推計されています。

図表4-13　外国人労働者数の推移

資料）厚生労働省とパーソル総合研究所のデータを基に作成

次に、2018年の1,460,463人における国籍別内訳を見ると、中国が最も多く389,117人（全体の26.6％）、ベトナムが316,840人（同21.7％）、フィリピン164,006人（同11.2％）の順となっています。また、対前年伸び率で見ると、ベトナムが31.9％で最も高く、次いでインドネシア21.7％、ネパール18.0％となっています。併せて、産業別外国人労働者を見ると、製造業が最も多く、434,342人（全体の29.7％）、次いで、サービス業230,510人（同15.8％）、卸売業・小売業186,061人（同12.7％）、宿泊業・飲食サービス業185,050人（同12.7％）の順となっています。

### 4-6-2 高齢者雇用

まず、高齢者とは、何歳の方を言うのでしょうか。世界保健機構（WHO）の定義では、65-74歳までを「前期高齢者」、75歳以上を「後期高齢者」と呼んでいます。また、日本老人学会の定義では、65-74歳までを「准高齢者」、75-89歳までを「高齢者」、90歳以上を「超高齢者」のように規定しています。

図表4-14は、総務省統計局による「労働力調査　長期時系列データ」をもとに、労働者人口（総数）に占める65歳以上の割合を示したものです。2018年の労働者人口（総数）は6,830万人であり、そのうち、65歳以上の人口は875万人（全体の12.8％）を占めています。1989年当時を見ると、339万人（5.4％）でしたので、その急増ぶりがよく分かります。

65歳以上の高齢就業者数が伸びている要因には、高い労働意欲があげられます。100年ライフ時代を迎え、長い老後生活に備え、リタイアメントをなるべく遅らせたい意識が作用していると考えられます。高齢社会白書によると、現在仕事をしている高齢者の約4割が「働けるうちはいつまでも」働きたいと回答しています。特に男性は、60代後半でも全体の半数以上が働いています。また、起業家の年齢別構成のうち、60歳以上で起業する人が全体の約3割を占め、最も多くなっています。さらに、高齢就業者数を産業別にみると「卸売業・小売業」が最も多く、次いで「農業・林業」、「製造業」、「サービス業」が続いています。

第4章 雇用を知る

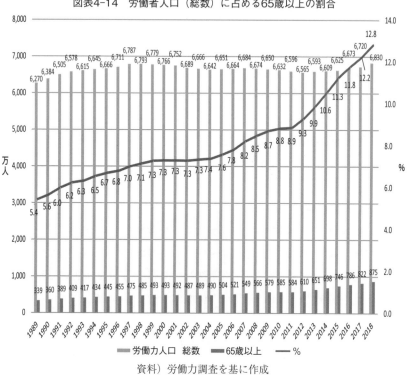

図表4-14 労働者人口（総数）に占める65歳以上の割合

資料）労働力調査を基に作成

　次に，日本と世界の高齢就業者の割合を比較してみましょう。労働政策研究・研修機構によると，2016年，日本と先進国における65歳以上男性の労働力率は，日本（31.7％）が最も高く，次いで，アメリカ（24.0％），カナダ（17.9％），イギリス（14.4％），ドイツ（9.3％），イタリア（6.7％），フランス（3.9％）が続き，世界的に見ても，日本の高齢者の勤労意欲は高いことがよく分かります。高齢になっても社会と絆を作り，元気に働くアクティブシニア（Active seniors）の存在こそ，日本が世界最高レベルの長寿大国である原因のひとつかもしれません。

### 4-6-3 女性雇用

　大正時代，第1次世界大戦（1914年）や関東大震災（1923年）に直面した日本では，工業化と都市化が進むに連れ，「職業婦人」と呼ばれる女性労働者が出現しました。その当時，女性が働くことに偏見が存在するなか，「職業婦人」は，学校を卒業後，結婚するまでの間，事務員やタイピストとして官公庁や会社で働いたそうです。同時にまた，都市部の俸給生活者（会社に勤めるサラリーマン）が増えるなか，夫は外（会社）で働き，妻は育児と家事に専念する「主婦」という概念も生まれました。

　昭和に入り，第2次世界大戦が終戦を迎えた1945年（昭和20年），女性が参政権を獲得し，男女共学が実現しました。その後，朝鮮戦争による特需（1950年）を契機として，神武景気（1956年），岩戸景気（1959年），オリンピック景気（1964年），いざなぎ景気（1966年）が相次いで到来し，日本は高度経済成長の時代を迎えました。この時代，女性は学校を卒業後，ある期間だけ会社で働き，結婚と出産を機に退職して「主婦」となり，子育てが終了した後，パート・アルバイトとして再び，職場へ復帰するライフスタイルが定着しました。

　1985年（昭和60年），「男女雇用機会均等法」が成立しました。これにより，募集・採用，昇進，教育訓練，福利厚生，定年・退職・解雇などについて男性労働者と差別することが禁止され，フルタイムで働く女性の数が拡大しました。

　2016年（平成28年），「女性活躍推進法（女性の職業生活における活躍の推進に関する法律）」が成立しました。この背景には，①働きたくても働けない女性が多い，②出産を機に離職する女性が多い，③再就職してもパート・アルバイトなどの非正規雇用が多い，④日本は国際的にも女性の管理職が少ない等の課題があげられます。こうした現状を改善するため，女性が仕事で活躍することを会社が推進することを義務付ける法律が定められたのです。

　図表4-15は，共働き等世帯数の推移を表したものです。見てのとおり，「男性雇用者と無業の妻から成る世帯」は，年々低下しているのに比べ，「雇用者の共働き世帯」は，右上がりで拡大しているのが分かります。性別役割分担意識として「夫は外で働き，妻は家庭を守るべきである」という伝統的な価値観

第4章 雇用を知る

図表4-15 共働き等世帯数の推移

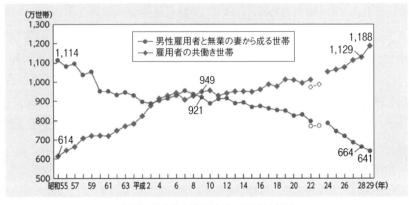

出所）男女共同参画白書 平成30年版

は，もはや過去のものとなりつつあることをこのデータは示しています。

これからの世の中は，女性の社会進出と活躍が強く求められますが，その一方で，女性ばかり義務や負担が高まることに懸念する声も見逃せません。たとえば，奥田（2018）は，女性の活躍・推進の期待が高まる一方で，「産め・働け・活躍しろ」という三重圧力を女性に押し付けていると述べ，これを批判しています。

### 4-6-4 障害者雇用

日本では，障害者の職業の安定を図る目的から「障害者雇用促進法」が定められています。この法律によると，「民間企業」「国，地方公共団体，特殊法人等」「都道府県等の教育委員会」は，常用労働者数に対する一定の割合（法定雇用率）以上について，「身体障害者」「知的障害者」「精神障害者」を雇用することが義務付けられています。また，各事業主に対する法定雇用率はそれぞれ異なり，民間企業では2.2％，国，地方公共団体，特殊法人等では2.5％，都道府県等の教育委員会では2.4％となっています。そして，法定雇用率は，今後ともさらに引き上げられることが予定されています。

こうした法律の効果から，障害者の雇用状況は，年々拡大の一途を辿っています。内閣府の「平成30年版障害者白書」によると，2017年（平成29年），民間企業における障害者の雇用状況は，2003年（平成15年）以降，右上がりで増加しています。その当時，247,000人だった雇用障害者数は，2017年には約2倍の496,000人まで拡大しました。その内訳は，精神障害者50,000人，知的障害者112,000人，身体障害者は333,000人と，いずれも増加する傾向にあります（図表4-16）。また，これを企業規模別達成企業の割合で見ると，50-100人未満規模では46.5％，100-300人未満規模では54.1％，300-500人未満規模では45.8％，500-1,000人未満規模では48.6％，1,000人以上規模では62.0％を占め，企業規模が大きくなるほど，達成率は拡大していることが分かります。最後に，これを全体で見ると，法定雇用率を達成した民間企業は50％を超えています。

## 4-7　解雇と離職

### 4-7-1　業績悪化からリストラまで

　第1章の「労働契約の終了」でも触れましたが，解雇には「普通解雇」「整理解雇」「懲戒解雇」そして「諭旨解雇」があり，「普通解雇」と「整理解雇」は会社都合による解雇，一方「懲戒解雇」と「諭旨解雇」は自己都合の解雇のように分けることができます。ここでは，会社都合による解雇のうち，雇用者が経済不況や経営不振などの理由から人員削減に踏み切る「整理解雇」，通称，「リストラ」に焦点を当てて説明しましょう。「リストラ」は，正式にはリストラクチャリング（Restructuring）を指し，本来の意味は，経営や事業の再構築という前向きな取り組みを指します。ところが，世間では，「リストラ」というと人員の整理や雇用の削減など，後ろ向きな取り組みとして認識されているのが一般的です。

　図表4-17は，「リストラ」に至るまでのプロセスを示したものです。まず，経済不況，業績不振，過剰資産，株価低迷，不祥事勃発などから，会社の業績が悪化します。すると，経営者は，生産調整，固定費削減，新卒者採用の抑制，賃金アップの抑制を図り，これに対処します。ところが，期待していた効果を

第4章 雇用を知る

図表4-16 民間企業における障害者の雇用状況

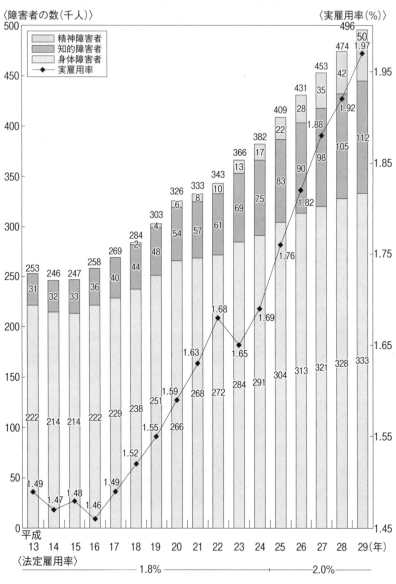

注) 法定雇用率は，平成30年から2.2%に引き上げられた。
出所) 内閣府「平成30年版障害者白書」

図表4-17 リストラまでのプロセス

あげられない場合、レイオフ（layoff）とも呼ばれる一時解雇や早期退職制度の実施を行います。それでも、業績が好転しない場合、止むを得ず「リストラ」と呼ばれる「整理解雇」に踏み切るのです。そして、「整理解雇」に当たっては、「リストラ」のターゲット人材を通称「追い出し部屋」に集め自発的な退職に追い込む会社も少なくありません。対象となった労働者の多くは、心身ともに傷つき、次第に追い込まれていくのです。

## 4-7-2　追い出し部屋

　現在、多くの会社では、人手不足が深刻化な課題となっていますが、1990年代前半から2010年代前半まで、長引く不況から人手余りが深刻な課題でした。このため、社員をスムーズに辞めさせるためのテクニックを著した「クビ論」やそれを専門とする担当者が注目を集めました。また、多くの会社では、様々な人員削減のための手法もまた開発・実施されました。なかでも、労働者を自発的な退職へ追い込むための奇妙・奇抜な取り組みが会社内で実行されました。

　1990年代前半、仕事を取り上げ、本社の一室の窓のない「隔離部屋」にリストラ対象者を集め、自発的な退職を迫るやり方が当時横行しました。2000年代に入ると、「追い出し部屋」という言葉が生まれましたが、そのままの名前で使用すると、会社のブランド・イメージや企業価値そして法律違反などの問題が生じるため、「事業・人材強化センター」「キャリア開発チーム」「キャリアデザイン室」「キャリアステーション室」「業務支援センター」「キャリア開発課」「キャリアチャレンジプログラム」など、「追い出し部屋」とは悟られない、

むしろ，人材を大切にするイメージが強い部署名が数々生まれました。

### 4-7-3　正社員リストラの現状

　ここで，大企業の正社員がどれだけ退職しているのかを示すデータを見てみましょう。一般に，株式を上場する国際的な大企業に入社できれば，雇用は一生安心だと考えがちです。しかし，現実は違います。

　東洋経済ONLINEが発表した「5年前から正社員を減らした500社ランキング」によると，名立たる巨大企業がここ5年間で数万人規模の退職者を出しています。たとえば，ランキング第1位で歴代の社長による粉飾決算が明らかになった東芝では，この5年間で64,831人の正社員が辞めています。つまり，東芝は，1年間で13,000人もの正社員を減らしたわけです。第2位のソニーは，業績好調にもかかわらず，主にエレクトロニクス分野の正社員を対象に1年間で5,800人，5年間で29,000人の正社員を減らしました。以下，富士通28,368人，フォスター電機25,084人，日産自動車21,620人，パナソニック19,599人，日立製作所18,965人，第一三共17,783人，ルネサスエレクトロニクス13,327人，キリンホールディングス10,213人の順で社員を大幅に減らしています。このように5年前と比較して1万人以上正社員を減らした大企業の数は合計10社存在し，そのうち7社が日本が誇る電機・エレクトロニクス業界の企業でした。

### 4-7-4　七五三現象

　最近，TVで転職を斡旋する会社のユニークなCMが目立つようになりました。学校を卒業してせっかく入社できても，会社や職場とそりが合わずに転職する若者は少なくありません。皆さんは，「七五三」という言葉をご存知ですか。これは，日本の年中行事である7歳，5歳，3歳の子どもの成長を祝うイベントではありません。ここで言う「七五三」は，中学，高校，大学をそれぞれ卒業し会社へ入った後，どの程度の若者が離職するかを明らかにした経験則です。

　厚生労働省によると，平成27年3月に卒業した新規学卒就職者の就職後3年以内の離職状況は，中学卒64.1％，高校卒39.3％，大学卒31.8％（短大卒など

41.5％）であり、「六四三」現象となっていますが、過去のデータを振り返ってみると、離職率は総じて「七五三」の割合で推移しています。

## 4-7-5 勤続年数の国際比較

　日本では、就職後3年以内に中卒の約7割、高卒の約5割、大卒の約3割が離職します。それでは、国際的に見て日本の勤続年数は、長いのかそれとも短いのでしょうか。データブック国際労働比較2018によると、主要国のなかで日本の勤続年数は11.9年で、イタリアの12.1年に続き、2番目に長いことが分かりました（その他、勤続年数が長い国を挙げると、フランスが11.4年、ドイツ10.7年）。これに対し、勤続年数が最も短い国はアメリカの4.2年で、次いで韓国5.8年となっています（なお、中国の勤続年数は、アメリカと同様にかなり短く、たとえば、IT企業の場合、3年以下とも言われています）。

## 4-7-6 転職成否の国際比較

　それでは、なぜ日本は国際的にも勤続年数が長いのでしょうか。おそらく、過去の終身（長期）雇用制度の影響や欧米と比べ転職文化が低いなどの理由があげられますが、ここでは、それ以外の見方として、離職して他の会社へ転職しても、賃金は必ずしも上がらない影響について取り上げたいと思います。図表4-18は、転職前後の賃金変化を国際比較したものです。

　日本では転職した結果、賃金が増加したが22.7％、変わらないが61.9％、減少したが15.4％であり、変わらないと回答した割合は、13ヶ国中、日本が最も高い結果となりました。これに対し、中国は、賃金が増加したが76.3％、変わらないが18.0％、減少したが5.7％となり、賃金が増加したと回答した割合は、13ヶ国中、最も高い結果となりました。最後にアメリカは、賃金が増加したが55.1％と半分以上を占め、変わらないが26.4％、減少したが18.5％であり、13ヶ国の平均とほぼ同じ傾向を示しています。

　日本では前の会社を離職し、たとえ転職できたとしても、6割以上は賃金が変わらないのが実態であり、これが離職や転職を抑止し、長期にわたる勤続を

促す有力な要因かもしれません。これに対し，中国では，転職する方がしないより賃金が上がる可能性が高いため，一企業における勤続年数が短くなる傾向が強いとも分析できます。

図表4-18　転職前後の賃金変化　国際比較

| | | n数 | 増加した | 変わらない | 減少した |
|---|---|---:|---:|---:|---:|
| | 13カ国平均 | 12,062 | 56.6 | 31.6 | 11.8 |
| G7 | アメリカ | 750 | 55.1 | 26.4 | 18.5 |
| G7 | 日本 | 701 | 22.7 | 61.9 | 15.4 |
| G7 | ドイツ | 726 | 59.7 | 26.1 | 14.2 |
| G7 | イギリス | 780 | 50.5 | 34.3 | 15.2 |
| G7 | フランス | 718 | 35.7 | 48.4 | 15.9 |
| G7 | イタリア | 754 | 49.0 | 37.7 | 13.4 |
| G7 | カナダ | 772 | 61.6 | 21.8 | 16.6 |
| BRICS | ブラジル | 783 | 64.6 | 19.8 | 15.6 |
| BRICS | ロシア | 784 | 58.6 | 23.9 | 17.5 |
| BRICS | インド | 1,437 | 48.3 | 51.4 | 0.4 |
| BRICS | 中国 | 2,386 | 76.3 | 18.0 | 5.7 |
| BRICS | 南アフリカ | 734 | 65.6 | 27.4 | 6.9 |
| Oceania | オーストラリア | 737 | 49.5 | 28.7 | 21.8 |

(%)

出所）リクルートワークス研究所

# 第5章

# 技術を知る

## 5-1 技術の進歩

### 5-1-1 「理数系人材」

　現在，小・中学校のカリキュラムは，大きな曲がり角に差し掛かっています。それは，新学習指導要領が2020年度から小学校で，2021年度から中学校で，それぞれスタートすることです。とりわけ，小学校の学びでは，国際化に適応するため，外国語の授業が5, 6年で実施されます。加えて，近年の日本における理数嫌い，理数離れに対するアンチテーゼ（反対命題）として，プログラミング教育の授業が始まります。

　外国語教育の早期化，プログラミング教育の必修化など，初等教育の内容が劇的に変化するなか，近年，特にクローズアップされているのは「理数系人材」の育成です。21世紀に入り，先端科学技術の飛躍的な進歩の時代が到来し，アメリカ，ヨーロッパ，日本のみならず，中国，インドなどの新興国人材を含む人材獲得競争（War for Talent）が巻き起こっています。これからの国家間競争は，従来までの軍事開発競争に加え，最先端のデジタル科学技術を巡る競争に勝利することが極めて重要です。そこで，世界各国では，国をあげてコンピュータ・サイエンスやデータ・サイエンスなど「理数系人材」の育成に力を入れているのです。

　ところで，「理数系人材」を育成するため，「STEM」教育に関心が寄せられています。「STEM」とは，科学（Science：S），技術（Technology：T），工学（Engineering：E），数学（Mathematics：M）の頭文字を並べた言葉であり，IoT，ビッグデータ，ロボティクスなどの先端科学技術の水準が国際競争の優位性を左右するなか，世界中の国々がこの「STEM」教育に邁進しているのです。

　しかし，こうした「STEM」重視の姿勢がより強まる一方で，これとは反

対の意見を述べる論者もいます。たとえば，Madsbjerg（2017）は，「STEM」教育を導入する前に，文学，歴史，哲学，美術，心理学，音楽など，人文科学や社会科学の素養を身に着けることの方がより大切だと主張しています。なぜなら，「STEM」ばかりに固執していると，定性的な情報から意味をくみ取るような人間が持つ生来の能力（センスメーキング）が衰えてしまうからだと指摘し，これを批判しています。

### 5-1-2　第4次産業革命

　現在は，「第4次産業革命」の時代とも言われています。図表5-1は，「第4次産業革命」までの変遷を表したものです。それによると，18世紀末以前（産業革命以前）の時代は，手作業が中心で，職人や工人らは，依頼者からの注文を受けて生産しました。また，当時の主要な動力源は人力や役馬でした。

　第1次産業革命の時代は，18世紀後半から19世紀前半にかけて，イギリスの地で起こりました。その出来事を「産業革命（Industrial Revolution）」と呼んでいます。この時代は，ジェニー紡績機，ワットの蒸気機関など数多くの専用機が発明されるなど，モノづくりに必要な機械化が進み，大量生産が実現されました。

　第2次産業革命の時代は，20世紀の初め，アメリカの地から生まれました。この時代，電力エネルギーが普及し，自動化による大量生産が可能となりました。専用機の高度化，ベルトコンベア方式や部品規格が標準化され，互換性という考え方が生まれました。アメリカのフォード・モーターでは，創立者であるヘンリーフォードが世界初のベルトコンベアによるライン作業を導入し，黒一色の「T型フォード」モデルと呼ばれる単品機種の大量生産に成功しました。

　第3次産業革命の時代は，20世紀末に東洋の地，日本で起こりました。ＩＴ技術やコンピュータ等の電子機器類が発達し，自動制御装置が開発され，生産システムの高度自動化が可能となりました。また，汎用機を活用した多品種生産が発達しましたが，高コストであるという問題が浮上し，その解決策として，カイゼン，5S（整理：Seiri，整頓：Seiton，清掃：Seisou，清潔：

Seiketsu, 躾：Shitsuke）運動，ジャスト・イン・タイム方式などの日本特有のソリューションが生み出されました。

　こうした変遷を経て，現代は第4次産業革命の時代に突入したと言われています。人工知能やＩＣＴ技術が飛躍的に進歩する一方，３Ｄプリンターを含むデジタル工作機械を利活用した「デジタル・ファブリケーション」「パーソナル・ファブリケーション」が本格化しました。また，ロボティクス技術も進化し，これらを連結するサイバー・フィジカル・システム（Cyber Physical System：ＣＰＳ），モノのインターネット（Internet of Things：IoT）が特にドイツの地で進展しています。

図表5-1　第4次産業革命までの変遷

| 産業革命以前 | 第1次産業革命 | 第2次産業革命 | 第3次産業革命 | 第4次産業革命 |
|---|---|---|---|---|
| 手作業，人力・役馬，注文生産 | 機械化　イギリスの台頭 | 電動化　アメリカの台頭 | 自動化　日本の台頭 | 知能化　ドイツの台頭 |

### 5-1-3　技術的特異点

　アメリカの発明家，実業家，フューチャリストで人工知能研究の世界的権威でもあるレイ・カーツワイル（Ray Kurzweil）は，デジタル技術が人類の知性に達する段階を技術的特異点（Singularity）と呼んでいます。技術的特異点とは，もともとデジタル技術が加速度的に進歩するので，人類が破滅するという危険性を表す概念でしたが，カーツワイルは，これを人類に明るい未来を与え，希望や向上をもたらす逆の概念として捉え直しています。そして，技術的特異点を迎えると，機械と生物の区別がなくなり，人間の感性と人工知能が融合して積極的で幸福な時代がやってくると主張しています。

　カーツワイルは，2015年，コンピュータの処理速度がネズミの脳を超え，2029年頃，コンピュータが一人の人間の脳レベルに達し，2045年には，全ての人間の脳レベルを上回り，コンピュータと人間の立ち位置が逆転する新しい世界が到来すると予測し，この時点を「シンギュラリティ」と呼んでいます。

### 5-1-4 テクノロジー失業

　ＡＩやコンピュータそしてネットワークなど先端科学技術の飛躍的な進歩に伴い，人の仕事が機械に奪われる「テクノロジー失業」の時代がやって来ました。たとえば，身近な例をあげると，スーパーやコンビニで無人レジの導入が進み，人の仕事が失われつつあります。銀行員の窓口業務もまた，ＡＴＭやインターネット・バンキングに代替が進んでいます。さらに，コールセンターのオペレーターや建設機械のオペレーター，そして囲碁やチェス，将棋などの娯楽についても，自動化や機械化の波が襲ってきています。

　しかし，「テクノロジー失業」は，突発的に生まれたものではなく，実は，過去から繰り返し到来した動きであるように理解されています。図表5-2は，「テクノロジー失業」の３つの波を示したものです。

図表5-2　テクノロジー失業の３つの波

- **第1の波**（18～19世紀）　産業革命　手工業労働者が失業
- **第2の波**（19～20世紀）　コンピュータ革命　工場労働者が失業
- **第2.5の波**（20～21世紀）　グローバリゼーション革命　工場労働者と事務労働者が失業
- **第3の波**（21世紀以降）　知能革命　知的労働者が失業

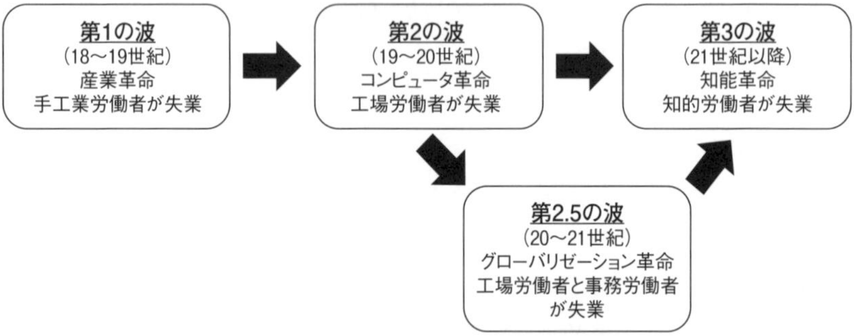

　18～19世紀にかけて「第１の波」が到来しました。その契機になったのは「産業革命」であり，大勢の手工業労働者が失業しました。「第２の波」は，19～20世紀の間に訪れました。キッカケは「コンピュータ革命」であり，数多くの工場労働者（ブルーカラー）の失業を招きました。「第2.5の波」は，テクノロジーとは少し異なりますが，20～21世紀にかけてやってきました。その契機は，「グローバリゼーション革命」であり，国内の仕事（現場とバックオフィスの仕事等）が海外へシフトしたことで工場労働者と事務労働者（ホワイトカ

ラー）の失業を助長しました。そして，現在は「第3の波」が到来しています。これは，ＡＩやIoTなどの「知能革命」であり，今度は知的労働者まで失業の危機に直面するようになりました。

「テクノロジー失業」とは，決して日本だけの問題ではありません。これは，世界を巻き込む国際的な現象です。「テクノロジー失業」の可能性に関する調査によると，日本では，10-20年後に労働人口の約49％に相当する職業が機械に代替される可能性が高いというショッキングな結果が発表されました。これに対し，イギリスでは35％，アメリカでは47％が機械やコンピュータに取って代わられると予想されています。

## 5-2 情報と技術

### 5-2-1 情報とは何か

　情報（Information）の意味とは何でしょうか。辞書を引くと，「事柄の内容や様子，その知らせ」と書かれています。これだと何だかよく分かりませんね。そこで，情報と類似する言葉との違いから，情報の意味を明らかにしてみましょう。図表5-3は，情報科学の分野で古くから提唱されている「データ・情報・知識・知恵の階層構造（Data-Information-Knowledge-Wisdom（ＤＩＫＷ）hierarchy）」モデルです。この階層構造のなかで情報は，4段階の下から2番目のレイヤーに該当します。それでは，このモデルを下から順に説明していきましょう。

　まず，「データ」は，そのままでは何の意味や価値を持たない文字，数値，画像，音声などのシンボルのことであり，事実をただ記録したものです。

　これに対し，「情報」は，「データ」を整理，加工，評価し，意味付けしたものです。つまり，「情報」は，「データ」を処理して，何らかの価値や意味を与えたものなのです。

　一方，「知識」は，これらの「情報」を分析し，そこから導き出される規則性や法則性，傾向や知見のことです。つまり，「知識」は，「情報」を取りまとめて体系化したものです。

第5章 技術を知る

図表5-3 データ・情報・知識・知恵（DIKW）の階層構造

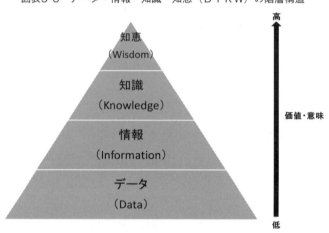

資料）Rowley（2007）を基に作成

　最後に，一番上のレイヤーである「知恵」とは，「知識」を正しく認識し，次に行うべき行動を見出すことです。つまり，「知恵」とは，「知識」を活用して正しい行動や判断することです。
　このようにDIKWモデルとは，バラバラな離散要素である「データ」，これらバラバラなデータを処理して何らかの価値や意味を与えた「情報」，情報を構造化した「知識」，知識の応用化である「知恵」という4つから構成された階層構造であると言い表せます。

## 5-2-2　「IT」「ICT」「IoT」の違い

　最近，「IT」「ICT」そして「IoT」など，類似する用語が登場し，混同を招いているようです。ここでは，それぞれの意味が違いをきちんと理解しましょう。
　最初に，IT（Information Technology）は，「情報技術」と訳されます。「IT人材」や「IT活用」等という言葉があるとおり，ITとは，パソコンやスマートフォンのような端末やインターネット技術そしてハードウェア，ソフトウェ

ア，ネットワーク，アプリケーションなどのコンピュータのしくみに関する技術を指します。

ＩＣＴ（Information and Communication Technology）は，「情報通信技術」のように訳されます。ＩＴと異なる点は，通信（Communication）が入ることです。つまり，ＩＣＴとは，パソコンやスマートフォンのようなコンピュータを使いながら，メール，インターネット，ＳＮＳを利用して情報通信する技術だと言えるでしょう。

最後に，IoT（Internet of Things）は，「モノのインターネット」と訳されています。パソコンやスマートフォンのようなコンピュータだけでなく，複数のセンサー（対象を検知・計測するためのデバイス）が内蔵されたスマート家電，コネクティドカー，コネクティドホーム，さらにスマートファクトリー（工場）まで，ありとあらゆるモノがインターネットによってつながり，相互に情報のやり取りや共有をすることで，新たなソリューションやビジネスを生み出すことを意味します。

## 5-2-3　移動通信システム

あらゆるモノがインターネットでつながるIoTの時代を迎えた今，通信ネットワークの重要性が日増しに強まっています。というのも，端末や機器を通じて膨大で大容量の画像や動画等をやり取りするには，いかなるデータも高速で処理することが可能な移動通信システムが必要だからです。

図表5-4は，過去から現在までの移動通信システムの進化を表したものです。これを見ても分かるとおり，移動通信システムは，おおよそ10年ごとに進化してきました。第１世代（１Ｇ）は，1980年代に利用されたアナログ方式のシステムです。自動車電話や肩掛け式のショルダーフォンに採用され，音声通話が中心でした。

第２世代（２Ｇ）は，1990年代に利用されたデジタル方式のシステムです。デジタル化に伴い，文字や絵文字によるメールやインターネットが携帯電話から利用可能になりましたが，通信スピードは遅く，扱えるデータ容量も小さく

第5章 技術を知る

図表5-4 移動通信システムの進化

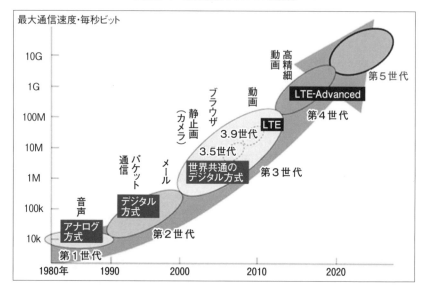

出所）総務省「第5世代移動通信システムについて」

限界がありました。

　第3世代（3G）は，2000年代に利用された世界共通のデジタル方式のシステムです。これにより，高速・大容量のデータ通信が可能となり，「ガラケー」型の携帯電話でインターネットやメールができるようになりました。

　2010年代は，第4世代（4G）の時代と呼ばれています。この第4世代に利用されるのは，携帯電話回線の通信規格であるＬＴＥ-Advancedのシステムです。これにより，高速・大容量化が可能となり，スマートフォンで高精細動画配信やＳＮＳ，音楽，ゲーム，買い物を楽しめるようになりました。

　そして，2020年代は，次世代のネットワークとして第5世代（5G）移動通信システムの到来が注目されています。総務省によると，第5世代の特徴には，3つあげられます。第1は，4Gの10倍ともいわれる「超高速」です。これにより，2時間の映画を僅か3秒でダウンロードできるようになります。第2は，4Gの30〜40倍にも達する「多数同時接続」です。これにより，自宅部屋内の

約100個の端末・センサーがネットに接続できるようになります。第3は、4Gの10倍の精度である「超低遅延」です。これにより、ロボットの精緻な操作をリアルタイム通信で制御できるようになります。

このような5Gが生み出す経済効果は、約47兆円にも及ぶとも言われています。その主な産業別の内訳は、「交通・移動・物流」が21兆円、「工場・製造・オフィス」が13.4兆円、「医療・健康・介護」が5.5兆円、「流通関連」が3.5兆円、「スマートホーム」が1.9兆円のように試算されています。

## 5-3 X-Tech

### 5-3-1 X-Techとは何か

X-Tech（エックステック）は「〇〇テック」の総称であり、「□□×Technology（技術）」のように表現されます。総務省によると、X-Techとは「産業や業種を超え、テクノロジーを活用したソリューションを提供することで、新しい価値や仕組を提供する動き」と定義され、図表5-5のとおり、沢山の種類があげられます。

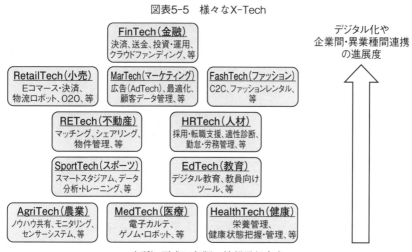

図表5-5　様々なX-Tech

出所）平成30年版　情報通信白書

たとえば，主なX-Techをあげると，
金融（Finance）×技術（Technology）＝フィンテック（Fin Tech），
小売り（Retail）×技術（Technology）＝リテールテック（Retail Tech），
市場（Market）×技術（Technology）＝マーテック（Mar Tech），
ファッション（Fashion）×技術（Technology）＝ファッションテック（Fash Tech），
不動産（Real Estate）×技術（Technology）＝リテック（Re Tech），
人材（Human Resource）×技術（Technology）＝ヒューマンリソーステック（HR Tech），
スポーツ（Sport）×技術（Technology）＝スポーツテック（Sport Tech），
教育（Education）×技術（Technology）＝エドテック（Ed Tech），
農業（Agriculture）×技術（Technology）＝アグリテック（Agri Tech），
医療（Medicine）×技術（Technology）＝メディテック（Med Tech），
健康（Health）×技術（Technology）＝ヘルステック（Health Tech）など実に様々です。

　ＮＴＴデータ経営研究所が行った「企業のX-Techビジネスの取り組みに関する動向調査」によると，X-Techは，その業界内部の企業のみならず，業界の垣根を超えた異業種やスタートアップが，『業界の知見』とデジタルのような『洗練されたテクノロジー』をコアとして創り出す，今までの常識を打ち破るような新しいサービス・製品と定義しています。つまり，X-Techとは，既存業界に最先端テクノロジーを組み合わせて生み出される新しい製品やサービスをいいます。

　ここで，ＮＴＴデータ経営研究所によるアンケート調査の結果を少しだけ紹介しましょう。まず，X-Techビジネスの認知度については，「フィンテック（17.9％）」が最も高く，次いで「メディテック（7.1％）」「ヘルスケアテック（6.3％）」となりました。次に，X-Techに取り入れられた先進テクノロジーで最も多いのは，「ビッグデータ（44.4％）」であり，次いで「ＡＩ（36.1％）」，「IoT（23.0％）」でした。最後に，X-Techビジネスの取り組み結果を大企業

とベンチャー企業で比較すると,大企業では,「期待通りの成果が得られている(34.3%)」が最も多く,次いで「一定の成果は得られているが,期待していた程ではない(26.2%)」でした。一方,ベンチャー企業では,「期待通りの成果が得られている(42.4%)」が一番多く,次に「期待以上の成果が得られている(34.8%)」でした。

## 5-3-2 フィンテック

　X-Techのなかで,最も代表的な事例として「フィンテック」があげられます。フィンテック(FinTech)は,"Finance"と"Technology"からなる造語であり,アメリカが発祥の地とされています。2008年,サブプライムローン危機をキッカケにリーマンショックが起こり,アメリカでは金融不安が強まりました。そこで,金融業界で働いていた人が成長分野として期待されるＩＴ業界へ移動し,自らＩＴベンチャーを立ち上げて新たな金融サービスを生み出したのです。

　一方,日本では,2015年頃からフィンテックが注目されるようになりました。アメリカに比べ,日本がフィンテックに乗り遅れた理由には,次のようなことがありました。①金融規制が厳しい,②金融機関や円という通貨に対する信認が厚い,③ＡＴＭがコンビニの店内や町の各所に設置され,現金の出し入れがしやすい,④治安が良く,現金強盗やＡＴＭ破壊といった凶悪犯罪が少ない,⑤社会全体の安定性が高い等,これらの要因が返って新たな金融サービスの取り組みの足かせとなったのです。

　それでは,フィンテックには,どんなサービスがあるのでしょうか。丸山(2016)は,フィンテックサービスを①融資,②決済,③送金,④投資,⑤資金調達,⑥情報管理,⑦経営・業務支援,⑧仮想通貨という8つの金融分野に分類していますが,紙面の関係上,ここでは8番目の仮想通貨を意味する「ビットコイン(Bitcoin)」についてのみ説明しましょう。

　「ビットコイン」は「仮想通貨(Cryptocurrency)」や「暗号通貨」とも呼ばれ,コインや紙幣のように形のある通貨とは異なる実体のないインターネット上の通貨をいいます。「ビットコイン」の単位は「ＢＴＣ」のように表記され,

第5章　技術を知る

その起源は，「Satoshi Nakamoto（サトシ ナカモト）」なる人物がインターネット上に投稿した論文「Bitcoin：A Peer-to-Peer Electronic Cash System」だと言われています。

そして，「ビットコイン」を実現させる技術は「ブロックチェーン（Blockchain）」と呼ばれています。これは「分散型台帳」とも訳され，一定期間の取引データを「ブロック」の単位にまとめ，チェーン（鎖）のようにつなぐしくみをいいます。

「ビットコイン」の特徴は，いったい何でしょうか。仮想通貨取引所を運営するCoincheckのホームページによると，「ビットコイン」には，次のような利点と欠点があります。最初に，利点とは，①個人間でスピーディに直接送金できる，②送金手数料がとても安い，③世界中で同じ通貨を利用できることです。これに対し，欠点とは，①価格の変動が激しい，②即時決済が難しい，③決済サービスが十分でないことです。

次に，仮想通貨である「ビットコイン」を法定通貨（貨幣や紙幣）や電子マネー（たとえば，SuicaやＰＡＳＭＯなど，日本円を電子マネー化したＩＣカード）と比較した場合，どのような違いがあげられるでしょうか（図表5-6）。

第1は，発行者・管理者の違いです。法定通貨（日本円）の発行者と管理者は，日本政府や日本銀行です。つまり，法定通貨は，日本政府や日銀が発行・管理そして保証する通貨なのです。一方，電子マネーの発行者と管理者は，電子マネー事業者となります。電子マネーは，法定通貨をデジタル化したもので電子マネー事業者がこれを管理しています。これに対し，ビットコインの発行者と管理者は，次のようになります。まず，発行者は，システムそのものが自動的に発行者となり，管理者は，Ｐ２Ｐネットワークの参加者であると説明できます。Ｐ２Ｐ（Peer to Peer）ネットワークとは，参加者から構成された非中央集権型ネットワークを指し，これによりデータの改ざんを不可能にできます。

第2は，価値の裏付けの違いです。法定通貨は，日本政府の信用によって価値が担保され，電子マネーは，供託された日本円が価値となりますが，これに

図表5-6 ビットコイン，法定通貨および電子マネー

| 特徴 | | ビットコイン | 法定通貨(日本円) | 電子マネー(第三者型前払式支払手段) |
|---|---|---|---|---|
| 発行・管理 | 発行者 | ■システムが自動的に発行 | ■日本政府（通貨）<br>■日本銀行（紙幣） | ■電子マネー事業者（第三者型前払式支払手段発行者） |
| | 管理者 | ■P2Pネットワーク参加者が管理 | ■日本政府<br>■日本銀行 | ■電子マネー事業者（第三者型前払式支払手段発行者） |
| 価値 | 発行上限額 | ■決まっている（2,100万BTC） | ■無し | ■事前入金された金額（日本円）の範囲で発行 |
| | 価値の裏付け | ■システムへの信用 | ■日本政府への信用 | ■供託された日本円（入金額の1/2）<br>■電子マネー事業者への信用 |
| 送金処理 | 送金の方向 | ■双方向 | ■双方向 | ■一方向（利用者⇒加盟店） |
| | 送金の処理時間 | ■約10分間隔でブロックを作成<br>■約60分で確定と見なす | ■直接の受取であれば即時<br>■長距離・大量だと時間がかかることもある | ■加盟店に支払われるまで数日～1.5ヶ月程度 |
| | 送金の手数料 | ■少額<br>■送金者負担 | ■高額<br>■場合によって両方負担 | ■受取者（加盟店）負担 |
| 匿名性 | 取引の匿名性 | ■取引履歴は明らかだが，匿名性がある | ■高い | ■低い（履歴は電子マネー事業者が管理） |
| | 取引履歴の公開 | ■公開 | ■非公開 | ■一般に非公開 |

出所）野村総合研究所

対し，ビットコインは，システムへの信用がその価値となる違いがあげられます。

第3は，送金処理の違いです。法定通貨とビットコインは，双方向ですが，電子マネーだけは，一方向（利用者→加盟店）という違いがあります。また，法定通貨は送金手数料が高額である一方，電子マネーは受取者が負担するのに対し，ビットコインは，送金者が少額負担する違いがあります。

第4は，取引の匿名性の違いです。法定通貨は匿名性が高く，電子マネーは低い（履歴は事業者が管理する）のに対し，ビットコインは匿名性があるという違いがあります。

## 5-4　CASEとMaaS

### 5-4-1　自動車を巡る大変革

　自動車は、あらゆる業界のなかで最も重要な戦略的産業のひとつだと言われています。自動車は、複雑で精巧な機械（メカニカル）部品と電子（エレクトロニクス）部品の統合から生み出される最先端技術の塊であり、このため、優れた自動車メーカーが存在する国家＝技術大国の証とも言われています。また、自動車のモノづくりは、多階層からなる生産ネットワークと無数の部品サプライヤー群とのコラボレーションによって構成されています。このため、産業そのもののすそ野が広く、産業波及効果が抜群に高い特徴を有しています。日本自動車工業会によると、我が国の就業人口（6,530万人）のうち、自動車関連就業人口は8.3％（539万人）であり、これは、労働者が10人いたら、そのなかの1人は、自動車関連の仕事に従事していることを物語っています。

### 5-4-2　CASEとは何か

　こうした自動車業界に「100年に1度」の大変革期が到来しています。それは、「CASE」と呼ばれる革命です。CASEは、Connected（接続）、Autonomous（自動運転）、Shared & Service（シェアリング＆サービス）、Electric（電動化）の4つの頭文字を取った造語です。

　今後の自動車業界の方向性を指し示す「CASE」とは、次のような内容です。①ヒトとクルマ、クルマとクルマが縦横無尽に接続され、連携することで大きな価値創造が期待できる、②自動運転が実現すると運転手というコストが不要となり、物流や社会システムにも効果を発揮する、③クルマの所有から利用へ変化することで、配車サービスやカーシェアリングなど新たなビジネスチャンスが巡ってくる、④ガソリン車に代わる新たな駆動源としてEVや燃料電池が本格化し、地球温暖化や公害問題等が改善されることです。

　そして、このようなCASEの時代を物語る出来事として、自動車のサプライヤーシステムの変貌があげられます。図表5-7の左側は、従来のエンジン車

5-4　ＣＡＳＥとMaaS

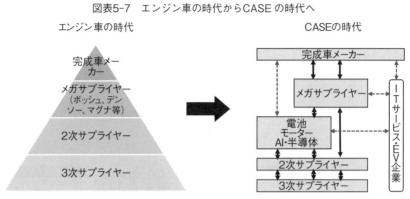

図表5-7　エンジン車の時代からCASEの時代へ

資料）日経産業新聞，2019年5月31日記事を参考に作成

生産における垂直構造です。これは，完成車メーカーをピラミッドの頂点として，その傘下にメガサプライヤー，2次サプライヤー，3次サプライヤーが配置されるような形でした。ところが，図表5-7の右側のとおり，ＥＶや自動運転車などＣＡＳＥの時代になると，完成車メーカーの傘下にメガサプライヤーのみならず，電池，モーター，ＡＩ・半導体の各企業とＩＴサービス，ＥＶ等の企業が新たな構成要素として登場し，これらが相互に連結した関係へとダイナミックに変化します。つまり，これからは，自動車メーカー中心のシステムから複数主体のネットワークによるエコシステムまたは関係性へと移行することが想定されています。

### 5-4-3　MaaSとは何か

「ＣＡＳＥ」革命と並行して自動車業界では，現在，MaaS（Mobility as a Service）と名付けられた「移動革命」が注目を集めています。国土交通省によると，MaaS（マース）は，「出発地から目的地までの移動ニーズに対して最適な移動手段をシームレスに一つのアプリで提供するなど，移動を単なる手段としてではなく，利用者にとっての一元的なサービスとして捉える概念」のように定義しています。これまでは，電車，タクシー，バス，自動車，レンタカー，

137

第 5 章　技術を知る

自転車，カーシェアリング，自転車シェアリング等の移動手段やルートを個別に検索，手配，支払いするのが当たり前でした。これに対し，MaaS は，利用者自身がスマートフォンのアプリを使って，これら複数の交通手段やルートを一括で検索，手配，支払いし，利便性や効率化を実現する取り組みをいいます（図表5-8）。

図表5-8　MaaS を構成するプレイヤーのイメージ

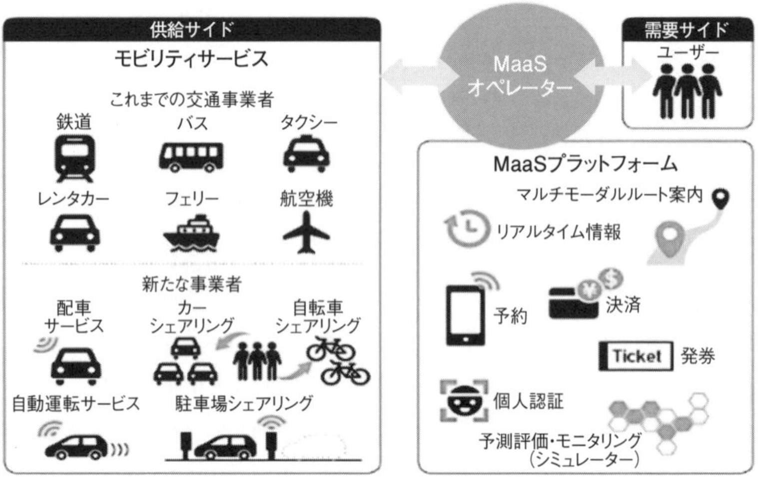

出所）日高洋祐・牧村和彦・井上岳一・井上佳三（2018）

自動車業界でMaaS の動きが活発化すると，世の中はどう変化するのでしょうか。第1に，自動車メーカーの利益源泉が大きく変わります。現在の稼ぎ頭を見ると，新車販売がその大半を占めていますが，これからはMaaS そのものが金のなる木となるでしょう。

第2に，MaaS が進展すると，とりわけ，先進国において自動車保有台数の減少が見込まれています。MaaS による移動サービスの普及が進むと，会社も個人も自動車を所有する意義が低くなります。併せて，若者のクルマ離れや少子化現象に加え，自動車を保有した場合にかかる諸々の維持費またはランニン

グコストの負担増からも，自動車の所有から利用への動きは，加速することが予測されています。

　第3に，MaaSが普及すると，交通渋滞の緩和につながることがあげられます。特に，東京都心のような過密性の高い場所では，事故や渋滞等による混雑解消が長年の懸案事項として横たわってきました。MaaSによる移動の効率化は，こうした難題を解決し得る新しいアプローチとして，期待が寄せられています。

## 5-4-4　MaaS先進国のフィンランド

　移動革命を意味するMaaSの概念が生まれたのは，北欧のフィンランドだと言われています。フィンランドでは，産官学コンソーシアムや規制緩和，公共交通機関の最適化，環境問題への取り組みなど，モビリティに関する土壌がありました。そこに，ヘルシンキのベンチャー企業「MaaSグローバル」が，モビリティサービスのスマホアプリである「ウィム（Whim）」を開発し，市当局と一緒に実証実験を行った後，2016年，正式に導入されたと言われています。同社が運営するウィムは，経路検索とモバイル決済をひとつに統合したサービスです。まず，ウィムを立ち上げ，目的地を入力すると，最適な経路と鉄道，バス，タクシー，自転車，レンタカー，カーシェアなど，あらゆる交通手段を組み合わせた複数の移動手段が提示されます。利用者は，あらかじめクレジットカード番号を登録するため，移動サービスの予約から決済までをウィムのアプリ上で行うことができます。

　現在，ヘルシンキにおけるウィムユーザーの利用状況ですが，サービス開始前のデータでは，公共交通48％，自家用車40％，自転車9％の割合だったものが，サービス開始後には，公共交通74％，タクシーの利用5％のように変化する一方で，自家用車の割合は20％まで減少するなど，ユーザーの移動手段に大きな変化が現れたことが確認されています。

**第6章**

# 会社を知る

## 6-1 会社とは何か

### 6-1-1 会社の種類

　会社は「合名会社」「合資会社」「合同会社」「株式会社」という4つの形態に区別できます。まず、「合名会社」とは、出資額以上の負債についても責任を負う形態をいいます。つまり、お金を提供している出資者は全て「無限責任社員」のため、もし、会社が倒産して出資額以上の負債が残されるような時、出資者は、自分の財産を取り崩して返済しなければなりません（なお、ここで言う社員とは、「従業員」ではなく、会社の所有者である「株主」を指します）。今日、「合名会社」を名乗る会社としては、創業の古い地域の零細企業に見られ、たとえば、酒や醬油・味噌の醸造会社などが採用する場合が多いようです。

　「合資会社」とは、「無限責任社員」と「有限責任社員」から構成されている会社の形態を指します。「無限責任社員」とは、会社の借金に対して自分の個人財産まで投げ出して無限に責任を負う人であり、「有限責任社員」は、会社の債務に対して出資額まで責任を負う（会社の借金を返す義務を負わない）人と定義されます。つまり、出資額以上の負債に対して責任を負う人と出資額分までは責任を負うが、それ以上は負わない人が混在している会社のことです。現在、「合資会社」を採用する会社を調べると、たとえば、IT関連の会社やタクシー会社が数多く採用しています。

　「合同会社」とは、全ての出資者は、出資額分までは責任を負うが、それ以上は負わない「有限責任社員」によって構成されています。合同会社は、LLC（Limited Liability Company）と訳され、その主な特徴として、①出資者全員は有限責任な会社である、②役員権限や利益配分等は社員同士の間で自由に決められる、③所有と経営が未分離である（株式会社との違い）、④株主総会や取締役会の設置義務がない、⑤出資比率に関係なく能力に応じて利益の配分

141

を調節,⑥株主総会の設置義務がなく,スムーズな意思決定が可能,⑦設立コストが安く,設立する手続きも簡単である等があげられます。現在,この形態を採用する会社を取り上げると,たとえば,西友,アップルジャパン,グーグル,DMM.com,シスコシステムズ,アマゾンジャパン,ユニバーサル・ミュージック,P＆Gマックスファクター,日本ケロッグ,日本アムウェイなど,主に外資系企業が導入しているようです。

　このような「合名会社」,「合資会社」,「合同会社」という3種類は,総称して「持分会社」と呼ばれています。「持分会社」とは,出資者が経営や執行まで担当するような形態であり,一般的に採用する会社の数は限られています。

　最後に,「株式会社」は,日本で約300万社（法人税の申告している数）存在するとも言われ,普通,会社といえば「株式会社」を指していると言ってもかまいません。「株式会社」とは,株式と呼ばれる証書（株券）を発行して資金を集め,その資金をもとに設立された会社だと定義できます。つまり,株式を株主に買ってもらい資本を集め,事業を展開する会社を意味するのです。「株式会社」には,3つの原則があげられます。①出資者である株主が「有限責任」を負う「株主有限責任の原則」,②所有と経営の分離の原則（合同会社との違い),③株式譲渡の自由の原則（誰でも株主になれる,自由に転売・譲渡できる）です。

## 6-1-2　会社組織のしくみ

　会社組織は,「命令系統」や「事業特性」から,それぞれ分類することが可能です。はじめに,「命令系統」の視点からアプローチすると,会社組織は「ピラミット構造」と「フラット構造」に大別されます。図表6-5で示した「会社の一般的な序列」のように「ピラミット構造」は,権限や責任が役員レベル→部長→次長→課長→係長→主任→社員の順に展開される構造を指します。このため,「ピラミット構造」は,「縦割り型」や「垂直型」等と表現される場合もあります。そういえば,軍隊で採用される組織もまた,計画達成を目的とする中央集中型の形態であり,同じ構造ですね。一方,会社組織には「フラット構

造」と呼ばれる形態もあります。これは，「ネットワーク構造」や「水平型」とも表現され，その意味は，「縦割り型」の考え方を排除し，メンバー同士が対等なコミュニケーションを繰り広げる横型の構造を指しています。たとえば，地位や立場の異なる選りすぐりの人材によって構成された「プロジェクトチーム」，革新的な新製品や新サービスの開発を行う「研究開発部門」では，役職や肩書など上下関係を超えた「フラット構造」が採用される場合が多いようです。

次に，「事業特性」の視点から会社組織を分類すると，「ライン」と「スタッフ」に区別されます。ライン（Line）とは，研究開発，製造，営業，マーケティングなど，会社が収益をあげるために必要な直接的な現業部門を指します。これに対し，スタッフ（Staff）とは，たとえば，経理，総務，人事，企画など，ライン部門を補佐する間接的な支援部門のことです。会社は，組織の規模が大きくなるほど，仕事や管理が複雑化します。すると，会社の利益を創造するライン部門だけでは，組織が有効に機能しません。そこで，ラインを支援するスタッフ部門が設置されるのです。ラインとスタッフから編成される組織形態は，「ライン＆スタッフ」と呼ばれています。なお，ラインとスタッフの関係は，対等な関係が原則です。

### 6-1-3 意思決定プロセス

会社は，基本的に3つの階層から構成されています。まず，ピラミットの頂点に君臨する階層は，「トップ・マネジメント」と呼ばれ，特に，会社の役員レベルを指します。逆に，最も低い部分に位置する階層は，「ロワー・マネジメント」と名付けられ，主に，係長や主任そして（役職を持たない）社員らが該当します。そして，真ん中の層に該当するのは「ミドル・マネジメント」であり，主に，部長や次長そして課長がこれに該当します。

ピラミット構造を形成する会社の意思決定プロセスは，通常，「トップダウン型」と「ボトムアップ型」そして「ミドル・アップダウン型」という3つのパターンに分けられます。「トップダウン型」とは，会社の上層部が事項を決

定し，それが下層部へ伝達され，実施されるプロセスのことです。「ボトムアップ型」とは，現場である下層部が事項を立案し，それが上層部へ上げられ，承認された後，実施されるプロセスを意味します。そして，「ミドル・アップダウン型」とは，中間管理職であるミドル層が起点となって事項を立案し，上層部を説得しながら，下層部へ投げかけるプロセスを指します（図表6-1）。

図表6-1　階層と意思決定プロセスのパターン

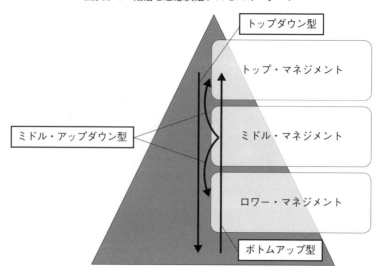

「トップダウン型」の最大の利点とは，意思決定スピードの速さがあげられます。上層部が決定した事項が組織階層を一気に駆け下り，現場へ伝達されるため，決定から実行されるまでに要する時間は，短くなります。しかしながら，「トップダウン型」には，大きな欠点が潜んでいます。それは，このような意思決定プロセスが長期化し慢性化すると，下層部に該当する現場の士気が著しく低下する危険性です。というのも，トップダウン型意思決定が恒常化すると，現場の主体性が失われ，指示待ち社員ばかりの現場となってしまうからです。現場の仕事とは，営業活動を通じて顧客と接したり，生産部門で直接モノづくりにタッチする大切な仕事です。ところが，それを担う人材が自分の頭で考え

ず，黙々と，上から降りてくる命令を忠実に実行するだけでは，会社は決して成長できません。

　一方，「ボトムアップ型」意思決定の最大のメリットは，現場の社員が自分で諸問題を浮き彫りにして，その解決策まで考えるため，現場が活性化することです。たとえば，トヨタ自動車など主に日本の製造業では，現場力の強化を目指す会社が多く存在します。それは，現場の社員こそ会社の主人公であり，役員などの上層部は，その脇役に過ぎないというスタンスです。逆に，「ボトムアップ型」の落とし穴とは，会社を動かす上層部が単なる承認機関となってしまうことです。その結果，全社的な経営や意思決定が疎かとなり，本来の役割を果たせなくなることが危惧されます。

　最後に，中間管理職であるミドル層を起点とする「ミドル・アップダウン型」意思決定とは，トップ層とロワー層に挟まれたミドル層を単なるパイプラインの役割ではなく，会社の中核たる「戦略ミドル」と位置付け，これが中心となってトップ層を説得し，ロワーレベルを主導するやり方です。その最大のメリットは，上層部と下層部の間にあり，両方の機能を熟知する「戦略ミドル」が中核となるため，その機能を最大限活かせることです。これに対し，デメリットには，どっちつかずの一貫性のない経営や意思決定に陥りやすい危険性を指摘することができます。

## 6-1-4　セクショナリズム

　会社には，複数の階層や沢山の役職が存在します。そして，その間を情報や指示・命令がまるでカラダのなかを巡る血管のように，組織の隅々まで行き交っています。ところが，会社の規模が大きくなると，次第に情報や指示命令が円滑に流れなくなってきます。その理由のひとつに「セクショナリズム」があります。これは「排他主義」「縄張り主義」「派閥主義」のことであり，具体的には，自分たちが所属する部署の利益や権威だけを考え，他の部署のことは無関心となる弊害を指します。たとえば，役人で構成された官庁の官僚組織は，その典型だと言えるでしょう。その結果，各部門が部分最適という利己主義に

走ることで，部門間における連携や協力が失われ，全体的に統合された力が発揮されなくなる問題が発生します。この「セクショナリズム」に陥り停滞を余儀なくされている会社は，決して少なくありません。しかし，このような組織疲労から脱却することは，そう簡単な話ではありません。会社の経営者は，日夜，このセクショナリズム問題をどうやって克服するか，知恵を巡らせているのが実情です。

## 6-2 経営者の目線

### 6-2-1 古き良き日本型経営

　皆さんは，日本型経営（Japanese Management）という言葉を聞いたことがありますか。

　戦後，しばらくの間，日本企業の製品は，世界から「安かろう・悪かろう」と揶揄されました。ところが，1980年代に入ると日本企業はモノづくりに磨きをかけ，「高品質で低価格」というパラドクスを達成し，その結果，輸出競争力が飛躍的に高まり，世界に日本旋風を巻き起こしました。そして，この時代，世界中の研究者が日本企業の強さの解明に躍起となりました。当時の代表的な研究書といえば，1979年，ヴォーゲルによる『ジャパンアズナンバーワン』，1981年，オオウチによる『セオリーＺ：日本に学び，日本を超える』，1981年，パスカルとエイソスによる『ジャパニーズ・マネジメント：日本的経営に学ぶ』，1985年，アベグレンとストークによる『ＫＡＩＳＨＡ：日本の会社』など日本型経営に関する数多くの出版物が出され，ベストセラーとなりました。

　それでは，当時の華々しい時代における日本型経営とは，いったいどんな経営スタイルだったのでしょうか。先ほど登場したアベグレンは，1958年に出版した『日本の経営』のなかで，従業員が定年を迎えるまで長期的に雇用を保証する「終身雇用（長期雇用）」，年齢とともに昇進と賃金が上がっていく「年功序列」，特定の企業に所属する正社員によってのみ労働組合が構成される「企業内組合」を日本型経営の特徴と述べ，これを「３種の神器」のように表現しましたが，ここでは，もう少し違った角度から経営スタイルについて議論した

いと思います。それは，戦後，不良品の代名詞とも揶揄されたメイド・イン・ジャパンを世界最高品質と評価されるまで地位を高めた日本の経営者の視点から，日本型経営について考察することです。

　まず，出光興産の創業者で映画「海賊と呼ばれた男」の主人公でもある出光佐三は，「出光の5つの主義方針」のなかで「人間尊重」「大家族主義」をあげています。同社のホームページ上にある文章の一部を抜粋すると，「出光商会の主義の第一は人間尊重であり，第二も人，第三も人である。出光商会はその構成分子である店員の人格を尊重し，これを修養し，陶冶し，鍛錬し，かくして完成強化されたる個々の人格を，更に集団し，一致団結し，団体的偉大なる威力を発揮し，国のため，人のために働き抜くのが主義であり，方針であります。」また「いったん出光商会に入りたる者は，家内に子供が生まれた気持ちで行きたいのであります。店内における総ての事柄は親であり子であり，兄であり弟である，という気持ちで解決して行くのであります。出光商会では首を切らないという事が常識となっておる。首を切られるなど思っている人は一人もないと思います。」

　また，「経営の神様」とも言われたパナソニック（旧　松下電器産業）の創業者である松下幸之助は，世の中が不景気となり会社が赤字となった時，一人の解雇も減給もしなかったそうです。その代わりに，工場の半日操業・生産半減，社員の半日勤務としながら，給与は全額支給したそうです。「経営者は，事を誤って事業が失敗したような場合には，自分が破産しても，たとえ一円でも従業員に渡すということを考えなくてはいけない。それが経営者の心がまえである。」と松下幸之助は述べています。

## 6-2-2　昭和の名経営者の視点

　図表6-2は，過去と現在の経営者の視点を比較したものです。（株式）会社にとって重要な構成要素は，基本的に4つあります。それは，出資者（所有者）である「株主」，会社を運営する「経営者」，仕事の担い手である「従業員」，商品や製品の買い手である「顧客」です。

第6章 会社を知る

図表6-2 過去と現在の経営者の視点

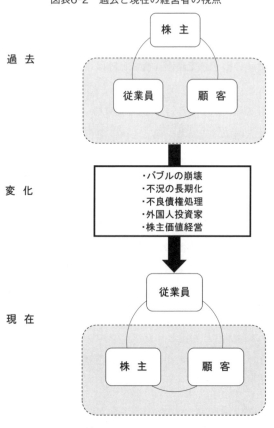

　昭和の名経営者たちは，この４つの構成要素のうち，何を重視して経営に当たっていたのでしょうか。それは，一番上の図で網のかかっている「従業員」と「顧客」でした。昭和の名経営者は，「経営の基礎は人である」「会社は社会の公器である」「社員は会社の家族の一員である」「お客様は神様である」と考え，「従業員」と「顧客」をひと際大切にする経営を行う一方で，会社の所有者である「株主」は，特に重視しませんでした。というのも，当時の日本では，①メインバンクを中心とした株の持ち合いを通じて財閥や系列を形成していた，②株主は「モノ言わぬ株主」であったため，経営者に対して過剰な配当払いを

要望しなかった，③こうして経営者は，長期的な視野で経営のかじ取りをすることができたからです。

### 6-2-3　日本型経営の崩壊

このような日本型経営が綻び始めたのは，ちょうど1990年代過ぎでした。46ページの図表3-2「日経平均株価と東京の地価平均の推移」をもう1度ご覧ください。異常なまでに高騰した株式や不動産の価格が大暴落を起こし，泡が弾けるようにバブルが崩壊した結果，日本経済は，深刻な不況期に突入しました。そして，不況が著しく長期化したことから，銀行や生保などの金融機関は，回収不能な不良債権を売却する処理に踏み切り，株式市場へ大量に出回った日本の会社の株式を外国法人等が購入し，新たな株主となりました。そして，外国法人等の持株比率が最大になると，これまでのような人本主義に基づく経営は，許されなくなりました。というのも，経営者の最大のミッションが，社員を満足させる経営から所有者である株主の価値を最大化する経営に転換を余儀なくされたからです。

たとえば，ソニーの経営者は，2000年前後あたりから株主価値を重視する経営に大きく舵を切りました。そして，当時のアメリカで流行っていた「カンパニー制」の導入や株主重視の経営指標である「ＥＶＡ（Economic Value-Added：経済的付加価値）」の導入そして株主から集めたお金を効率よく事業に生かせているかを測る指標であるＲＯＥ（株主資本利益率）に基づく経営を実行しました。この時代，ソニーは，経営革新のファッションリーダー的存在でしたので，同社が取り入れた株主価値経営は，瞬く間にその他の日本の会社へ採用されました。

### 6-2-4　欧米型経営への転換

2010年代に入ると，日本のモノづくり企業の海外直接投資や海外生産比率は，軒並み上がり，グローバル展開は加速しました。同時にまた，韓国や中国，インドの新興国企業が急速に台頭し，強力なライバルとなりました。この結果，

## 第6章　会社を知る

日本の会社にもかかわらず，外国人社員が増加し，多国籍チームの編成や多様性マネジメントが求められる一方で，日本の会社は新興国企業との価格競争に巻き込まれ，三洋電機やシャープ，日本航空といった老舗の大企業が倒産する事態となりました。

こうしたなか，「人本主義」「長期的な経営」「従業員を大切にする経営」「ブラックボックスやクローズド・イノベーション」など，過去の名経営者が発した言葉は現在の経営者からほとんど聞かれなくなり，これに代わって「企業価値経営」「株主満足」「スピード・効率性」「オープン・イノベーション」といった言葉がしばしば発言されるようになりました。

つまり，現在の経営者の視点とは，図表6-2の下の部分のとおり，「株主」「顧客」を大切にし，「従業員」は軽視する見方に変質してしまったのです。その証拠に，どんな事務所やオフィスでも，半分近くが非正規社員で占められています。これは，正社員の数を抑制し，コスト・パフォーマンスの良い非正規社員を戦力化する経営が一般化しているからです。また，リストラ部屋や早期退職制度を導入し，過剰な正社員を切り捨てるダウンサイジングが特に大企業の間で断行されているからです。さらに，近年，脱税や粉飾決算など経営者の不祥事が後を絶ちませんが，この背景には，外国人株主の期待にどんな手を使っても答えようとする経営者の態度があるからです。

どんなに苦しくても人だけには手を付けなかった松下幸之助が作ったパナソニックでは，業績の低迷が一向に改善しない結果，今では不採算事業や人員の削減に着手する会社に大きく変貌してしまいました。出光興産もまた，厳しい業界環境を生き抜くため，同業他社である昭和シェル石油株式会社と経営統合しました。

このように日本の会社の経営者は，これまでの「従業員にやさしい経営者」から「株主にやさしい経営者」へ大きく変質してしまったことをよく理解しなければなりません。

## 6-3　会社の形態的な分類

### 6-3-1　日本の会社数

　日本には，いくつ会社があるのでしょうか。中小企業庁が発表する「中小企業白書」によると，2016年の段階で359万者となっています（図表6-3）。1999年には485万者でしたので，この17年間で126万者が消滅したことになります。また，2014年の数字と比較しても，2年間で23万者も消えてなくなっています。

　次に，カテゴリー別に見ると，小規模企業の割合が大幅に減少しています。1999年に87.1％（423万者）であったものが2016年には84.9％（305万者）に落ち込み，この間，118万者も消滅しました。小規模企業が大幅に減少しているその主な理由としては，販売不振，放漫経営，後継者不足などが考えられます。

　一方，2016年における359万者の内訳を見ると，大企業は0.3％（1万1,000者），中規模企業者は14.8％（53万者），小規模企業者は84.9％（305万者）となって

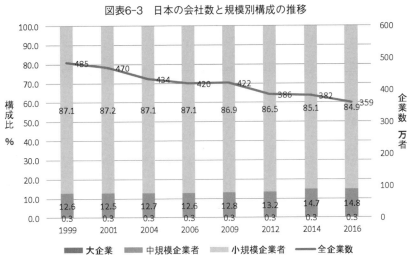

図表6-3　日本の会社数と規模別構成の推移

注）中小企業とは，中小企業基本法第2条第1項の規定に基づく「中小企業者」をいう。また，小規模企業とは，同条第5項の規定に基づく「小規模企業者」をいう。それ以外の企業者は「大企業」という。
資料）中小企業白書等を参考に作成

います。この構成比は，その他の年代を見ても，ほぼ同じ割合で常態化していることが分かります。私たちが会社と聞くとすぐにイメージしてしまう大企業の割合は僅か1％にも達していません。日本の会社のほとんどは，小規模企業によって占められていることを十分理解すべきです。

### 6-3-2　経済3団体

　日本には，会社を束ねる代表的な団体が3つあります。それは，「経団連」「経済同友会」「日本商工会議所」といい，通称「経済3団体」とも呼ばれています。最初に，大企業によって構成された団体を一般社団法人「日本経済団体連合会（経団連）」といいます。「経団連」のホームページによると，日本の代表的な企業1,376社から構成され，その使命は，総合経済団体として，企業と企業を支える個人や地域の活力を引き出し，日本経済の自律的な発展と国民生活の向上に寄与することと明記されています。

　次に，企業経営者が個人として参加する団体を公益社団法人「経済同友会」といいます。やはり，ホームページによると，「経済同友会」は，優れた発想と時代感覚に富んだ企業経営者1,438名から構成され，その特色は，一企業や特定業種の利害を超えた幅広い先見的な視野から，国内外の諸問題について考え，議論し政策提言を行うとされています。

　最後に，全国515商工会議所，125万会員から構成された団体を「日本商工会議所」といいます。これは，全国各地にある「商工会議所」を構成する中小企業を束ねる役割を担っており，そのホームページによると，各地の商工会議所がその地区内における商工業の総合的な発展を図り，社会一般の福祉増進に資するという目的を円滑に遂行できるよう総合調整することだとしています。

### 6-3-3　老舗企業

　先祖代々の家業を守り継ぐことを「老舗企業」といいます。日本は何百年，何千年も家業を継承し現在に至る「老舗企業」が数多くあるため，世界屈指の長寿企業大国とも言われています。日本で最古の「老舗企業」は，社寺建築の

金剛組（大阪府）であり，飛鳥時代，578年（敏達天皇7年）に創業されました。同社のホームページによると，聖徳太子の命を受け，百済から招かれた金剛組初代の工匠である金剛重光が日本最初の官寺である四天王寺を建立したのが始まりとされています。そして，第2位は，587年（用明天皇2年）に創業された生花教授の財団法人池坊華道会（京都府），第3位は，705年（慶雲2年）に創業された旅館業の西山温泉慶雲館（山梨県）の順となっています。

帝国データバンクによると，日本には創業1,000年以上の企業が7社，創業500年以上の企業が39社，創業300年は605社，創業100年以上になると3万3,259社あるそうです。日本は，世界一の老舗企業大国であり，「老舗企業」の9割以上が中小企業で占められています。

それでは，これら「老舗企業」は，どうやって時間を超えて継続できたのでしょうか。その最大の理由とは，本業に対する強い拘りであるとされています。そして，「老舗企業」に共通する点には，①長期的な視点に立って経営を行う，②量より質を追求する，③利害者集団との信頼関係を重視する，④人材の育成に余念がない，⑤ファミリービジネスにありがちな家族による主要なポストの独占を回避する，⑥経営理念が一貫して大切に守られている等を見ることができます。

### 6-3-4 ベンチャー企業

ベンチャー（Venture）企業は，その名のとおり，リスクを恐れず，新奇性や革新性を追求し強い成長志向を持つ会社であり，別名，スタートアップ（Start-Up）とも呼ばれています。

そして，ベンチャー企業をスタートさせた創業者は，「アントレプレナー（Entrepreneur）」，つまり，「起業家」や「企業家」と訳され，積極的にリスクを取って挑戦する彼らの持つバイタリティ（活力）を「アントレプレナーシップ（Entrepreneurship）」，すなわち「起業家精神」や「企業家精神」と呼んでいます。

また，最近，ユニコーン（Unicorn）企業という言葉も出現しました。ユニ

コーンとは「一角獣」のことであり，時価総額が10億ドル（約1,100億円）を超える非上場企業で創業10年以内の企業と定義されます。ユニコーン企業は，アメリカ，中国，イギリス，インドで多く見られ，世界全体の8割以上を占めています。

### 6-3-5　開廃業率

中小企業白書によると，日本の開業率は5％であるのに比べ，ドイツ7％，アメリカ9％，フランス12％，イギリス14％となっています。欧米諸国は，いずれも日本より高い水準であり，特にフランスやイギリスは，日本の2倍以上の割合を記録しています。また，今日のアメリカは，Shane（2008）が起業家精神の幻想（The Illusions of Enerepreurship）という言葉で言い表したとおり，その精神が失われ，すでに起業家的ではなくなってきているとの指摘もなされています。

一方，廃業率を見ると，日本は3％であるのに対し，ドイツ7％，フランス9％，アメリカ10％，イギリス11％となっています。開業率と同じく，欧米諸国は日本より高い水準にあり，特にアメリカ，イギリスは，日本の3倍以上の割合となっています。

図表6-4は，開廃業率の国際比較を表したものです。それによると，日本の開廃業率は，低水準であり「少産少死」のように位置付けられます。これに対し，アメリカ，フランス，イギリスの開廃業率は，高水準であるため「多産多死」と区別することができます。

それでは，日本と欧米諸国の違いとは，いったい何でしょうか。第1に，起業意識の違いがあげられます。起業意識の国際比較について調査した「グローバル・アントレプレナーシップ・モニター（Global Entrepreneurship Monitor：ＧＥＭ）」によると，「身近に起業家がいる」「起業に有意な機会がある」「起業に必要な知識，能力，経験がある」という各項目で，日本は世界に比べて低いという結果が得られました。また，起業無関心者の割合において日本は，欧米に比べかなり高いという結果もまた得られました。

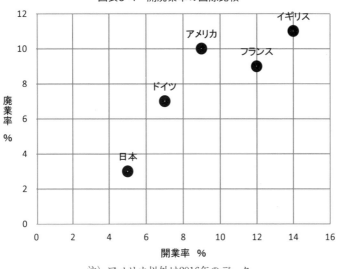

図表6-4　開廃業率の国際比較

注）アメリカ以外は2016年のデータ
資料）中小企業白書を基に作成

　第2に，起業後の生活や収入が不安定だからです。起業しても必ず成功する見込みはありません。もし失敗したら生活や収入に困窮することは明らかであり，それなら安定した会社へ就職した方が安心だと考える傾向が日本は強いようです。

　第3に，起業を支援する法整備があげられます。フランスでは2009年から「個人事業主制度（Micro-entrepreneur）」が導入され，簡単に起業できるようになりました。また，イギリスでは，政府による包括的な中小企業向け支援施策の充実が起業の促進に影響を与えています。

　第4に，開業にかかる手間や費用の違いです。日本は欧米と比べ，開業に必要な手続きが煩雑で諸々の費用が高いと言われます。このような手間やコストが開業の足かせとなっています。

　第5に，スクラップ＆ビルドの精神が低いことです。日本では，一度始めたら最後までやり抜けとよく言われます。途中で投げ出すことは，よくないこと

だと考えているからです。その結果，たとえ赤字化した事業でも何も手を付けず，継続して倒産に至るケースは少なくありません。こうした日本人の体質が廃業率の低さに影響を及ぼしている可能性も否定できません。

## 6-3-6 「NPO」と「NGO」

「NPO」は，「Non-Profit Organization」の略称で，「非営利組織」または「非営利団体」と訳されます。内閣府によると「NPO」は，様々な社会貢献活動を行い，団体の構成員に対し，収益を分配することを目的としない団体の総称だと定義されています。つまり，収益を目的とする事業を行うことは認められますが，事業で得た収益は，様々な社会貢献活動に充てなければなりません。

「NPO」は，広い意味で捉えると「特定非営利活動法人」「公益社団法人」「公益財団法人」「社会福祉法人」「学校法人」「宗教法人」「一般社団法人」「一般財団法人」「生活協同組合」「ボランティア団体」「自治会」「町内会」「労働組合」などを指しますが，狭い意味で言うと，特定非営利活動法人（NPO法人）だけを意味する場合もあります。そして，代表的な「NPO」には，海外インターンシップ事業を運営する学生団体の「アイセック」があげられます。

これに対し，「NGO」は，「Non-Governmental Organization」の略称であり，「非政府組織」と呼ばれています。NGOは，その名のとおり，政府とは関係のない民間団体のことです。その主な目的は，世界で起こっている飢餓，紛争，環境破壊などに対し，国や政府とは異なる立場から，利益を目的とせず取り組む民間団体を指します。たとえば，代表的なNGOには，医療・人道援助を行っている「国境なき医師団」や世界の人権侵害に関する監視活動を行う「ヒューマン・ライツ・ウォッチ」があげられます。

「NPO」と「NGO」の違いは，地域問題や子育て支援など，国内に山積する課題のための団体が「NPO」，貧困，紛争，環境破壊，医療，災害など，世界的な課題を解決するための団体が「NGO」のように区別できます。

## 6-4 会社の職階制度

### 6-4-1 名誉職レベル

　会社を運営する人には，序列があります。これを「職階制度」と呼びます。図表6-5は，会社の一般的な序列を示していますが，ここに書かれた役職名は，法律で定められたものではなく，個々の会社が自由に肩書を決定できる内部的なものであることに注意ください。まず，会社の職階制度は，3つに区別できます。それは，「名誉職」と呼ばれるレベル，「役員」と呼ばれるレベル，「従業員」と呼ばれるレベルです。

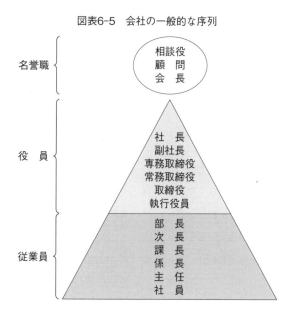

図表6-5　会社の一般的な序列

　「名誉職」とは，役員を終えた人物に対して与える役職です。具体的な肩書としては「顧問」「相談役」「会長」などがあります。大学でも，定年退職した教員に対して，名誉教授を与える場合がありますが，これも同じ考え方だと言えます。

第6章　会社を知る

## 6-4-2　役員レベル

　「役員」は，またの名を「会社役員」あるいは「重役」とも呼びます。「役員」は，株主から委任された「取締役」「監査役」「会計参与」を指しますが，ここでは，「取締役」だけを取り上げると，たとえば，「社長」「副社長」「専務取締役」「常務取締役」「肩書のない只の取締役」そして「執行役員」に分けられます。まず，「社長」は，会社の顔であり代表者です。それを補佐するのが「副社長」です。大学にも「学長」や「副学長」という役職がありますね。「専務取締役」と「常務取締役」の違いは，「専務」の方が「常務」より地位が上ですが，役職に関する明確な違いはあいまいです。ともに，社長を補佐して業務全般を管理する役割とされています。

　さて，ここで注意すべきは「執行役員」と呼ばれる役職です。「執行役員」とは，これまで取締役が担ってきた業務執行を彼らに代わって担当する人物ですが，その立場は，取締役ではなく，あくまでも「上級の従業員」となります。なので，本来からすれば「役員」に分類できませんが，取締役が担う重要な仕事を代替するという意味から，ここでは「役員」レベルに含めています。

## 6-4-3　チーフ・オフィサー

　ところで，近年，経営の国際化が進展した結果，日本の株式会社のなかには，米国会社が採用する役職名を使用するケースが増えてきました。これは，「チーフ・オフィサー」と呼ばれます。

　チーフ（Chief）は，日本語で「主」や「長」と訳され，オフィサー（Officer）は「役員」を指します。先の職階制度でも触れたとおり，「社長」「部長」「次長」のように会社の序列や役職を表す言葉については，法律によって定められていません。これと同様に「チーフ・オフィサー」という呼称もまた，法律に縛られる名称ではないため，会社の判断で決定されます。したがって，日本の株式会社のなかにも，「チーフ・オフィサー」と名乗る会社もあれば，名乗らない会社もあります。

　それでは，具体的にどんな種類の「チーフ・オフィサー」があるのでしょう

か。まず，あげられるのは，ＣＥＯ（Chief Executive Officer）です。「最高経営責任者」とも訳され，会社の経営方針を決定する最高実力者とも言えます。次に，ＣＯＯ（Chief Operating Officer）は，「最高執行責任者」と訳され，ＣＥＯが下した決定に従い，実務を執行する責任者です。ＣＥＯとＣＯＯは，とても似ているため混乱しやすいですが，ここでは，ＣＥＯは経営部門の責任者，ＣＯＯは執行部門の責任者のように覚えておくとよいでしょう。

　これ以外にも，「チーフ・オフィサー」の名称は，沢山あります。たとえば，ＣＦＯ（Chief Financial Officer）は「最高財務責任者」，ＣＩＯ（Chief Information Officer）は，「最高情報責任者」，ＣＳＯ（Chief Strategy Officer）は「最高戦略責任者」，ＣＭＯ（Chief Marketing Officer）は「最高マーケティング責任者」，ＣＬＯ（Chief Legal Officer）は「最高法務責任者」，ＣＴＯ（Chief Technical Officer）」は「最高技術責任者」などがあげられます。

### 6-4-4　従業員レベル

　最後に，「従業員」と呼ばれるレベルについて説明しましょう。先述したとおり，「役員」と「従業員」の決定的な違いは，「役員」が株主と「委任契約」を結んで経営の対価として報酬を受け取るのに対し，「従業員」は，会社と「雇用契約」を結び，労働力の提供に対して賃金（給与）を受け取ることです。このような「従業員」に該当する主な役職には，「部長」「次長」「課長」「係長」「主任」そして「社員」があります。たとえば，総務部や営業部という言葉をよく耳にしますが，そうした部署を管理する責任者を「部長」と呼びます。つまり，「総務部長」や「営業部長」ですね。また，「営業部次長」のように，部長の次席として「次長」と呼ばれる役職を設置する会社もあります。営業部１課，２課など，営業部内で細かく分かれている課を統括する責任者を「課長」と呼び，営業１課○○係のように，○○係を統括する責任者を「係長」と呼びます。最後に「主任」は，直属の部下は持ちませんが，特定の仕事に対して責任を持つ人物のことを指します。

　繰り返しますが，ここで述べた役職名は，法律等で規定されているものでは

ありません。その運用の仕方は，会社ごとに異なりますので注意してください。

# 第7章

# 株式会社を知る

## 7-1 株式会社のしくみ

### 7-1-1 株式会社の起源

　株式会社の起源は，1602年，オランダ東インド会社まで遡ることができます。この会社は，当時のオランダが東インド地域における「香料貿易を独占する」目的から設立されましたが，それ以外にも，「植民地の経営権」「通貨の発行権」「条約の締結権」さらに「戦争の遂行権」まで認められていました。一方，日本では，1873年，国立銀行の開設がその起源とされています。「国立」という名前が付けられていますが，民間の銀行であり，国立銀行条例に基づき設立されました。

　長い歴史を持つ株式会社は，次のような性格を持つと定義できます。「会社法」によると，第1は，営利を目的とする性格です。つまり，会社とは，お金儲けを目的とするものであり，決して慈善事業団体ではありません。第2は，同じ志をもって物事を行う集団，結社または仲間であるという性格です。第3は，法人格を持つ性格です。法人格とは，法律に基づいて団体に与えられる権利や義務の主体を指します。

　このように株式会社は「営利の追求」「同じ志を持つ集団」「法人格を持つ」という3つの性格を有する組織体であると定義できます。なお，紙面の関係上，ここでは言及できませんが，「社団法人」「財団法人」そして「独立行政法人」は，同じように法人格を持ちますが，営利目的ではないため，会社には該当しません。

　次に，会社の細かな取り決めを明記した法律として「会社法」があります。これまで会社に関する法律としては，「商法」「商法特例法」「有限会社法」などがバラバラに存在しました。ところが，これらの法律は，①時代の変化に合わなくなった，②文体がカタカナ表記のため読みづらい，③何度も改正された

ため複雑化しているなどの諸問題が浮上しました。そこで，2006年，これらの法律を統合した「会社法」が施行されました。全979条から構成された「会社法」のその主な特徴とは，①有限会社の廃止と株式会社の統合，②新しい会社形態の明示，③機関設計の自由度，④最低資本金制度の撤廃があげられます。また，⑤M＆Aや国際化など，最近のビジネスシーンにも対応した重要な法律となっています。

### 7-1-2　ステークホルダー

　株式会社は，単独では成り立ちません。これを取り巻く多様な主体と関係を構築しています。つまり，様々な主体と関係を持ち合いながら，活動を通じて初めて利益を生み出しているのです。このような会社を取り巻く関係性を「ステークホルダー（Stakeholder）」または「利害者集団」と呼んでいます（因みに，株主はストックホルダー（Stockholder）と呼びます）。その主なステークホルダーを取り上げると，「顧客」は，商品を販売し対価を得る源泉のため重要なステークホルダーです。また，会社の所有権を持つ「株主」，社内で働く「社員（従業員）」，原材料や部品の仕入先である「取引先」，資金調達の源泉である「金融機関」も会社に不可欠な主体といえるでしょう。さらに，別の角度から考えると，「ライバル」の存在は，会社の成長にプラスの影響を与える主体であるとも考えられます。スポーツの世界でも同じですが，切磋琢磨する対象がいることが会社を奮い立たせ，向上を促す動機となるからです。また，「地域社会」は，会社に雇用機会を提供し，環境面等でお互いに共生し合う大切な主体だと考えられます。そして，「政府（または地方公共団体）」は，会社の「監督」や「規制」を執り行うだけでなく，「納税」を義務付ける強力な主体として存在します（図表7-1）。

### 7-1-3　基本原則

　「株式会社」とは，株式と呼ばれる証書（株券）を発行して資金を集め，その資金をもとに設立された会社です。このような「株式会社」の基本原則とは

図表7-1 株式会社を取り巻くステークホルダー

何でしょうか。大別すると，それは3つあります。第1は，「株主有限責任」の原則です。「株主」は出資額まで責任を負うが，それ以上の負債までは責任を負わなくても構わない原則です。つまり，もし，会社が倒産してしまった場合，株主は，出資金だけ失うことになります。

第2は，「所有と経営の分離」の原則です。これは，会社の所有権を有する株主でも，自らが経営にタッチしたり，実際の仕事に関与する必要はなく，むしろ，最も相応しい経営者を探し出してその人物へ委任しても構わないとする原則です。つまり，「株式会社」とは，株主がお金を出して会社を所有し，株主と委任契約を結んだ第三者が会社の経営を担うという特徴を有しているのです。ここで少し疑問を感じませんか？ 普通，自分がオーナーである会社なのだから，自らが経営を担当すべきではないかと。確かに，本来ならそのすべきです。しかし，現実の世界は違います。というのも，株主は，会社へお金を出資することはできますが，組織を取りまとめ，会社を成長させる経営のプロではありません。むしろ，アマチュアである場合の方がほとんどです。そのため，株主は，知識と経験を併せ持つ優れた専門経営者へ会社の経営を任せ，自分たちは，その支援や監督に回るのです。

第3は，「株式譲渡の自由」の原則です。これは，誰でも株主になれ，しかも，株式を自由に譲渡や転売ができることを意味します。たとえば，日本の株式会

社だからといって，日本人（また日本の会社）しか出資できないわけではありません。出資さえすれば，たとえ外国人でも自由に株主になれるのです。

### 7-1-4　株式会社の構造

図表7-2は，株式会社の構造を示したものです。下の三角は「株式会社」を表し，主に「取締役（役員）」と「従業員」に区別できます。その上の角がない四角は「株主（投資家）」を表します。

「株主」と「株式会社」との関係は，「株式会社」が株式を発行し，それを「株

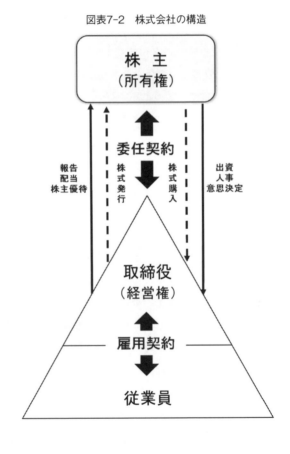

図表7-2　株式会社の構造

主」が購入します。つまり，「株式会社」は，株式の発行を通じて「株主」から資金を調達しているわけです。こうして「株主」は，「株式会社」の出資者として「所有権」を有する事実上のオーナーになります。そして，所有する株式の割合に応じて，会社の管理運営に参加する権利や利益の配当・配分を請求する権利が決まります。

次に，「株主」は，本来「株式会社」を自らの手で運営すべきですが，残念ながら，経営に関する専門的な知識や経験等は持ち合わせていません。そこで，「株主」は，会社の内外から誰か会社経営を託せる人物を探し出します。この人物こそが「取締役」です（因みに，社長は代表取締役といいます）。「取締役」は，オーナーである「株主」との間で「委任契約」を結び，彼らには「経営権」が付与されます。これが前のパートで説明した株式会社の基本原則である「所有と経営の分離」のことです。

「株主」の権限には，①会社に出資すること，②「取締役」の選任や辞職の人事決定，③株主総会の場で最終意思決定を行うことがあげられます。一方，「取締役」は，オーナーである「株主」に対し，①経営実態の報告，②配当金の支払い，③株主優待券の配布などの義務があります。

ところで，「株式会社」を構成する「取締役」と「従業員」の関係は，どう説明できるでしょうか。「取締役」は，「株主」が選任して「経営権」を付与するものでした。これに対し，「従業員」は，最終的には「取締役」が決定します。そして，「従業員」は「取締役」との間で「雇用契約」を結びます。

## 7-2 株式会社の機関設計

### 7-2-1 機関設計とは何か

株式会社内における法律上の地位を「機関」と呼び，これらの機関を最適に組み合わせる行為を「機関設計」といいます。そして，株式会社として必ず設置しなければならない機関には，「株主総会」と「取締役」があげられます。なぜなら，「株主総会」が重要な意思決定を行い，それに基づき「取締役」が日常的な経営業務を実施するからです。このため，基本的な上下関係とは，「株

主総会」が上,「取締役」が下という構造になります。

「株主総会」は,会社を所有する株主の意思を決定する最高意思決定機関です。「株主総会」は,期末決算が完了した後に開催される「定期株主総会」と必要に応じて開催される「臨時株主総会」に分けられます。たとえば,東証上場会社全体の約75%は3月決算であるため,定期株主総会は,6月後半に開催される場合が多いようです。「株主総会」は,経営者側から会社の経営状況や将来の方針等が説明され,株主がそれについて決議を行います。具体的には,①会社の決算の承認,②取締役,監査役の選任や解任および役員報酬の決定,③会社の根本的なルールを示した「定款」の変更,④会社の合併または解散など,これらの諸事項について多数決の原理に則り株主が決定します。また,株主は,会社へ提案または意見を述べる権利があります。近年,株主提案は増加しており,年間150以上もの議題が株主から提案されます。

一方,「取締役」もまた,全ての株式会社で最低1人の設置が義務付けられています（旧商法では3名以上）。「取締役」は,株主（株主総会）によって選ばれ,株主との間で委任契約を結びます。「取締役」が集まり,会社の重要事項を決める場を「取締役会」と呼びます。会社の頭脳部分に相当する「取締役会」は,「トップ・マネジメント」とも呼ばれ,3名以上の取締役から構成されます。その「取締役会」をリードする人物は「代表取締役」といいます。「代表取締役」は,会社の代表権を持つ取締役のことです。もし,「代表取締役」が社長になった場合,「代表取締役社長」となりますが,その一方で,代表権を持たない,いわゆるヒラの社長も存在します。「代表取締役」には,会社を代表して発言や行動する権利,会社の方針を決めて実行する権利という2つの権利が与えられています。

株式会社には,「株主総会」や「取締役」以外にも,様々な機関があります。たとえば,「会計参与」「監査役」「監査役会」「会計監査人」がそうです。まず,「会計参与」とは,取締役と共同で計算関係書類を作成する会計に関する専門家をいいます。具体的に会計の専門家とは,公認会計士,税理士の資格を有する人物です。

「監査役」は，取締役や会計参与の業務を監査する人です。このため，実際の経営にはタッチしません。「監査役」は会計資料が正しく作成されているか，そして，取締役が法律に則り仕事をしているかをチェックまたは調査する重要な役割を担っています。このため，「監査役」は「取締役」と同様，株主総会で選任されます。大会社や株式公開会社では，取締役の行動をチェックすることや会計資料の不正を未然に防ぐため，3名以上の監査役によって構成された「監査役会」の設置が義務付けられています。また，外部の第三者による監督・評価を通じて厳正にチェックを行い，不正を防止する目的から，「外部監査役」が置かれるケースも増えています。

　最後に，「監査役」とともに会計資料のチェックを行う機関として「会計監査人」の設置も法律で認められています。これは，会計資料の監査，会計監査報告の作成を担う人を指します。

## 7-2-2　社外取締役

　近年，「社外取締役」という言葉をよく耳にするようになりました。これは，会社外部の人材を取締役として選任することであり，特に，大会社や株式公開会社では，その導入が増えてきているようです。これまでお飾りのように扱われてきた「社外取締役」を本格的に活かすため，日本の国会でも「改正会社法」が成立しました。

　それでは，「社外取締役」の背景について説明しましょう。取締役の選任は，通常，株主総会の場で決定されますが，これまでのケースは，会社内部の人材から選ばれる場合がほとんどでした。しかし，経営の国際化が進み，株主価値を重視する経営が求められてくると，会社内部出身の取締役だけでは，全ての諸問題を解決できなくなりました。そこで，特別の専門知識，実績や経験を持つ人で，しかも，その会社と直接的な利害関係を持たない人物，たとえば，官僚OB，上場会社他社の現役経営者，弁護士そして学識経験者等を「社外取締役」に起用するようになったのです。

　ここで，株式会社の「社外取締役」選任の状況について触れてみましょう。

第7章　株式会社を知る

　東京証券取引所の集計調査によると，市場第一部（一部上場会社）の「社外取締役」選任比率の推移は，右肩上がりで増えています（図表7-3を参照）。2004年当時の30％と比較すると，2019年は99.9％まで比率が増えています。

　また，2019年における「社外取締役」人数の内訳（市場第一部）を見ると，0名0.1％，1名4.0％に対し，2名42.8％，3名以上53.1％と2名以上選任している企業の割合が増えてきています。このように日本の一部上場会社では，「社外取締役」の選任が拡大し，複数名の「社外取締役」を選任する会社が増加しています。

　それでは，なぜ「社外取締役」の導入が拡大の一途を辿っているのでしょうか。それは，会社組織に潜んでいる独自の力学に対し，客観的かつ公平な議論をするためです。通常，どんな会社も独自の経営方法や意思決定のやり方があります。ところが，それらの経営方法や意思決定が世の中の常識から外れていたり，不透明な部分が多く公正さを失っている場合もあるかもしれません。こうした課題を解決するため，「社外取締役」を採用するケースが拡大しているのです。

図表7-3　社外取締役／独立取締役　選任企業の比率（東証1部）

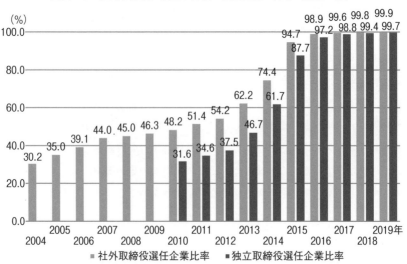

出所）日本取締役協会「上場企業のコーポレート・ガバナンス調査」

## 7-2-3 コンプライアンスとコーポレート・ガバナンス

　社外取締役を選任するようになったもうひとつの理由には、「コンプライアンス」や「コーポレート・ガバナンス」の強化があげられます。近年のビジネスシーンを直視すると、数々の問題や不祥事が起こっています。たとえば、食品の偽装問題によって食の安全性が大きく損なわれました。また、粉飾決算やインサイダー取引など、取締役による不正行為や職務怠慢も発生しています。さらに、誇大広告や押し売り販売もまた後を絶ちません。「コンプライアンス（Compliance）」とは、「法令遵守」と訳され、その意味は規則やルールを守ることです。これに対し、「コーポレート・ガバナンス（Corporate Governance）」とは、「企業統治」と訳され、その意味は、会社の所有権を持つ株主に対して適切な経営がなされているか、会社経営の最高意思決定機関である取締役会が正しく機能しているか等について、これらの不正を監視することに加え、情報公開や説明責任など、経営の透明性を高めて諸問題の発生を未然に防ぐことを指します。

## 7-2-4　委員会設置会社

　「社外取締役」による透明性の高い企業統治を実現するため、近年、米国流の「委員会設置会社」を導入する動きが広まっています。これまで企業統治の問題は、主に「監査役」および「監査役会」が担ってきました。しかし、最近、米国流の新しいやり方が紹介され、日本でも普及が進んでいます。これは、「委員会設置会社」体制と呼ばれ、その目的とは、経営監督と業務執行を分離し、意思決定のスピード・アップを図ることです。

　図表7-4は、三菱ケミカルホールディングスの委員会設置会社の体制を示した図です。

　「委員会設置会社」の特徴とは、一言でいうと「経営監督」と「業務執行」が分離されている点です。つまり、「取締役」および「取締役会」は、経営の監督に専念します。そして、これまでのような「監査役」は設けず、過半数を占める「社外取締役」で構成された「指名委員会」「報酬委員会」「監査委員会」

第7章　株式会社を知る

図表7-4　三菱ケミカルホールディングスの委員会設置会社制

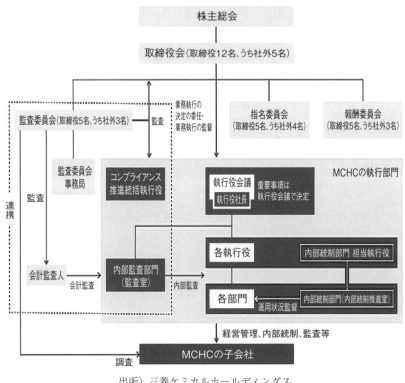

出所）三菱ケミカルホールディングス

を新たに設置して，意思決定プロセスの透明性と公正性を図るのです。具体的にいうと，「指名委員会」は，取締役の選任や解任の決定権を持っています。「報酬委員会」は，取締役の報酬を決定する権利を有しています。「監査委員会」は，取締役の職務遂行をチェックする権限を持っています。

　一方，取締役会で選任された「執行役」は，実際の業務執行を担います。具体的には，「代表執行役」を中心に迅速な意思決定を行い，スピード感溢れる企業経営の実現に対処するのです。

## 7-2-5 独立取締役

最後に，企業監査に長けた者を「独立取締役」として，取締役会に迎え入れる動きもまた近年，増加しています。「独立取締役」あるいは「独立社外取締役」は，その名のとおり，企業からの独立性が高い取締役であり，独立性が低い「社外取締役」とは一線を画します。2010年当時，31.6％に過ぎなかった「独立取締役」の選任企業比率は，2019年には，99.7％となりました（図表7-3）。また，2019年における人数の内訳（市場第一部）を見ると，0名0.3％，1名6.1％に対し，2名48.8％，3名以上44.8％とやはり2名以上選任している企業の割合が増えています。

## 7-3 株主

### 7-3-1 株主とは何か

株主（Stockholder）とは，文字のとおり「株式を持つ主」を意味します。株主とは，株式会社が発行する株式を保有する主であり，株式会社へお金を出す人，つまり，会社の所有者を指します。それでは，どうすれば株主となれるのでしょうか。株主になる方法は，そう難しいことではありません。会社が発行した株式を購入すればよいのであり，株式を購入する行為は，出資（引受）と呼ばれています。

株主のメリットは，いったい何でしょうか。主に3つの利点があげられます。第1に，株主は，会社から保有する株式数に比例して配当（Income Gain）を受けられます。配当とは，会社の稼いだ利益の一部を入手できることであり，受け取ったお金は「配当金」と呼ばれています。配当は，決算時において分配されますが，それ以外にも，会社にとっての記念日や巨額な利益が生まれた時，「記念配当」「特別配当」という形で分配される場合もあります。但し，会社は，常に配当金を払ってくれるとは限りません。会社の業績が悪化し，赤字に陥った時や会社の経営方針によってはお金は還元されず，無配当になる場合もあります。

第2に，株主は，売買益（Capital Gain）を手に入れることができます。売

買益は，株式が値上がりし売却することから得られる差益を意味します。株主が保有する株式価格（株価）は，常に一定ではありません。会社の業績に加え，株式の「需要」と「供給」のバランスによって，大きく変動するからです。たとえば，業績の良い会社なら，将来的にも期待が寄せられるため株価は上がり，逆に，業績の悪い会社の場合，誰もが先行きに不安を感じるため株価は下がります。また，株式を買いたい人より売りたい人の方が多い（供給が高い）場合，株式は余剰となるため株価は下がります。その逆に，売りたい人より買いたい人の方が多い（需要が高い）場合，株式の価値は上がりますので株価は上がります。こうした株価の変動を踏まえ，投資家は，株価の値上がりを期待して会社の株式を購入するのです。つまり，株主は，株式を安い時に買って高くなった時に売り抜き，そこから得られる売却益を得るため投資するのです。

第3に，株主は，各種の株主優待を受けることができます。たとえば，百貨店の株主ならお買物商品券，旅行やホテルの株主ならば宿泊券がそれぞれプレゼントされるなど，会社により様々なチケットや商品が準備され，それを目当てに株主となる投資家も少なくありません。今日，上場企業の4社に1社が株主優待を導入しているそうですが，その主な目的とは，①個人株主の獲得，②長期保有の安定株主を増やす，③持続的な株価上昇で時価総額を高める等の理由があげられます。

一方，株主のデメリットとは，何でしょうか。それは，会社の業績が悪化して株価が下落した場合，その損失は株主が責任を負うことです。株式が値下がりし，売却することから発生する差損は，売買損（Capital Loss）といいます。また，会社が倒産してしまったら，株式の価値はゼロとなるため，財産（資産）を失うリスクがあることについても注意が必要です。

## 7-3-2 外国法人等

「外国法人等」の実態について触れてみましょう。これは，①外国の法律によって作られた会社，②外国の政府・地方公共団体，③日本以外の国籍を有する個人を指すものです。図表7-5は，主要投資部門別株式保有比率の推移を示

7-3 株主

図表7-5 主要投資部門別株式保有比率の推移

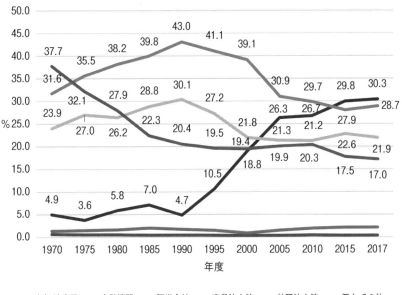

出所）株式分布状況調査（2017年度）

したグラフですが，これを見ると，2013年度以降，日本企業の株式を最も保有しているのは，「外国法人等」であることが分かります。また，2000年度から2005年度にかけて，「金融機関」の株式保有比率の低下と「外国法人等」の割合の拡大がピッタリと符合していることに気づきます。それでは，個別に見ていきましょう。

今から50年程前，最大の株式保有者は「個人・その他」でした。1970年度を見ると，その保有比率は約4割にも達しています。その後，「個人・その他」の割合は，急速に縮小していきます。1999年度には，約2割まで落ち込みました。これは，「金融機関」や「事業法人等」が企業間で株式を相互に持ち合うなどした結果，「個人・その他」が株式を自由に売買できなくなったからです。現在，「個人・その他」の割合は，17％台で推移しています。

「金融機関」は，1970年度当時，3割を超えた株式を保有していました。株式の保有比率は右上がりで拡大していき，1990年度には最大の43％まで拡大しました。その後，株式保有の割合は縮小に転じ，2005年度には再び3割台まで落ち込みました。現在は，3割を若干下回る水準で推移しています。「金融機関」は，長年にわたり，バブルの崩壊に伴う多額の不良債権を抱え苦しんできました。このため，財務の健全性を高めるため，土地や株式のようなリスクのある資産の圧縮に継続的に取り組んできました。これを「不良債権処理」といいます。このような「不良債権処理」の影響から，「金融機関」の中で過去，2割近くの保有比率を占めていた「都銀・地銀等」の現在の株式保有の割合は僅か3％まで落ち込み，同じく，10％以上あった「生命保険会社」の現在の割合もまた3％まで低下しています。

株式保有比率が下落する部門があるなかで，近年，大幅な拡大を見せている部門が「外国法人等」です。1990年度まで僅か5％前後で推移していた割合は，その後，うなぎ上りで拡大し，今日では，全ての投資部門の中で唯一3割以上となっています。この背景には，「金融機関」や「事業法人等」がバブルの不況によって手放した大量の株式を「外国法人等」が買い占めた可能性があげられます。また，「外国法人等」は，日本企業の最大の株式を保有しているだけでなく，今日の株式売買の約67％を占めるなど，質・量ともに大きな存在となっています。

### 7-3-3　政府系ファンド

「外国法人等」のなかでも，特に活発な動きを見せているのは，外国の政府系ファンドです。政府系ファンド（Sovereign Wealth Fund：ＳＷＦ）とは，政府または政府系機関が出資する投資ファンドであり，石油，ガス等の天然資源収入，貿易黒字によって膨らんだ外貨準備金が主な運用原資として，特に，アジア，中東，北欧に多く存在します。たとえば，世界最大の政府系ファンドである「ノルウェー政府年金基金（ＧＰＦ）」の運用資産は，100兆円を超え，それ以外にも，「アブダビ投資庁」「サウジアラビア通貨庁（ＳＡＭＡ）」「ク

ウェート投資庁」「シンガポール政府投資公社」「中国投資有限責任公司」などが有名です。そして，これら世界の政府系ファンドの資産規模は，約780兆円とも推計され，あまりにも巨額な運用規模から金融市場へ与える影響が大きいといわれています。

ところで，日本には，世界最大の年金運用機関である「年金積立金管理運用独立行政法人（GPIF）」があります。GPIFは，厚生労働大臣から寄託を受け，年金積立金の管理・運用を行っています。GPIFは，将来の年金払いに必要な資産の利回りを確保するため，ローリスク・ローリターンな国債中心の運用を見直し，国内外の債券・株式で運用するものであり，その運用資産額は，約159兆円（2018年末）にも及んでいます。

## 7-3-4　外国法人等の影響

「外国法人等」の拡大が日本の会社経営に与えた影響について触れましょう。第1は，株主の性格が「物言わぬ株主」から「物言う株主」へ変わったことです。これまでの日本の会社では，日本人投資家が大勢を占めてきました。彼らは，いわゆる「物言わぬ株主」のため，お蔭で経営者は，終身雇用政策と年功序列主義など長期的な視点で企業経営を行うことができました。ところが，現在，最大の株式保有者は，「外国法人等」に変わりました。すると，彼らは，今までのような企業経営者の言いなりではありません。むしろ，株主総会等の場で与えられた権利や義務を堂々と主張する「物言う株主」として経営陣に強く迫ります。その結果，会社の経営者は，「外国法人等」の要求を満足させるため，目先の利益を追求する短期的な経営を余儀なくされました。最近，成果主義，正社員のリストラ，非正規社員の有効活用が話題を呼んでいますが，この背景には，会社の経営者が株主価値の最大化を果たすという使命を最優先していることがあげられます。

第2は，株式持ち合いの解消が進むことです。株式持ち合いとは，企業間で株式を相互に保有し合う行為をいいます。その主なメリットは，もし敵対的買収に遭遇した場合，企業グループ全体で標的となったグループ企業を防衛でき

ることがあげられます。また，複数のグループ企業同士がお互いの経営状態をチェックまたは評価して過ちや失敗を正すこともできます。さらに，株式を相互に持ち合えば，マーケットで流通する株式の数を減らすことができ，そうなれば，希少性が高まり株価を上昇させることもできます。日本では，戦後の復興からバブルの時期まで，株式持ち合いの形成が進みました。ところが，1990年代に入ると，それまで株式持ち合いの中心的な役割を担ってきた金融機関（メインバンク）が不良債権処理のため，大量の持ち合い株式を手放しました。その結果，長年続いた株式持ち合いの形成は，解消される方向に向かったのです。

第3は，外国人経営者の顕在化です。これは，日本の会社の国際化が進み，グローバル経営の必要性が強まってきたことに加え，外国法人等の割合が過去最大となった影響から，最近，日本の会社で外国人社長が次々に誕生していることです。たとえば，日産自動車，マツダ，三菱自動車，日本板硝子，ソニー，武田薬品工業，ソフトバンクなど主に国際化が進んだメーカーやＩＴ企業では，外国人社長が誕生し，その高額な報酬が話題を呼んでいます。また，外国人社長のなかには，会社の組織風土を変え，意思決定スピードを向上させ，慢性的な赤字体質からの復活を成し遂げた人物もいれば，日本の会社に横たわる独自の文化や哲学を理解できず業績悪化を招き，退任を余儀なくされた人物もいるなど，その効果や成果に対する答えは不透明のままです。

## 7-4　資金の調達と運用

### 7-4-1　資金とは何か

会社を運営したり，成長させるには，多額のカネ（資金）が必要です。会社は，どのようにして資金を集める（調達する）のでしょうか。また，資金は実際どのように運用されるのでしょうか。ここでは，資金の調達と運用の基本について学びます。

大学を卒業したら，すぐに小さなブティック店を起業したい学生がいたとします。どうすれば，開業のための資金を集めることができるでしょうか。最も簡単なやり方として，ご両親や親戚の方から借金して用立てる方法があります。

身内の方たちなので快く出資してくれますし，返済条件等についても融通が効くかもしれません。また，気の知れたお友達から一時的にお金を借りる場合も考えられます。ところが，事業規模が大きい株式会社の場合，そう上手くいきません。必要とされる資金が巨額なため，個人店とは異なる調達手段と方法が必要だからです。

　一般に，会社の資金調達の方法には，大きく4つのやり方があります。ひとつは「自己金融」であり，「利益留保」や「減価償却」など自社内で資金を調達するやり方です。2つ目は「間接金融」であり，銀行など金融機関から借り受けるしくみです。3つ目は「直接金融」であり，証券市場から資金を調達するものです。4つ目は「企業間信用」であり，たとえば，商品や原材料を掛けで仕入れたり，手形を振り出す方法です。

## 7-4-2　自己金融

　自己金融（Self-Finance）とは，経済活動によって会社が獲得した利益のうち，社内に留保・蓄積された資金を意味する「内部留保」と費用計上するものの現金支出は伴わない「減価償却費」を指すものです。「内部留保」は，会社の純利益から，社外へ流出する「税金」「配当金」「役員賞与・ボーナス」等を差し引いた残りの資金を指すものです。これに対し，「減価償却」とは，取得した固定資産の原価を耐用期間で割って費用配分するものです。「減価償却費」は，非現金支出費用なので，社外へは流出しません。「減価償却費」を計上すれば，その分だけ社内に資金が留保されます。「自己金融」は，会社が自己の力で調達する資金なので，借入や返済という義務が発生せず，最も優れた調達方法であるといえますが，その反面，多額の資金調達が難しいという欠点を併せ持ちます。

## 7-4-3　間接金融と銀行の役割

　間接金融（Indirect Finance）とは，ズバリ，金融機関（銀行）から資金を調達（借入）するやり方です。図表7-6のとおり，このしくみは，銀行が預金

者から大量の資金を預かり，多額の資金を必要とする個人や会社へ「融資」という形で貸し付けます。個人や会社は，銀行に対して融資を受けた返済金（元金）に利息（利子）をプラスした金額を期日までに支払う義務を負い，銀行もまた，預金者へ払戻金に利息を上乗せした金額を期日までに支払う義務が発生します。このため，銀行は，預金者に払う利子率よりも高い利子率で個人や会社へ貸付けを行い，その差額分を銀行が収入とするのです。

また，他社から受け入れた手形を担保に金融機関から資金を借り入れる方法は「手形割引」と呼ばれ，これも「間接金融」の一種とされています。「間接金融」は，個人や会社が銀行からお金を借りるやり方なので，貸倒れのリスク等は，すべて銀行が背負います。「間接金融」は，比較的容易に早く資金を集められますが，借入超過に陥りやすく，返済が困難になる危険性もあるので注意が必要です。

図表7-6　間接金融の体系

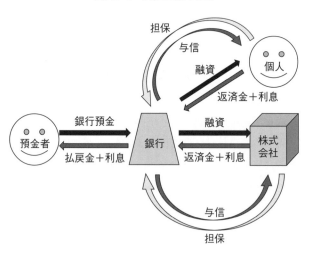

ところで，個人や会社が銀行からお金を借りる場合，図表7-6のとおり，「与信」の査定が行われます。「与信」とは，銀行がお金の返済能力の有無を事前に把握することであり，その意図は，返済能力の高い個人や会社を対象に「融

資」されることを意味します。つまり，銀行は返済する能力のない個人や会社には，貸倒れを起こす危険性が高いので，危なくてお金を貸し出すことができません。しかしながら，返済能力も信用度も低い個人や会社でも，銀行はお金を「融資」する場合があります。それは通常よりも高い金利を設定して融資することです。逆に，返済能力に優れた信用度の高い個人や会社に融資する場合，銀行は安心して貸し出すことができるため，多額の資金をしかも低金利で「融資」します。

さて，当初，「与信」の高い個人や会社でも，「融資」した後，破産または倒産に追いこまれる可能性はゼロではありません。そうなると銀行は「融資」したお金を回収できなくなります。そこで，銀行は「融資」を希望する個人や会社にお金を貸し出す見返りとして，「担保」を差し出すことを要求します。「担保」とは，債務不履行となった時のために，あらかじめ個人や会社に提供させる弁済確保の手段です。主な「担保」としては，不動産（土地，建物など），有価証券（株券，債券，手形，小切手など）があり，万が一，債務者が返済できなかった場合，銀行は「担保」を売却してその穴埋めをするのです。

## 7-4-4 直接金融と証券市場

3つ目の資金調達のやり方は，直接金融（Direct Finance）と呼ばれています。お金を借りて資金を調達する「間接金融」に対し，「直接金融」は，お金を借りないで資金を集める違いがあります。「直接金融」は，資金を必要とする会社が株式や債券（社債）を発行して投資家（個人や法人）から直接，資金を調達するやり方です。

ところで，法人投資家とは，何も事業会社だけに限ったことではありません。それ以外にも，キャピタルゲイン（株価の値上がり益）や「配当」を期待する「生命保険会社」や「損害保険会社」，また，株式上場の際，保有する株式を売り抜き，利益を得るような「投資ファンド」や「ベンチャーキャピタル」もまたあげられます。

それでは，「直接金融」について，図表7-7で具体的に説明しましょう。まず，

図表7-7　直接金融の体系

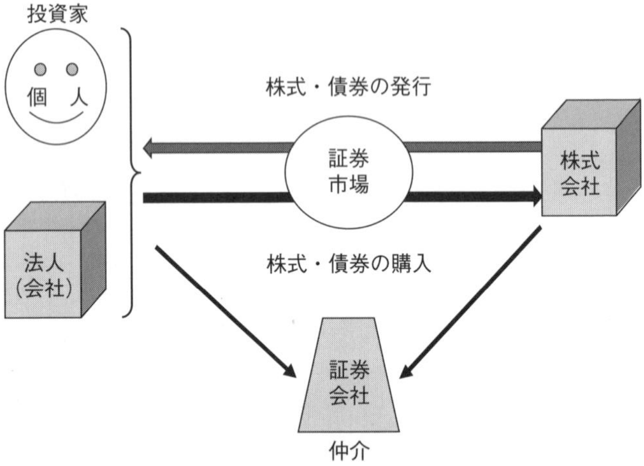

投資家と株式会社の間に証券市場がありますが，これは，株式や債券が売買される場所のことをいいます。また，資金が余っている「投資家」と資金を必要とする「株式会社」の間を仲介する機能として「証券会社」があります。

株式会社は，「増資」を目的に証券市場へ株式や債券を発行します。これに対し，投資家は証券市場から株式や債券を直接購入します（投資）。こうして株式会社は，資金を集めることができます。その後，株式会社は，投資家へ純利益の一部を配当金として還元したり，株主優待を提供します。「直接金融」は，証券市場から資金を調達するため返済する必要はありませんが，投資家側は，元本割れを起こす危険性があるため，しっかりとしたリスク管理が必要となります。

### 7-4-5　企業間信用

最後に，会社は取引先など企業間の信用を受けて資金支援される場合があります。これを企業間信用（Inter-Enterprise Credit）と呼んでいます。たとえば，ある仕入先から製品・サービスを購入する際，納品された時点で即支払いをせず，当月末または翌月末まで待って代金を支払うことがありますが，これは，仕入先から信用を受けているからです。また，請求書の定めた現金を支払わず，

仕入先へ「約束手形」を発行する場合もあります。「約束手形」とは，振出人が名宛人に対し，手形上の金額を将来支払うことを約束した証券であり，仕入先との信用から支払いを猶予してもらう信用取引を指します。

### 7-4-6　資金調達方法の変化

　会社の資金調達のやり方は，どう変化してきているのでしょうか。ここでは，「間接金融」と「直接金融」の変化について取り上げてみましょう。日本では，これまで金融全体に占める「間接金融」の割合が高く推移してきました。日本経済が成長していた時代は，会社倒産が少なかったため，会社に資金を貸し付けても，銀行の経営には支障がなかったからです。ところが，バブルが崩壊した1990年代から2000年代の半ばまで，「間接金融」の割合が緩やかに減少する一方で，これに代わって「直接金融」が拡大しました。というのも，バブルの崩壊から，「会社倒産の拡大」「金融システムの改革」「深刻な不良債権問題」が明るみに出て，貸し渋りなど融資が消極化したからです。こうした理由から，今日では，「直接金融」の割合がだいぶ大きくなってきました。しかしながら，その対象とは，大規模な会社に限られ，それ以外の会社では，未だに「間接金融」を重視しているのが一般的なようです。

　それでは「間接金融」と「直接金融」のどちらの方が優れた調達手段なのでしょうか。それは，どちらともいえないのがその答えです。「間接金融」の場合，融資を受ける際，「担保」の準備が求められます。また，借りたお金は利息をつけて銀行へ返済する義務があります。ところが，世の中は，低金利の時代です。銀行からお金をどれだけ借りても利息が低いため，ほとんど借りたお金分だけ返済すればよい環境にあります。これに対し「直接金融」の場合，集めた資金を投資家へ返済する義務はありませんが，その代わり，投資家に対し配当金の支払いが発生します。今日の投資家は，高い配当金というリターンを要求していることを考えると，「直接金融」は「間接金融」より優れた資金調達の手段であるとは必ずしも言い切れないと言えるでしょう。

## 7-4-7　クラウドファンディング

　最近，新たな資金調達の手段として，クラウドファンディング（Crowd Funding）が注目を集めています。これはWeb上で資金提供を広く大衆に呼びかける方法であり，具体的には，資金を求める人（起案者）が自らの企画案と必要な金額をアップし，資金を提供したい人（提供者）から支援を募るやり方です。起案者が提供者から資金を集めるためのポイントには，主に4点あげられます。それは「ユニークなアイデア」「プロジェクトに懸けるパッション」「発信力」そして「信頼・信用」です。

　クラウトファンディングには，いくつかのタイプが存在します。「寄附型」は，NPOのような非営利，様々な社会的問題の解決に取り組む個人に対し，見返り（リターン）を求めないで資金を寄附するものです。

　「購入型」は，支援者から集めたお金を使って新製品・新サービスを開発し，その新製品・新サービスを資金の出資者へ返礼品として還元するものです。

　「貸付型」は，「ソーシャル・レンディング」とも呼ばれ，新事業ための資金を必要としている企業や個人に対して資金を貸し付け，その事業が成功したら貸したお金とその間の金利が戻ってくるものです。

　「ファンド型」は，支援者から集めたお金で新製品・新サービスを開発し，それを資金の出資者へ返礼品とする「購入型」に加え，支援した資金もまた戻ってくるものです。

　「株式型」は，株式市場で売買の対象とされていない企業の未公開株を購入し，再び，株式市場で売却することで得られる売買益を得るやり方です。

## 7-4-8　資金の運用

　これまで資金の調達について考えてきましたが，最後に，資金の運用について説明しましょう。会社は，事業や投資の活動を通じて利益を手に入れますが，そこで儲けたお金は，その後，どう運用されるのでしょうか。この点は，世の中の趨勢，属する業界特性，直面する課題等の違いから，会社ごとに大きく異なります。たとえば，ある会社では，新規または更新のための設備投資に使う

かもしれません。また，ある会社では，外国の会社を合併買収（M＆A）する買収資金の原資とするかもしれません。さらに，ある会社では，国債などの債券の購入に当てるかもしれません。このように，資金の運用方法は，会社ごとにバラバラであり，いろいろな利用方法があるのです。

資金の運用は，「リスク」と「リターン」という2つの変数を用いると分かりやすくなります（図表7-8）。たとえば，ローリスク・ローリターンの運用先としては「債券の購入」「銀行預金」「設備投資」などがあげられます。ミドルリスク・ミドルリターンには「既存事業への再投資」「不動産投資」「有価証券投資」等があげられます。そして，ハイリスク・ハイリターンには「M＆A投資」「JV投資」「新規事業投資」等があげられます。

もちろん，お金の使い道は，これだけではありません。研究開発（R＆D）投資に使ったり，借入金を返済したり，株主へ配当金を支払ったり，役員や社員へボーナスや賞与を支払うなど「リスク」と「リターン」が伴わない運用とは性格が異なるお金の使い方もあります。

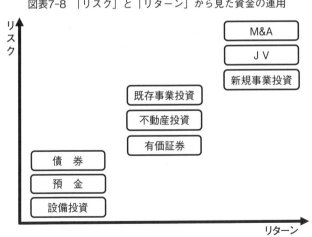

図表7-8　「リスク」と「リターン」から見た資金の運用

# 第8章 会計を知る

## 8-1 会計とは何か

### 8-1-1 会計力の必要性

　今日のビジネスマンやビジネスを学ぶ学生にとって必要なスキルとは何でしょうか。ひとつは，「語学力」です。特に「英語」は，現在，世界の標準言語となっているため，ある程度の語学力は必要でしょう。できれば，日常会話レベルの能力は，何とか身に付けたいものです。因みに，ある資料によると，世界人口の約70億人のうち，「英語人口」は17.5億人（25％），英語を使用していない人口は52.5億人（75％）と英語以外の人口の方が実際には多いそうです。

　2つ目は，「ＩＴ（ＩＣＴ）力」です。特に，ＰＣやスマートフォンそしてインターネットの機能や使用方法などのリテラシーを身に付けることは，デジタル時代を生きる私たちにとって必要不可欠な技術です。併せて，ＡＩ（人工知能）やＲＰＡ（Robotic Process Automation）などの技術に関する知識についても，最低限理解する必要があります。

　3つ目は，「会計力」です。会社の業績や経営の良し悪しは，基本的に「決算書」を見ればほとんど分かります。会社は，定期的に財務報告書を作成しますが，その見方や読み方が分からず，記載されている内容の意味が全く分からないと，自社と他社の違いを比較したり，組織内の課題や問題点を浮き彫りにすることができません。私たちは，「会計力」を養って「数字に強い」人物になる必要があるのです。

### 8-1-2 会計の歴史

　借方（左）と貸方（右）に分けて記録する複式簿記は，14世紀のイタリアの商人（ベニスの商人）によって発明され，これを完成させたのは数学者で修道士であるルカ・パチョーリだと言われています。1494年に出版した数学書『ス

ンマ（算術，幾何，比および比例全書）』のなかで複式簿記について触れています。田中（2018）によると，ルカ・パチョーリは，かの有名なレオナルド・ダ・ヴィンチの先生であり，600ページもの大作である『スンマ』のうち，複式簿記について書かれた部分は，わずか27ページであったそうです。

日本では，1873年（明治6年）に福沢諭吉がアメリカから持ち帰った簿記の代表的教科書を翻訳して出版したのが最初の複式簿記の本だとされています。この本は，連鎖商業学校（International Chain of Commercial Colleges）の創設者であるBryant and Stratton（1871）が著した"Common School Book-Keeping（一般学校簿記）"の翻訳書であり，『帳合之法（ちょうあいのほう）』というタイトルで出版されました。福沢が翻訳に込めた思いは，次のとおりです。第1に，日本では学問と商売との間に関連がない。学者も商人もこの『帳合之法』を学べば，学者は実学を知り商人は理論を知り，日本の国力が増すことになる。第2に，この『帳合之法』を学べば，会計事務が一変して便利になる。第3に，日本では，学問は非実用的であるとして敬遠されてきた。この『帳合之法』を学校で生徒に教えれば，その生徒を通じて家族にも伝わり，洋学の実用的なことが認識されて，人々を学問・読書に導くことになる。第4に，この『帳合之法』を学べば商工業を軽蔑することなく，実業界で独立しようという大志が生れてくる（日朝，2007）。

このように複式簿記の起源は，今から600年前のイタリアまで遡ることができます。そして，複式簿記は，福沢が言うとおり，学問と実用を結ぶ架け橋であり，現在の株式会社を分析する欠かせない知識だと言えます。

### 8-1-3 「財務会計」と「管理会計」の違い

企業会計は，大きく財務会計（Financial Accounting）と管理会計（Managerial Accounting）に分けられます。「財務会計」は，株主，銀行，取引先，政府など，主な使用者が外部の利害関係者である場合の会計を指します。具体的には，財務3表や決算書と呼ばれる「貸借対照表」「損益計算書」「キャッシュ・フロー計算書」を四半期，半期，年ごとに作成しなければなりません。併せて，作成

された資料は，会計士の監査を受けなければなりません。

これに対し，「管理会計」は，経営者や役員，管理部門のマネジャーなど，主な使用者が会社内部の関係者である場合の会計を指します。具体的には「事業計画書」「取締役会資料」「経営計画書」などが必要に応じて作成され，経営者やマネジャーの重要な意思決定ツールとして使用されます。

## 8-1-4 「財務3表」とは何か

会社の一定期間における経営活動の成果をまとめたものを「決算書」といいます。会社は「決算書」を書類として取りまとめ，出資者である株主や消費者など「ステークホルダー」へ報告・開示する義務があります。

「決算書」には，重要な3つの書類があります。それは「貸借対照表」「損益計算書」「キャッシュ・フロー計算書」であり，会計では，これを「財務3表」と呼んでいます。「財務3表」の違いは，図表8-1のとおりです。まず，決算日の財政状態（ストック）を示すものが「貸借対照表」です。これに対し，「損益計算書」は，会社の一定期間の儲けあるいは経営成績（フロー）を示すものです。最後に，「キャッシュ・フロー計算書」は，会社の一定期間における現金の動きまたは流れ（フロー）を示すものです。

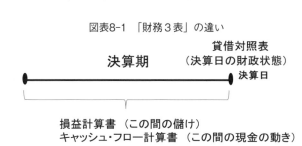

図表8-1 「財務3表」の違い

## 8-1-5 会計に関わる職業

会計の知識を活かす職業は，大きく3つに分けられます。第1は「社内経理」です。これは，日商簿記検定2級や1級を取得し，優れた簿記の知識や技術を

身に付けた人物が社内の経理部門で働くことです。但し，簿記のプロというだけでは「社内経理」の業務をこなすことはできません。それは，どんな会社にも，多かれ少なかれ，その会社独自の内部経理のしくみがあるからです。このため，「社内経理」は，オーソドックスな簿記の知識だけではなく，会社独自のやり方にも精通することが求められます。

　第2は「公認会計士」です。これは，毎年，実施される国家試験に合格しなければなりません。平成30年度の状況を見ると，11,742名の出願者に対し，合格者は約1,305名（合格率は約11%）という狭き門となっています。「公認会計士」の仕事とは，クライアント（顧客）である大企業の経営をチェックする「監査」や経営戦略の「コンサルティング」があげられます。なかでも，会計監査，監査報告書の作成は，「公認会計士」の主要な仕事です。なお，「公認会計士」は，税務に関する仕事もできるため，登録さえすれば「税理士」の資格もまた得られるそうです。

　第3は「税理士」です。これもまた，毎年，実施される国家試験に合格しなければなりません。平成30年度を見ると，30,850名の受験者に対し，合格者は4,716名（合格率は約15.3%）とやはり狭き門です。「税理士」の仕事は，クライアント（顧客）である中小企業が税務署に申告する税務書類の作成であり，法人税等の計算と申告書の作成がその主要な業務といえます。

　さて，最近「公認会計士」や「税理士」の仕事がＡＩ（人工知能）に代替されてしまうという当事者たちにはショッキングなタイトルの本や雑誌が書店の棚を賑わすようになりました。国際的な調査研究によると，「公認会計士」の仕事が代替される可能性が約86%，「税理士」はなんと93%という高い数字がはじき出されています。確かに税理士の重要な業務である確定申告では，自宅のＰＣで申告できる「e-Tax」が採用されるなど，ＡＩやＩＴ化の波はすでに及んでいます。会計の専門家の仕事は，今後，ますます知的分野のワークに特化していくことが予想されます。

## 8-2 貸借対照表

### 8-2-1 調達源泉と運用形態

　「貸借対照表」は，バランスシート（Balance Sheet）とも呼ばれ，略して「Ｂ／Ｓ」と表記される場合もあります。「貸借対照表」は，会社の一定時期における財政状態を明らかにするものであり，事業年度終了時における財産の残高の一覧表とも言えます。図表8-2は「貸借対照表」の一例です。真ん中から右側部分を「貸方」と呼び，資金の調達源泉を示しています。これに対し，左側の部分は「借方」と呼び，資金の運用形態を表しています。「借方」と「貸方」は，表の一番下の数字が示すとおり，必ず一致します。これが「バランスシート」と呼ばれる所以です。

　右側「貸方」を見てください。資金の調達源泉を示す「負債の部」は，返済の義務があるため「他人資本」と呼ばれ，「流動負債」と「固定負債」に分けられます。「流動負債」は，買掛金や短期借入金など１年以内に返済の義務がある負債をいい，「固定負債」は，長期借入金など１年以内に返済する必要のない負債と定義されます。

　また，「純資産の部」は，返済する義務のないお金を表すため「自己資本」とも呼ばれています。たとえば，利益剰余金は，企業が稼いだ利益を積み立てた資金なので返さなくてもいいお金となります。このように貸借対照表の右側（貸方）は，返す義務のある「負債」と返す必要のない「純資産」によって構成されています。

　次に，左側「借方」をご覧ください。資金の運用形態を示す「資産の部」は，どれだけ資産を持っているのかを表すもので，現金・預金や売掛金など１年以内に現金化される「流動資産」と土地や建物，機械・装置など１年以内に現金化されない「固定資産」に分けられます。

　「貸借対照表」では，「流動負債」と「固定負債」，「流動資産」と「固定資産」のように，「流動」と「固定」に区別していることがポイントです。つまり，「流動」は，１年以内に現金化できる負債や資産のこと，「固定」は，１年以内に

現金化されない負債や資産のことを表します。

図表8-2　貸借対照表

貸 借 対 照 表

令和×2年3月31日　現在

(単位：千円)

| 科　目 | 金　額 | 科　目 | 金　額 |
|---|---|---|---|
| （資産の部） | | （負債の部） | |
| 流　動　資　産 | 300,000 | 流　動　負　債 | 155,000 |
| 　現金及び預金 | 150,000 | 　買　　掛　　金 | 60,000 |
| 　受　取　手　形 | 24,000 | 　短　期　借　入　金 | 80,000 |
| 　売　　掛　　金 | 65,000 | 　未　払　費　用 | 2,000 |
| 　商　　　　品 | 57,000 | 　未払法人税等 | 5,000 |
| 　前　払　費　用 | 1,000 | 　そ　の　他 | 8,000 |
| 　そ　の　他 | 3,500 | 固　定　負　債 | 90,000 |
| 　貸　倒　引　当　金 | ▲500 | 　長　期　借　入　金 | 70,000 |
| 固　定　資　産 | 100,000 | 　退職給付引当金 | 20,000 |
| 　有形固定資産 | 80,000 | 負債の部合計 | 245,000 |
| 　　建　　　　物 | 25,000 | （純資産の部） | |
| 　　機　械・装　置 | 25,000 | 株　主　資　本 | 155,000 |
| 　　土　　　　地 | 30,000 | 　資　　本　　金 | 70,000 |
| 　無形固定資産 | 7,000 | 　資　本　剰　余　金 | 20,000 |
| 　　ソフトウェア | 7,000 | 　　資　本　準　備　金 | 20,000 |
| 　投資その他の資産 | 13,000 | 　利　益　剰　余　金 | 65,000 |
| 　　投資有価証券 | 12,000 | 　　利　益　準　備　金 | 5,000 |
| 　　長期前払費用 | 1,000 | 　　別　途　積　立　金 | 20,000 |
| | | 　　繰越利益剰余金 | 40,000 |
| | | 　自　己　株　式 | ▲1,000 |
| | | 評　価・換　算　差　額 | 1,000 |
| | | 純資産合計 | 155,000 |
| 資産部合計 | 400,000 | 負債・純資産合計 | 400,000 |

資産の部：資金の使い道

負債の部：他人資本（返済義務あり）

純資産の部：自己資本（返済義務なし）

※　ここがバランスする

## 8-2-2　分析ツール

「貸借対照表」からどんな分析ができるでしょうか。ここでは，最低限，覚えておくべき必要がある分析ツールを紹介しましょう。第1は，「流動比率」

です。これは、「流動資産」と「流動負債」の関係性を図る指標であり、1年以内に返済しなければいけない負債を1年以内に現金化される予定のある資産で賄えるかどうかチェックするものです。「流動比率」の計算は、「流動資産÷流動負債×100」によって求められます。「流動比率」が100％を上回っているほど、支払能力があり、安全性は高くなります。

　第2は、「当座比率」です。「当座」とは、すぐに現金化できる意味を表します。そして、「流動資産」のうち「現金・預金」「受取手形」「売掛金」「有価証券」のことを「当座資産」といいます。「当座比率」とは、「流動負債」に対し、決済資金である「当座資産」が用意されているか支払能力を見る指標であり、「当座資産÷流動負債×100」という計算式で求められます。「当座比率」が100％以上の場合、当座の支払能力の安全性は高いと判断され、それよりも低い数値となる場合、資金繰りが悪化するなど、安全性が下がります。

　第3は、「自己資本比率」です。「自己資本」は「純資産合計」、「総資産」は「負債・純資産合計」を指すものであり、「自己資本÷総資産×100」という計算式で求められます。「自己資本比率」は、会社が調達したお金のうち、返済する必要がないお金、自分で調達したお金の割合を指すものであり、借入金のような借金に頼らない経営をどれだけできているのかを表します。このため、この比率が高いほど安全性が高いと判断され、比率が低いほど借金に頼った経営なので安全性が低いと判断されます。具体的に言うと、30-40％なら安全性が高く、10％以下だと危険性が高いと言われています。

　第4は、「自己資本利益率」です。これは「ROE（Return on Equity）」とも呼ばれ、その意味は、株主が出資したお金を使い、どれだけ利益を稼いでいるかを示すものです。「ROE」は、「（税引後）当期純利益÷自己資本×100」という計算式で求められます。そして、この比率が高いと自己資本を使い効率的に利益をあげていることを表し、逆に低いほど非効率であることを示しています。国際的に見ると、日本の会社は「ROE」の低さがよく指摘されています。「ROE」の目安は、12-15％と言われるなか、欧米の会社では、2ケタが当たり前であるのに対し、日本の会社は、1ケタが当たり前な状態にあります。欧

米では，株主重視の経営が常識のため，「ROE」は高くなります。これに比べ，日本では，株主を軽視する傾向があるため，「ROE」は低い比率となるのです。

## 8-2-3　落とし穴

　貸借対照表の数字は，絶対的に正しいとはいえません。というのも，流動資産における当座資産の科目に落とし穴が潜んでいるからです。よって，正しい数字かどうか見分ける能力が必要です。たとえば，「受取手形」や「売掛金」が「不良債権」となっている場合があります。

　また，「有価証券」や「棚卸資産」が「含み損」となっている場合があります。「含み損」とは，資産の時価が下がり，損が出る状態を指します。もともと日本では，資産価値の評価を購入した当時の値段で計上してきました。これを「取得原価主義」と呼んでいます。ところが，取得後，資産価値は変動するため，取得時の価格で計上すると，正しくない評価額が表示されることとなります。このため，最近では，現在の資産価値を計上する時価会計が普及してきましたが，長年親しんだ「取得原価主義」によって簿価と時価が異なることもありますので，「含み損」には注意しなければなりません。

　「現金・預金」や「有価証券」が「担保提供」となっている場合があります。つまり，計上されている「預金」や「有価証券」が銀行から資金を借りる際の担保として提供されている危険性です。また，「現金・預金」が銀行に預けられている場合，「ペイオフ」への対応や銀行の倒産というリスクに備えることも大切です。

　「棚卸資産」のなかに「不良在庫（Dead Stock）」が含まれている場合があります。つまり，大量の売れ残った製品が含まれると，すぐには現金化できないというリスクがあるわけです。このため，異様に高い価格がついている商品がないかチェックする必要があります。

　このように，すぐに現金化できるはずの流動資産（当座資産）には，「不良債権」「含み損」「担保提供」「不良在庫」という罠が隠されている可能性があり，注意しなければなりません。

## 8-3 損益計算書

### 8-3-1 構造と意味

損益計算書（Profit & Loss Statement）は，略して「P／L」と表記される場合もあります。

損益計算書は，会社が一定の期間（通常1年間）にどれだけの利益を生み出したのかを表す資料です。図表8-3は，損益計算書の一例です。右側をよく見ると「本業」と「本業以外」のように書かれています。これは「本業」で得た利益とそれ以外で得られた利益を指しています。

図表8-3 損益計算書

損益計算書
自　令和×1年　4月1日
至　令和×2年　3月31日
（単位：千円）

|  |  |  |
|---|---|---|
| 売上高 | 500,000 | 本業 |
| 売上原価 | 300,000 | 本業 |
| 売上総利益 | 200,000 | 本業 |
| 販売費一般管理費 | 150,000 | 本業 |
| 営業利益 | 50,000 | 本業 |
| 営業外収益 | 5,000 | 本業以外 |
| 営業外費用 | 10,000 | 本業以外 |
| 経常利益 | 45,000 | 本業以外 |
| 特別利益 | 3,000 | 本業以外 |
| 特別損失 | 8,000 | 本業以外 |
| 税引前当期純利益 | 40,000 | 本業以外 |
| 法人税等 | 16,000 | 本業以外 |
| 当期純利益 | 24,000 | 本業以外 |

それでは，「損益計算書」の５つの利益について説明しましょう。まず「売上高」から「売上原価」を引くと「売上総利益」を計算できます。「売上高」は，本業で得た稼ぎであり，「売上原価」は，かかった費用のことです。「売上総利益」は，大雑把な利益を指すため，「粗利益」とも呼ばれています。

　次に，「売上総利益」から「販売費及び一般管理費」を引くと「営業利益」が計算できます。「販売費及び一般管理費」は，「販管費」とも呼ばれ，広告宣伝費などの「販促費」，給与や諸手当などの「人件費」，家賃や光熱費などの「維持費」を指すものであり，全体の約７割は「人件費」が占めています。「営業利益」は，本業の儲けを意味するため，利益の中でも重要な数値とされています。

　さらに「営業利益」から「営業外収益」を加え，「営業外費用（損失）」を引くと「経常利益」が計算できます。「経常利益」とは，本業以外の活動から生み出された利益を指すものです。そして，「営業外収益」とは，株式の配当収入や売却益，受取利息などであり，「営業外費用」は，銀行への支払利息，株式の売却損や評価損などがあげられます。「経常利益」は，会社の経営力や利益を獲得する能力を示す指標として，特に重視されています。

　「税引前当期純利益」は，「経常利益」に「特別利益」を加え，「特別損失」を引くと計算できます。「税引前当期純利益」は，その言葉どおり，税金調整前の純利益のことです。また，「特別利益」とは，一時的な利益を指し，たとえば，土地や建物の売却益などがあげられます。これに対し，「特別損失」は，一時的な損失を意味し，地震等によって壊れた建物の修繕費用などがあげられます。

　最後に，「税引前当期純利益」から「法人税等」を引くと「（税引後）当期純利益」が計算できます。「当期純利益」は，会社の最終的な利益を指し，株主に対する利益配分の源泉ともなるため，投資家にとっても重要な数値です。

## 8-3-2　同業他社比較

　次に，Ａ社とＢ社の損益計算書を比較しながら，分析してみましょう。図表8-4を見ると，左側にＡ社，右側にＢ社の損益計算書が記載されています。

図表8-4　A社とB社の損益計算書の比較

A株式会社

自　令和×1年　4月1日
至　令和×2年　3月31日

（単位：千円）　利益率

| | | |
|---|---:|---:|
| 売上高 | 500,000 | |
| 売上原価 | 300,000 | |
| 売上総利益 | 200,000 | 40.0% |
| 販売費一般管理費 | 150,000 | |
| 営業利益 | 50,000 | 10.0% |
| 営業外収益 | 5,000 | |
| 営業外費用 | 10,000 | |
| 経常利益 | 45,000 | 9.0% |
| 特別利益 | 3,000 | |
| 特別損失 | 8,000 | |
| 税引前当期純利益 | 40,000 | 8.0% |
| 法人税等 | 16,000 | |
| 当期純利益 | 24,000 | 4.8% |

B株式会社

自　令和×1年　4月1日
至　令和×2年　3月31日

（単位：千円）　利益率

| | | |
|---|---:|---:|
| 売上高 | 50,000 | |
| 売上原価 | 15,000 | |
| 売上総利益 | 35,000 | 70.0% |
| 販売費一般管理費 | 15,000 | |
| 営業利益 | 20,000 | 40.0% |
| 営業外収益 | 500 | |
| 営業外費用 | 1,000 | |
| 経常利益 | 19,500 | 39.0% |
| 特別利益 | 300 | |
| 特別損失 | 800 | |
| 税引前当期純利益 | 19,000 | 38.0% |
| 法人税等 | 7,600 | |
| 当期純利益 | 11,400 | 22.8% |

　まず，両社の売上高を比較すると，A社はB社の10倍を稼ぎ，それ以外の各利益（売上総利益，営業利益，経常利益，税引前当期純利益，当期純利益）でもA社がB社を上回っています。こうして見ると，A社の方がB社より良い会社のように映ります。しかし，利益を生み出す力（利益率）で比較した場合はどうでしょうか。売上総利益率で見ると，A社が40％に対し，B社は70％とB社の方が良くなります。つまり，もし両社が同じ商品を1個1,000円で売った場合，商品1個当たりの利益は，A社が400円（1,000円×40％）に対し，B社は700円（1,000円×70％）となり，B社の方が利益を生む力が高いことが分かります。おそらく，知識と経験に富んだ投資家ならば，B社の株式を購入する

に違いありません。

　会社とは，利益の額の大小だけでは，その良し悪しは判断できません。もし会社の本当の実力を知りたければ，利益率を比べることで利益を生み出せる力を知ることができます。

### 8-3-3　稼いだお金の利益処分

　会社が稼いだお金は，どう利益処分されるのでしょうか。それは，「社外流出」と「内部留保」に分けられます。「社外流出」は，その名のとおり，社外へ流れ出る利益であり，具体的には，「税金」「配当金」「役員賞与」があげられます。これに対し「内部留保」とは，社内に留まる利益を指します。すなわち，「税引前当期純利益」から税金（法人税）を支払い，その後の「当期純利益」から株主へ配当金を支払い，役員賞与を支給した残りの利益を「内部留保」または「利益剰余金」と呼んでいます。それでは，企業がため込んだ「内部留保（利益剰余金）」の総額は，現在，どのくらいの金額まで達しているのでしょうか。法人企業統計によると，2017年度の金融・保険業を除く全産業の内部留保（利益剰余金）は446兆4,844億円となり，過去最高を更新しました。2012年度は342兆126億円でしたので，6年前に比べ，企業の内部留保総額は104兆円増の約1.3倍まで膨らんでいます。

### 8-3-4　売上利益率の分析

　「損益計算書」を使った経営分析のやり方を説明しましょう。それは，売上に占める利益の割合から，会社の収益性を分析することです。まず「売上総利益率」は，「売上総利益÷売上高×100」で求められます。この指標の目安は，業界によって異なりますが，おおよそ30％が基準だとされています。もし，この基準に達しない場合，「販売単価の低下」「販売量の低下」「製造原価の上昇」を疑う必要があります。

　「売上営業利益率」は，「営業利益÷売上高×100」で求められます。この指標の目安もまた，業界によって異なりますが，おおよそ10〜15％が基準だとさ

れています。もし、この基準を下回るような場合は「販管費」の項目をチェックします。たとえば、「販売費の上昇」「従業員の過剰」などが疑われます。

「売上高経常利益率」は、「経常利益÷売上高×100」で求められます。この指標の目安も業界によって異なりますが、サービス業の場合は約15%、それ以外は約5-7%が基準だとされています。もし、この基準を下回るような場合は「営業外収益」と「営業外損失」をチェックしましょう。たとえば、銀行への支払利息の負担が重いなど、金融取引から生じる損失などが疑われます。

## 8-4 キャッシュ・フロー計算書

### 8-4-1 意義と必要性

キャッシュ・フロー計算書（Cash Flow Statement）は、略して「Ｃ／Ｆ」または「Ｃ／Ｓ」とも表現されます。「キャッシュフロー計算書」は、現金の動きを表示するものであり、主な利点として、①具体的な現金の出入りが分かる、②利益が本当の入金となっているか分かる、③架空取引など粉飾はやりにくい、④現金不足やムダな現金の動きが分かる、などがあげられます。

先ほどの「貸借対照表」でも触れましたが、経営において現金は、非常に大切なポイントです。たとえば、現金がないと原材料や部品を仕入れることができません。また、生産に必要な設備投資も購入できません。そして、組織で働く社員の給料も払えません。実際のビジネスでは、現金の支払いと受取りの間には、タイムラグが発生します。もしタイムラグが長期化した場合には、「不渡り（期日が来ても手形や小切手が支払われないこと）」と呼ばれる事故が発生したり、「資金繰り（すぐに現金化できること）」の悪化を招き、最悪の場合、倒産を招く恐れがあります。皆さんは「勘定合って銭足らず」ということわざをご存じですか。これは、回収が遅れて支払いできず倒産してしまうことを戒める言葉であり、ビジネスでは教訓とされるべき重要なメッセージです。

### 8-4-2 構造としくみ

図表8-5は、「キャッシュ・フロー計算書」です。これは、現金の動きや流れ

を示す決算書であり,具体的に言うと,一定期間のあいだに,どれだけ現金が増えたか減ったかを表すものです。現金の出入りを示す「キャッシュ・フロー計算書」は,大きく分けて3つのキャッシュ・フローから構成されています。

図表8-5　キャッシュ・フロー計算書

## キャッシュフロー計算書

自　令和×1年　4月1日
至　令和×2年　3月31日

(単位：千円)

| | |
|---|---:|
| Ⅰ．営業活動によるキャッシュフロー | |
| 　　税引前当期純利益 | 24,000 |
| 　　減価償却費 | 8,000 |
| 　　貸倒引当金の増加額 | 200 |
| 　　売上債権の増加額 | △ 6,000 |
| 　　棚卸資産の増加額 | 5,000 |
| 　　仕入債務の増加額 | 7,000 |
| 　　法人税等の支払額 | △ 6,200 |
| 　　　営業活動によるキャッシュフロー | 32,000 |
| Ⅱ．投資活動によるキャッシュフロー | |
| 　　有形固定資産の取得による支出 | △ 30,000 |
| 　　有形固定資産の売却による収入 | 15,000 |
| 　　有価証券の売却による収入 | 2,500 |
| 　　　投資活動によるキャッシュフロー | △ 12,500 |
| Ⅲ．財務活動によるキャッシュフロー | |
| 　　借入れによる収入 | 25,000 |
| 　　借入れの返済による支出 | △ 20,000 |
| 　　配当金の支払額 | △ 3,000 |
| 　　　財務活動によるキャッシュフロー | 2,000 |
| Ⅳ．現金及び現金同等物の増加額 | 21,500 |
| Ⅴ．現金及び現金同等物期首残高 | 28,500 |
| Ⅵ．現金及び現金同等物期末残高 | 50,000 |

「営業活動によるキャッシュ・フロー」は，会社の本業である営業活動による資金の増減を表したものです。もしこれがマイナスである場合，本業ではキャッシュを生み出していないことを意味するため，さらなる経営努力を通じて必ずプラス（キャッシュイン）にしなければなりません。

「投資活動によるキャッシュ・フロー」は，設備の購入・売却や有価証券の売買など，会社の投資に関する資金の増減を表したものです。これは，現在の事業を維持するためや今後の利益を獲得するための投資ですから，通常はマイナス（キャッシュアウト）になるのが普通です。

「営業活動によるキャッシュ・フロー」と「投資活動によるキャッシュロー」を合わせたお金をフリー・キャッシュ・フロー（Free Cash Flow：ＦＣＦ）と呼んでいます。これは，会社本来の事業活動から生み出されたお金を指すものであり，会社が自由に使えるお金を意味します。

最後に「財務活動によるキャッシュ・フロー」は，銀行からの借入，社債や新株の発行による収入やその返済，株主への配当などの資金の増減を表したものです。これはプラスが良いように思われますが，借入金の増加を意味する数字なので，あまり好ましいものではありません。逆に，マイナスの場合は，株主に対して配当金の支払いや借入金（有利子負債）の返済を示すものなので，必ずしも悪いことではありません。

## 8-5 不正会計

### 8-5-1 不正会計とは何か

最近，よくテレビやインターネット，新聞記事等で会社の不祥事が取沙汰されます。デロイト・トーマツの「企業の不正リスク調査白書（Japan Fraud Survey 2018-2020）」によると，会社による不正は，①会計不正（架空売上，費用隠蔽等），②汚職（贈収賄，カルテル，談合，利益相反），③情報不正（データ偽装（品質，産地，信用情報等），情報漏洩，インサイダー取引），④横領（窃盗，不正支出等）に分類されますが，このなかで特に発生件数が多いのは，1位が「横領」，2位「会計不正」，3位「情報漏洩」，4位「データ偽装」でした。

そして，特に損害金額が大きいのは，「横領」と「会計不正」であり，この2つの不正が全体の7割を占めました。このように「不正会計」とは，会社の命運を握る深刻な課題なのです。

「不正会計」とは，その名のとおり，会計処理を不正に操作することです。「不正会計」は，「不適切会計」「利益操作」「粉飾決算（不当に厚化粧すること）」「不正経理」など，様々な類似する言い方がありますが，意図的に不正な会計処理を行い，虚偽の決算書を作成する改ざん行為という点では，ほぼ共通した内容だと言えるでしょう。

「不正会計」の主な手段には，①架空の利益を上乗せする利益の「水増し」，②会計帳簿に計上されていない負債を隠す「負債隠し」及び「簿外債務」，③複数の企業間で商品を転売し，売上げを計上する架空取引を指す「循環取引」，④会社の資産を過剰に評価する「過大評価」など，様々なやり方があげられます。

東京商工リサーチが毎年実施する全上場企業を対象とした「不適切な会計・経理の開示企業」調査によると，不適切な会計・経理を開示した上場企業数は，2008年の25社に比べ，2018年は54社と2倍以上に増加しています（図表8-6）。

図表8-6　不適切な会計・経理の開示企業数の推移

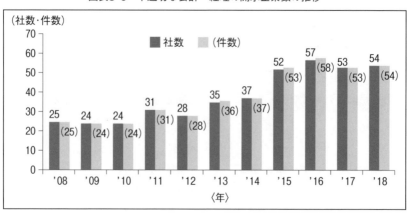

出所）東京商工リサーチ

このうち，経理や会計処理ミスなどの「誤り」が全体の40.7％を占め，架空売上げの計上や水増し発注などの「粉飾」が38.9％で続き，子会社・関係会社の役員や従業員による「着服横領」が20.4％を占めています。また，発生当事者別に見ると，「会社」の割合が最も多く48.1％を占め，「子会社・関係会社」が27.7％となり，これら「会社」と「子会社・関係会社」が全体の約8割を占めています。

## 8-5-2　エンロン事件とSOX法

　ここからは，戦後を代表する会社の不正会計事件について取り上げてみましょう。まず，世界を見渡すと，2001年10月に発覚したエンロン社（Enron Corporation）による巨額の不正会計事件が有名です。売上高約12兆円（2000年）で全米第7位，社員数21,000名（2001年），『フォーチュン』誌で「アメリカで最も革新的な企業」として賞賛された，総合エネルギー・IT企業のエンロン社が巨額の不正な粉飾決算を起こし経営破綻に追い込まれました。加えて，同社の会計監査を担当していた世界5大監査法人の1つのアーサー・アンダーセンもまた，不適切な経理を見逃しただけでなく，会計粉飾，証拠隠避などに関与していた疑いで信頼が失墜し，消滅しました。

　アメリカでは，このエンロン事件を契機に，2002年7月にSOX（Sarbanes Oxley：サーベンス・オクスリー）法が制定されました。SOX法は「企業改革法」と訳され，企業統治や内部統制（Internal Control）を強化し，会計監査制度の改革を通じて不正をなくすものです。そして，もしこれに違反すると，経営者は最高500万ドル（約5億円）の罰金と最長20年の禁固刑という厳しい罰則が適用されます（日本でも2006年6月に日本版SOX法とも呼ばれる金融商品取引法が制定されました。この法律は，「内部統制報告書」の提出を義務付けることであり，もし虚偽記載した場合，5年以下の懲役もしくは500万円以下の罰金が科せられます）。

　一方，国内では，どんな有名企業が不正会計問題を起こしたのでしょうか。2000年以降の主な事件を取り上げても，カネボウ（2004年），ライブドア（2006年），

オリンパス（2011年），東芝（2015年），富士ゼロックス（2017年），日産自動車及びカルロス・ゴーン氏（2018年）などがあげられます。ここでは，最近発生した東芝不正会計事件と日産ゴーン事件について触れてみよう。

### 8-5-3 東芝不正会計事件

東芝は，1875年（明治8年）に創業された日本を代表する巨大メーカーです。直近の業績を見ると，年間の連結売上高は3兆6,935億円（2018年度），連結従業員数は128,697人（2019年3月31日現在）を誇る大企業です。

このような東芝で2015年，不正会計問題が発覚しました。その内容とは，2008年度から2014年度までの7年間にわたり，1,518億円もの利益操作を続けてきたことです。第3者委員会の調査報告によると，不正会計の手口とは，①工事進行基準案件に係る会計処理（477億円），②映像事業の経費計上に係る会計処理（88億円），③半導体事業の在庫評価に係る会計処理（360億円），④パソコン事業の部品取引に係る会計処理（592億円）という4つでした。

そして，同調査報告では，不正会計処理問題の原因として，いくつかの理由をあげています。たとえば，経営トップを含む組織的な関与です。歴代の経営トップは，過大な目標設定を意味する「チャレンジ」という言葉を使い，各カンパニーのトップへ利益至上主義や予算必達を求める圧力をかけ，それを達成するため，多額の不適切な会計処理が継続的になされたと分析しています。また，経営トップらが利益額の数字を優先するあまり，適切な会計処理の意識や知識が欠如していた点もまた厳しく指摘しています。さらに，同社では，上司に逆らうことのできない企業風土が蔓延していたことも指摘されています。たとえば，いったん，チャレンジと呼ばれる上司の意向が下されると，誰一人反発するものなく，カンパニー長から事業部長そして従業員までその意向に沿った不適切な会計処理が継続的に実行されるような企業文化が形成されていたのです。このような不正会計事件が発覚した結果，東芝では，会社が長年築いてきたブランド・イメージが失墜，業績不振となり，歴代3社長が辞任し，8人の取締役もまた辞任に追い込まれる事態となりました。

## 8-5-4 日産ゴーン事件

　倒産寸前の日産自動車をＶ字回復させ，フランスのルノー会長，日本の日産自動車と三菱自動車工業それぞれの会長を兼務し，これら３社を束ねる「ルノー・日産・三菱アライアンス」の会長兼最高経営責任者（ＣＥＯ）にも就任したカルロス・ゴーン（Carlos Ghosn）氏が2018年11月に逮捕された事件は，世界中を駆け巡りました。その主な容疑とは，役員報酬の過少記載，海外高級住宅の無償使用，会社資金の私的流用疑惑であり，その結果，ゴーン氏は，会長職やＣＥＯ職を追われることとなりました。

　ゴーン氏の疑惑のなかで報酬過少記載事件について触れましょう。東京地検特捜部は，平成21年度から26年度までの５年間にわたる約50億円もの報酬過少記載と平成27年度から29年度までの３年間に約40億円の報酬過少記載について，金融商品取引法違反容疑でゴーン氏を逮捕しました。金融商品取引法では，「有価証券報告書」と呼ばれる事業年度ごとに事業内容，業績，見通し，財務状況，従業員数，役員報酬，株主状況などが記載された資料の提出が義務付けられています。ゴーン氏は，金融商品取引法で定められた有価証券報告書における役員報酬の虚偽記載の禁止に触れた可能性が問われています。崩れかけていた日産自動車を短期間でＶ字回復させたゴーン氏の経営手腕は，誰もが認めるところですが，長い間，トップの座に君臨した影響が驕りや緩みを生み出し，事件を招いた可能性は否定できないと言えるかもしれません。

# 第 9 章

# 税金を知る

## 9-1 税金とは何か

### 9-1-1 税の歴史

　わが国の税の歴史を振り返ってみましょう。税の起源は，3世紀の卑弥呼が支配する邪馬台国まで遡ることができます。というのも，中国の魏志倭人伝には，税に関する記述が書かれているからです。飛鳥時代になると，大宝律令（701年）が制定され，そのなかで「租」「庸」「調」という税が設けられました。「租」は農民が稲を納める税，「庸」は都での労働（10日）あるいは布を納める税，「調」は特産品を納める税です。

　安土桃山時代になると，豊臣秀吉が「太閤検地」を行い，農地の面積だけでなく，土地の良し悪し，農地の収穫高などを通じて「年貢」を納めさせました。

　江戸時代になると，米で納める「年貢」，街道の関所は「関銭（通行税）」，商人には「株仲間」という商売の特権を認めるかわりに金納させる「運上金・冥加金」がありました。

　明治時代に入ると，1873年，地租改正が実施され，土地の地価に対して3％を貨幣で納めさせました。また，1887年に所得税，1899年に法人税が導入されました。

　時代が大正から昭和に移ると，1940年に「源泉徴収制度」が導入されました。1950年には「シャウプ勧告」に基づき国税と地方税にかかわる税制改革が行われ，今日の税制度の基盤が確立されました。

　平成時代になると，1989年に3％の税金を納める「消費税（付加価値税）」が導入されました。その後，「消費税」は，1997年に5％の税率，2014年に8％の税率となり，元号が「平成」から「令和」に改まった2019年には10％の税率に変わりました。

## 9-1-2　国の財政

　私たちは、「公」の事業のため、国や地方公共団体へ税を納める必要がありますが、現在、国の税収は、いったいどうなっているのでしょうか。それは、財務省が発表する「国の財政状況」を見れば分かります。図表9-1は、国の一般会計歳入額・歳出額の内訳です。歳入額は、簡単に言うと、国のお金の集め方を指し、歳出額とは、国のお金の使い方を示しています。

　財務省によると、平成30年度の歳出額は97兆7,128億円であり、その約76％が「基礎的財政収支対象経費」によって占められています。次いで、国債の返済や利払いを指す「国債費」が全体の約24％を占め、金額ベースでは23兆3,020億円にも及んでいます。

　次に、平成30年度の歳入額は97兆7,128億円となっています。このうち、「租税及び印紙収入」は59兆790億円であり、歳入額に占める割合は約61％を占めるに至っています。歳入額で次に割合が大きいのは、「公債金（つまり、国の借金）」であり、全体の約35％を占める33兆6,922億円となっています。

　それでは、歳入額と歳出額の内訳を見てみましょう。まず、歳入額における「租税及び印紙収入」の内訳を見ると、所得税19.5％、消費税18.0％、法人税12.5％であり、これら3税の割合は全体の約5割規模にも及んでいます。

　これに対し、歳出額における「基礎的財政収支対象経費」の内訳とは、私たちの健康や生活を守る社会保障関係費33.7％、地方公共団体の財政調整に使われる地方交付税交付金等15.9％、公共事業6.1％、文教及び科学振興費5.5％、防衛関係費5.1％、その他9.6％となっています。

　今後とも、超高齢化社会が進むと、「社会保障関係費」は今以上に必要となります。また、周辺国との関係が悪化し、深刻な事態に突入する可能性を考えると、「防衛関係費」は、今後、増額を余儀なくされるかもしれません。こうした国の財源は、私たちが納める税によって支えられていますので、将来的にも、国民や法人の税負担は避けられない状況にあります。

9-1 税金とは何か

### 図表9-1 国の一般会計歳出額・歳入額の内訳

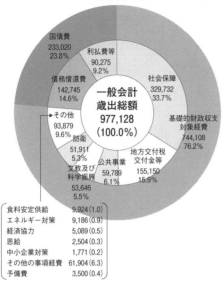

一般会計歳出 （単位：億円）

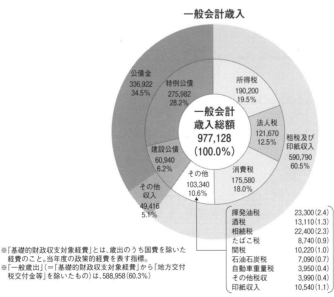

一般会計歳入

※「基礎的財政収支対象経費」とは、歳出のうち国債を除いた経費のこと。当年度の政策的経費を表す指標。
※「一般歳出」（＝「基礎的財政収支対象経費」から「地方交付税交付金等」を除いたもの）は、588,958（60.3%）。

出所）財務省「財政に関する資料」

## 9-1-3 税の種類

　日本の税は，現在，約50種類もあるといわれています。そして，これらの税は，2つの軸のクロスによって整理することができます。ひとつは，税をどこに納めるかによる分類であり，これは「国税」と「地方税」に分けられます。「国税」は，国に納める税を意味し，「地方税」は，地方公共団体に納める税を指します。そして，「地方税」は，さらに「道府県税」と「市町村税」に細分化できます。もうひとつは，税の納め方による分類であり，これは「直接税」と「間接税」に区別できます。「直接税」は，税金を納める人（納税義務者）と税金を負担する人（担税者）が同じである税であり，「間接税」は，税金を納める人（納税義務者）と税金を負担する人（担税者）が異なる税だと言えます。

　こうした「国税」と「地方税」，「直接税」と「間接税」のそれぞれのクロスから，税の体系と種類は，図表9-2のように整理することができます。まず，「国税」で「直接税」に該当する税には，「所得税」「法人税」「相続税」「贈与税」などがあげられます。次に，「地方税（道府県税）」で「直接税」には，「道府県民税」「事業税」「自動車税」などがあげられ，「地方税（市町村税）」で「直接税」には，「市町村民税」「固定資産税」「軽自動車税」などがあげられます。

　一方，「国税」で「間接税」には，「消費税」「酒税」「たばこ税」「関税」などがあります。また，「地方税（道府県税）」で「間接税」には，「地方消費税」「道府県たばこ税」「ゴルフ場利用税」などがあり，「地方税（市町村税）」で「間

図表9-2　税の体系と種類

|  |  | 直接税 | 間接税 |
|---|---|---|---|
| 国　税 | | 所得税，法人税，相続税，贈与税など | 消費税，酒税，たばこ税，関税など |
| 地方税 | 道府県税 | 道府県民税，事業税，自動車税など | 地方消費税，道府県たばこ税，ゴルフ場利用税など |
| | 市町村税 | 市町村民税，固定資産税，軽自動車税など | 市町村たばこ税，入湯税など |

出所）国税庁ＨＰ「税の学習コーナー」

接税」には,「市町村たばこ税」「入湯税」などがあげられます。

　「直接税」と「間接税」のバランスを「直間比率」といいます。財務省によると,日本の直間比率は66：34,アメリカは78：22と直接税が高く間接税が低くなっています。一方,イギリスの直間比率は56：44,ドイツは53：47,フランスは55：45と直接税と間接税がほぼ同じ割合になっています。

## 9-2　税のルール

### 9-2-1　税の意味

　税（金）とは何でしょうか。辞書を引くと,税金とは,国や地方公共団体が活動するために必要な費用を徴収するお金だと書かれています。つまり,税金とは,国や地方公共団体が年金・医療・福祉などの「社会保障」,道路,水道,陸橋のような「社会資本整備」,教育,消防,警察,防衛といった「公共サービス」などの事業を行うための費用を国民が負担するものです。

　日本国憲法第30条には,『国民は,法律の定めるところにより,納税の義務を負ふ』と明記されています。つまり,納税は国民の義務であり,これを誤魔化したり,怠ることは違反行為です。なお,日本国憲法には,教育の義務（26条2項）,勤労の義務（27条1項）,納税の義務（30条）が「国民の3大義務」と記載されています。

### 9-2-2　税の機能

　税の機能（役割）とは,いったい何でしょうか。この点について,財務省は3つの機能を取り上げています。第1は「財源調達機能」です。たとえば,「年金」「医療」「福祉」「水道」「道路」「教育」「警察」「消防」「防衛」などの公的サービスは,私たちの暮らしに欠かせないものです。しかし,それには,多額の費用がかかります。税とは,こうした「公的サービス」の財源を確保するための基本的な手段であり,重要な役割を果たしています。

　第2は,「所得再分配機能」です。これは,所得や資産があるため税を負担する能力のある人からより多くの税を課し,所得や資産が少なく税を負担する

能力のない人には，少なく課税することです。つまり，税の支払能力がある人もない人も，同じ社会保障を平等に受けられるようにするため，富を再配分することが税制の大切な役割なのです。

第3は，「経済安定化機能」です。これは，好景気（需要＞供給）の時は，税収を拡大して総需要を抑制し，物価の高騰（インフレ）を調整する一方，不景気（需要＜供給）の時には，税収を減らして積極財政で総需要を刺激するなど，税制が景気変動の調整弁として作用することです。このような調整弁としての役割は，自動調節機能（ビルトイン・スタビライザー）と呼ばれています。

### 9-2-3　税の3原則

税には，3つの基本原則があります。それは「公平・中立・簡素」というものです。財務省によると，1つ目の「公平の原則」は，納税者が個々の負担能力に応じて税金を支払うことであり，これには，3つのルールが存在します。①経済力が同等の人には同等の負担を求める「水平的公平」，②経済力のある人からより大きな負担を求める「垂直的公平」，③現在の世代と将来の世代を比較し，税負担の公平を保つという「世代間の公平」です。2つ目は「中立の原則」です。これは，税制が個人や企業の経済活動における選択を歪めないようにするものです。3つ目は「簡素の原則」です。これは，税制のしくみをできるだけ簡素化し，納税者に理解しやすくするものです。

## 9-3　主要な税

### 9-3-1　法人税

「法人税」は，法人の企業活動によって得られる所得に対して課せられる税です。その目的は，言うまでもなく，国の財政確保のためです。財務省によると，法人税の基本税率は，年々，引き下げられる傾向にあります。1984年（昭和59年）の段階で43.3％であった基本税率は，1999年（平成11年）には30％まで引き下げられ，2012年（平成24年）には，さらに25.5％まで引き下げられ，2018年（平成24年）にはついに23.2％となりました（図表9-3）。

9-3 主要な税

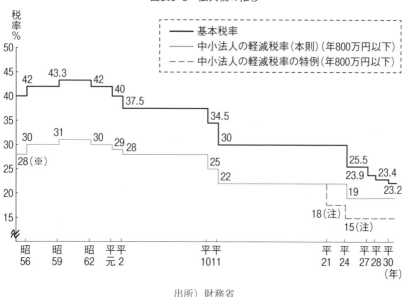

図表9-3　法人税の推移

出所）財務省

　この背景には，いくつかの国の思惑があります。それは，①海外からの企業進出が増えて日本経済の活力が高まる，②日本企業が国内にとどまり，雇用を下支えてくれる（産業空洞化の回避），③より多くの企業が税金を払ってくれる，④減税によって生まれたお金が設備投資や社員の給与アップにつながることです。このように法人税の基本税率は，所得税などとのバランスを図りながら，その時々の財政事情や経済情勢を勘案しながら決定される税を指します。

　ところで，法人を対象とする税は，国に支払う「法人税」だけではありません。地方公共団体に支払う「法人住民税」や「法人事業税」もまた存在します。こうした「法人税」「法人住民税」「法人事業税」の3つを合算した税率を「法人実効税率」と呼んでいます。

　世界各国の「法人実効税率」を比較してみましょう。財務省によると，2018年度の日本の「法人実効税率」は29.74％でした（2015年度は37.00％）。これに対し，フランスは33.33％，ドイツ29.83％，アメリカ27.98％，中国25.00％，

イギリス19.00％となっています。したがって，日本は，以前のように「法人実効税率」が突出して高い国家では，もはやありません。

### 9-3-2 法人税減税の実態

「法人税」減税による効果は，いったいどうなったのでしょうか。新聞記事等によると，2018年3月期における東証1部上場企業の売上高は500.7兆円，営業利益は37.8兆円，純利益は30兆円となり，どれも過去最高を更新しました。一方，2017年度の上場企業全体の「配当総額」は13.5兆円となり，やはり過去最高を記録しました。リーマンショック後の2009年度の「配当総額」は約5兆円強なので，約2.7倍も増加したことになります。「内部留保（利益剰余金）」は，法人企業統計によると，2017年度の時点で446兆円となり，過去最高を更新しました。リーマンショック前の2007年度が269兆円でしたので，約10年間で177兆円も会社の蓄えは拡大しています。名目GDPに対する「設備投資」の割合もまた，2010年以降，右肩上がりで上昇しています。

さて，このように「法人税」減税の効果は，企業の業績を回復させ，株主への配当を拡大し，企業の内部留保の充実をもたらしました。しかし，「実質賃金」については，残念ながら結びついていないのが大きな課題です。「実質賃金」とは，支給された額面の賃金（名目賃金）からモノやサービスの物価の変動分を調整したものです。「実質賃金」が伸び悩んでいるのは，「法人税」減税の恩恵が「会社」や「株主」そして「経営者」へ集まり，「労働者」へ還元されていないことを物語っているのです。

### 9-3-3 所得税

「所得税」は，個人の所得に対して課せられる税です。このため，税率は一律何％ではありません。支払能力に応じて公平に税を負担するしくみとなっています。つまり，所得が低い人には低い税率を設定し，所得が高い人には高い税率を設けるしくみとなっています。これを「累進課税制度」といいます。たとえば，課税される所得金額が350万円の人の場合は，税率が20％，控除額は

図表9-4 所得税の速算表

| 課税される所得金額 | 税率 | 控除額 |
|---|---|---|
| 195万円以下 | 5% | 0円 |
| 195万円を超え 330万円以下 | 10% | 97,500円 |
| 330万円を超え 695万円以下 | 20% | 427,500円 |
| 695万円を超え 900万円以下 | 23% | 636,000円 |
| 900万円を超え 1,800万円以下 | 33% | 1,536,000円 |
| 1,800万円を超え 4,000万円以下 | 40% | 2,796,000円 |
| 4,000万円超 | 45% | 4,796,000円 |

出所）国税庁

427,500円なので，計算式は「350万円×20％－42万7,500円＝27万2,500円」となります。税率から控除額を差し引くことで，所得の低い人が高い税率を課されるという不公平を少なくしているわけです。

2015年の税制改正によって，所得税の税率は，5％から45％の7段階に区分されました。課税される所得金額に対する所得税の金額は，図表9-4のとおりです。課税される所得金額が195万円以下の場合は，税率5％で控除額は0円です。所得金額が195万円を超え330万円以下である場合は，税率10％で控除額は97,500円です。所得金額が330万円を超え695万円以下の場合は，税率20％で控除額は427,500円です。所得金額が695万円を超え900万円以下の場合は，税率23％で控除額は636,000円です。所得金額が900万円を超え1,800万円以下の場合は，税率33％で控除額は1,536,000円です。所得金額が1,800万円を超え4,000万円以下である場合は，税率40％で控除額は2,796,000円です。そして，所得金額が4,000万円超の場合は，税率45％で控除額は4,796,000円となります。

## 9-3-4 消費税

「消費税」は，製品やサービスの消費が行われることに着目して課せられる税です。消費税は，「付加価値税」とも呼ばれ，所得の大小を問わず，一律公平に負担を求める税のため，貧しい人ほど税負担が増える特徴を有しています。

第9章 税金を知る

これを「逆累進性」といいます。

　消費税に関する納税負担者は消費者ですが，納税義務者は各事業者が負担します。図表9-5を見てください。これは，消費税が10％の場合の転嫁ケースです。

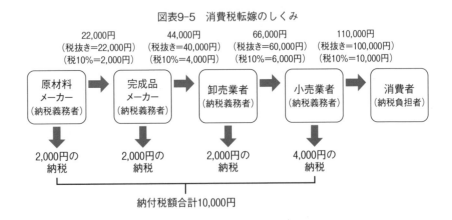

図表9-5　消費税転嫁のしくみ

　原材料メーカーは，自社で製造した原材料を税込み価格22,000円（税抜き20,000円，税2,000円）で完成品メーカーへ販売し，2,000円の消費税を納税します。

　完成品メーカーは，税込み価格22,000円で購入した原材料を加工・組立てて完成品を作り，完成品を税込み価格44,000円（税抜き40,000円，税4,000円）で卸売業者へ販売し，2,000円（4,000円－2,000円）の消費税を納税します。

　卸売業者は，税込み価格44,000円で購入した商品（完成品）を税込み価格66,000円（税抜き60,000円，税6,000円）で小売業者へ販売し，2,000円（6,000－4,000円）の消費税を納税します。

　小売業者は，税込み価格66,000円で購入した商品（完成品）を税込み価格110,000円（税抜き100,000円，税10,000円）で消費者へ販売し，4,000円（10,000－6,000円）の消費税を納税します。

　よって，この商売における納付税額合計は10,000円のように計算されます。

　消費税の歴史は，1989年に消費税が導入され，税率３％からスタートしまし

た。その後，消費税の税率は，何回かにわたり改正されました。1997年には5％に改正，2014年には8％へ改正されました。そして，2019年には10％まで引き上げられるとともに，低所得者への負担増に配慮し「軽減税率」が実行されました。「軽減税率」とは，特定の品目の課税率を低く定めることです。今回は，「酒類・外食を除く飲食料品」と「定期購読契約が締結された週2回以上発行される新聞」が軽減税率対象品目として，税率は8％（国6.24％，地方1.76％）となっています（標準税率は10％（国7.8％，地方2.2％））。

　消費税率の国際比較を見ると，世界には日本の倍以上の消費税率の国が数多く存在します。とりわけ，欧州地域の北欧諸国では，軒並み20％以上もの税率となっています。たとえば，スウェーデン25％，デンマーク25％，フィンランド24％，ノルウェー25％のように高い税率がセットされています。また，それ以外の欧州の主要国でも，ドイツ19％，フランス20％，イギリス20％，イタリア22％，オランダ21％，スペイン21％，ポルトガル23％と日本の倍か倍以上の税率が設定されています。それでは，なぜ欧州諸国は，消費税率が高いのでしょうか。それは，特に北欧諸国の政策が「高福祉高負担」であるからです。つまり，医療や介護・福祉，育児や教育などの公共サービスの充実を図るため，消費税を含む税率が高く設定されているのです。併せて，北欧諸国では，国民が政府や政治家を信頼しているため，喜んで税金を支払うとも言われています。というのも，北欧の政治家の報酬は低く，なかにはボランティアとして働く議員もいるからです。彼らは，高い報酬だから議員になるのではなく，自分の国を良くしたいからという一念で政治を志した人物なので，国民は政治家を信じて安心して納税すると言われています。

## 9-4　税の支払い方の違い

### 9-4-1　サラリーマンは「源泉徴収」と「年末調整」

　サラリーマンは，会社から給与や賞与を受け取ると所得が発生します。すると，国へ所得税を支払わなければなりません。ところが，サラリーマンは，自分で支払うべき所得税を税務署へ行って支払うことはありません。なぜなら，

会社が給与や賞与からあらかじめ所得税額を控除し，そのお金をサラリーマンに代わって税務署へ納付しているからです。

会社が給与や賞与から所得税を差し引く行為を「天引き」と呼び，サラリーマンに代わり税務署へ納めることを「源泉徴収」といいます。併せて，会社がその年にサラリーマンへ支払った給与や賞与などの総額と源泉徴収した所得税額が記載された書類を「源泉徴収票」といいます。サラリーマンは「給与所得の源泉徴収票」が対象であり，年末になると会社から貰うことができます。

図表9-6は，「給与所得の源泉徴収票」の原本です。「支払金額」「給与所得控除後の金額」「所得控除の額の合計額」「源泉徴収税額」が特に大切な項目としてあげられます。

ところで，「源泉徴収」された金額は，あくまでも概算です。つまり，仮払いの状態であり，それを確定させるため，扶養家族の有無（扶養控除），配偶者の有無（配偶者控除），生命保険料，地震保険料，社会保険料の支払負担（保険料控除）などの「所得控除」を年末に申告します。そして，こうした「所得控除」を計算し直して精算することを「年末調整」といいます。その結果，所得税を払い過ぎていれば「還付」を受けることができ，支払いが足りなければ追加で「徴収」を払うことになります。

### 9-4-2　個人事業主は「確定申告」

サラリーマンは，会社が「源泉徴収」+「年末調整」を通じて所得税を支払ってくれますが，個人事業主は，所得税を自分で計算するか，それとも税理士に依頼するかして税務署に納税しなければなりません。これを「確定申告」といいます。「確定申告」は，1月1日から12月31日までに得た所得金額とそれにかかる所得税額を計算して税務署に申告することです。

「確定申告」には，「白色」と「青色」の2種類があります。「白色申告」は，簡単な帳簿付けのため節税効果が低く，「青色申告」は，厳密な帳簿付けのため節税効果が大きいという違いがあります。

## 図表9-6 「給与所得の源泉徴収票」の原本

支払を受ける者　住所又は居所

(受給者番号)

(個人番号)

(役職名)

氏名　(フリガナ)

| 種別 | 支払金額 | 給与所得控除後の金額 | 所得控除の額の合計額 | 源泉徴収税額 |
|---|---|---|---|---|
| | 内　千　円 | 千　円 | 千　円 | 内　千　円 |

| (源泉)控除対象配偶者の有無等 | | 老人 | 配偶者(特別)控除の額 | 控除対象扶養親族の数(配偶者を除く。) | | | | | | 16歳未満扶養親族の数 | 障害者の数(本人を除く。) | | 非居住者である親族の数 |
|---|---|---|---|---|---|---|---|---|---|---|---|---|---|
| | | | | 特定 | | 老人 | | その他 | | | 特別 | その他 | |
| 有 | 従有 | | 千　円 | 人 | 従人 | 内　人 | 従人 | 人 | 従人 | 人 | 内　人 | 人 | 人 |

| 社会保険料等の金額 | 生命保険料の控除額 | 地震保険料の控除額 | 住宅借入金等特別控除の額 |
|---|---|---|---|
| 内　千　円 | 千　円 | 千　円 | 千　円 |

(摘要)

| 生命保険料の金額の内訳 | 新生命保険料の金額 | 円 | 旧生命保険料の金額 | 円 | 介護医療保険料の金額 | 円 | 新個人年金保険料の金額 | 円 | 旧個人年金保険料の金額 | 円 |
|---|---|---|---|---|---|---|---|---|---|---|

| 住宅借入金等特別控除の額の内訳 | 住宅借入金等特別控除適用数 | | 居住開始年月日(1回目) | 年　月　日 | 住宅借入金等特別控除区分(1回目) | | 住宅借入金等年末残高(1回目) | 円 |
|---|---|---|---|---|---|---|---|---|
| | 住宅借入金等特別控除可能額 | 円 | 居住開始年月日(2回目) | 年　月　日 | 住宅借入金等特別控除区分(2回目) | | 住宅借入金等年末残高(2回目) | 円 |

(源泉・特別)控除対象配偶者　(フリガナ)　氏名　個人番号　区分

配偶者の合計所得　円　国民年金保険料等の金額　円　旧長期損害保険料の金額　円

控除対象扶養親族　1～4　(フリガナ)　氏名　区分　個人番号

16歳未満の扶養親族　1～4　(フリガナ)　氏名　区分

(備考)

| 未成年者 | 外国人 | 死亡退職 | 災害者 | 乙欄 | 本人が障害者 特別 | 本人が障害者 その他 | 寡婦 一般 | 寡婦 特別 | 寡夫 | 勤労学生 | 中途就・退職 就職 | 退職 | 年 | 月 | 日 | 受給者生年月日 明 | 大 | 昭 | 平 | 年 | 月 | 日 |
|---|---|---|---|---|---|---|---|---|---|---|---|---|---|---|---|---|---|---|---|---|---|---|
| | | | | | | | | | | | | | | | | | | | | | | |

(税務署提出用)

支払者　個人番号又は法人番号　(右詰で記載してください。)

住所(居所)又は所在地

氏名又は名称　(電話)

整理欄　375

出所）国税庁

### 9-4-3 副業サラリーマンは「確定申告」が必要

　最近，副業を解禁する日本の会社が増えてきました。その結果,「副業サラリーマン」が拡大しています。サラリーマンの副業には，アフィリエイト（成果報酬型の広告）や株式投資まで実に様々ですが，副業を通じて本業以外に所得が発生するため,「確定申告」が発生します。

　「副業サラリーマン」が「確定申告」しなければならないケースは，どんな時でしょうか。それは，副業によって得た所得が20万円以上なら「確定申告」が必要でそれ以下の場合は不要です。

　他にも，サラリーマンで給与の年間収入が2,000万円を超える場合には，年末調整が行われなくなり，確定申告の義務が発生します。また，サラリーマンで「医療費控除」「寄附金控除」「住宅ローン控除」から税金の還付を受ける場合には,「確定申告」が必要となります。

## 9-5　税の節税

### 9-5-1　企業減税

　消費税率が上がり，国民消費者の負担は拡大しています。その一方で，法人税が下がり，会社の負担は軽減する方向にあります。私たちの多くは，会社で働き，会社と取引して給与所得を得ています。このため，会社が儲かることは大切です。もし，会社が赤字で困ったら，まず雇用が削減されます。給与も減ります。その結果，衣食住の消費ができなくなります。こうしたことから，国民の税負担を上げ，会社の税負担を下げる政策が次々に打たれています。

　会社の税負担を軽減させる政策には，次のようなものがあります。たとえば，2019年の「税制改正大綱」を見ると，①大企業や研究開発型ベンチャーを対象に研究開発税制の法人税額の控除上限を引き上げ，②研究開発型ベンチャー企業との共同研究や委託研究にかかる費用の控除割合を引き上げ，③中小企業の法人税の軽減税率の特例や中小企業向け投資促進税制の延長等，④地方の中小企業に対する設備投資減税，⑤大企業同士の委託研究（オープン・イノベーション）の費用を法人税額から控除できるしくみの開設などが指摘されています。

つまり，大企業や研究開発型ベンチャーは研究開発投資減税，中小企業は設備投資減税等を通じて，法人税の減税という特典を与えているのです。

## 9-5-2 ふるさと納税

「ふるさと納税」について触れてみましょう。税を納めることを「納税」といいますが，「ふるさと納税」とは，私たちが税金を納めることではありません。それは，私たちが都道府県や市町村へ寄附を行うと，寄附したお金はその年の所得税から還付されるだけでなく，翌年度の個人住民税より控除されます。但し，「ふるさと納税」を通じて控除を受けるには，「確定申告」の手続きが必要であり，寄附したら自動的に税金が安くなることはありません（「確定申告」の他に，「ワンストップ特例制度」があります。これは，年間の寄附先が5自治体までなら，確定申告をしなくても，寄附金控除が受けられるしくみです）。

図表9-7は，「ふるさと納税」のしくみ（確定申告する場合）です。①寄附者は，自分のふるさとや応援したい都道府県や市町村へ寄附をします。②しばらくすると，寄附した都道府県や市町村から寄附金受領証明書が届きます。③寄付者は，税務署に確定申告します。④すると，所得税が還付されます。⑤また，後日，住民税が控除されます。

こうして都道府県や市町村は，「ふるさと納税」によって「歳入の増加」「地域の活性化」「地域の課題解決」が可能となり，寄附者もまた「ふるさと貢献」「税金の控除」「返礼品がもらえる」など，双方にメリットが発生する制度となっています。

図表9-7　ふるさと納税のしくみ

出所）ふるさとチョイス

## 9-5-3　タックス・ヘイブン

　タックス・ヘイブン（Tax Haven）という言葉をご存知ですか。これは，「租税回避地」と訳され，会社の税金（法人税や所得税など）が免税または減税される国や地域のことです。経済協力開発機構（OECD）によると，「タックス・ヘイブン」とは，資本収入に対して税金を課さないか，ほとんど課さない権限を持ち，次の特徴のうち1つを備えている場所のように定義しています。①透明性が欠如している，②外国政府に対して情報の提供を拒否する，③架空の企業を作れる可能性を持つなどです。

　このような性格を有する「タックス・ヘイブン」が今，グローバル企業や富裕層の税金逃れや資金隠し隠れ蓑として利用されています。すなわち，大企業や富裕層は，自国の高い税率を回避するため，「タックス・ヘイブン」の国々にペーパーカンパニーの設立や現地の銀行に口座を開設し，稼いだお金や所得を移転（Capital Flight）します。すると，国内の納税負担を回避しながら，「タックス・ヘイブン」の国々では免税や減税などの税優遇が受けられるのです。

　近年，「タックス・ヘイブン」は，国際的な問題としてよく取り上げられます。「パナマ文書」や「パラダイス・ペーパー」など，世界の大企業や富裕層による「タックス・ヘイブン」の利用実態が記載された資料が次々にリークされ，著名な大企業の経営者や投資家の隠れ資産の実態が暴露されました。併せて，政治家やプロスポーツ選手の課税逃れの実態もまた浮き彫りとされました。

　フランスの経済学者で『21世紀の資本（Capital in the Twenty-First Century）』の著者として世界的に有名なトマ・ピケティ（Thomas Piketty）は，「タックス・ヘイブン」について「一部の富裕層や多国籍企業を利するだけで不平等を拡大させている」「世界全体の富や福祉の増進に何ら寄与せず経済的な有益性はない」と述べ，これを強く批判しています。

　「タックス・ヘイブン」を巡る問題は，これだけではありません。本国からの取締りが困難という点に目を付けた暴力団やマフィアの資金そして第三国からの資金が「タックス・ヘイブン」へ大量に流入しています。また，本国での税金徴収を逃れるために，「タックス・ヘイブン」を利用している悪質な脱税

者もいるようで，これは，マネーロンダリング（Money Laundering）と呼ばれています。「マネーロンダリング」は，「資金洗浄」と訳され，犯罪行為によって得られた収益金の出所などを隠蔽してしまう行為であり，各国では「タックス・ヘイブン」の監視強化と有害税制の対策に取り組んでいます。

# 第10章

# 賃金を知る

## 10-1 賃金

### 10-1-1 賃金の決定基準

　第4章の1-1「労働契約」でも触れたとおり，労働者は雇用者に労働力を提供し，その見返りとして雇用者は労働者に対して賃金を支払う必要があります。それでは，賃金とは，具体的に何を基準にして支払われるのでしょうか。それには，2つの基準があげられます。

　ひとつは，人（労働者）を基準とするものであり，主に日本の会社が採用する賃金制度とされています。これは，労働者の年齢や勤続年数によって賃金を決定する「年功給」と労働者の職務遂行能力の高い低いかで賃金を決定する「職能給」に分けられます。

　もうひとつは，仕事を基準としたやり方であり，主にアメリカの会社が採用する賃金制度とされています。これは，仕事の難易度や責任の重さから賃金を決める「職務給」と仕事の業績や成果から賃金を決める「成果給」に分けられます（図表10-1）。

図表10-1　賃金の決定基準

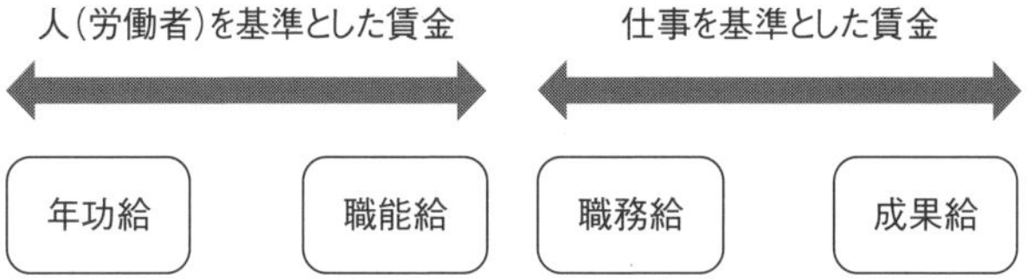

人（労働者）を基準とした賃金　　　仕事を基準とした賃金

年功給　　職能給　　職務給　　成果給

　「年功給」は，年齢や勤続年数の長さに基づき賃金が支払われます。なので，年齢や勤続年数が上がるたびに賃金もまた上昇するため，労働者は安心して働くことができます。その反面，どんなに働いて成果を出しても，賃金には反映されないため，モチベーションが低下する課題もあります。

「職能給」は，労働者の職務遂行能力の基づき賃金が支払われるものです。よって，労働者自身の職務能力が向上するほど，高い報酬を手に入れられるための動機付けにつながります。しかし，その欠点としては，職務遂行能力の中味があいまいではっきりしないことに加え，一般に，勤続年数の浅い若年労働者に比べ，長い労働者ほど職務能力が高く，賃金の不平等が促進される課題もあります。

　「職務給」は，職務（仕事）の価値に対して賃金が支払われます。このため，仕事の価値が明確であり，誰から見ても賃金の支払いは公平となります。その一方で，高い賃金の仕事を得た人と低い仕事に従事する労働者の間で所得格差が生まれることが課題となります。

　「成果給」は，仕事の成果や成績を評価して賃金を支払うものです。このため，成果や成績が上がると，賃金が上昇するため，労働者のやる気を高めることができます。しかし，がんばっても成果がでないと賃金は上がらず（逆に下がってしまうため），やる気を失ってしまう可能性もあります。また，評価を上げようとみんなが頑張ると，長時間労働が促進してしまう課題も指摘されます。

## 10-1-2　給与明細書の読み方

　次に，給与明細書の見方について学びましょう。図表10-2のとおり，給与明細書は，「勤怠」「支給」「控除」という３つの項目からできています。「勤怠」とは，月々の出勤日数や残業時間等を明記した項目です。「支給」とは，月々の基本給，各種手当等の支給されるお金を表した項目です。「控除」とは，月々の健康保険料，厚生年金，雇用保険料や所得税，住民税など控除されるお金を取り上げた項目です。

　この給与明細書のなかで特に重要な項目として「基本給」があげられます。というのも，「基本給」が残業代，賞与・ボーナスそして退職金の基準となるからです。つまり，「基本給」が高いと，残業代，賞与・ボーナス，退職金が割高となり，逆に低いと割安となってしまうのです。また，会社の中には，あら

かじめ「基本給」のなかに残業代を組み入れて支払う場合があります。これは「みなし残業」または「固定残業」と呼ばれています。

最後に，図表10-2のような給与明細書は，標準化されているものではなく，会社ごとにそれぞれ異なることに注意してください。

図表10-2　給与明細書のテンプレート

給 与 明 細 書

| 勤怠 | 出勤日数 | 欠勤日数 | 出勤時間 | 残業時間 |
|---|---|---|---|---|
| | 19.0 | 0.0 | 162.0 | 10.0 |

| 支給 | 基本給 | 役職手当 | 残業手当 | 通勤手当 | | | 総支給額 |
|---|---|---|---|---|---|---|---|
| | 240,000 | 40,000 | 40,000 | 20,000 | | | 340,000 |

| 控除 | 健康保険料 | 介護保険料 | 厚生年金 | 雇用保険料 | 所得税 | 住民税 | 控除計 |
|---|---|---|---|---|---|---|---|
| | 16,830 | | 31,110 | 1,020 | 7,280 | 20,000 | 76,240 |

| | 差引支給額 | 263,760 |
|---|---|---|

出所）リクナビNEXT

## 10-1-3　ストックオプション

ストックオプション（Stock Option）とは，役員や社員に対して会社があらかじめ定められた価格で自社株を購入できる権利を付与する制度をいいます。あらかじめ決められた購入価格より株価が上昇した場合，市場より安い価格で自社株を購入することができ，株式市場で売却すれば，その差額をキャピタルゲイン（Capital Gain：株式の値上がり益）として入手することができます。

図表10-3は，ストックオプションのケースです。まず，会社からストックオプションとして，自社株を1,000円で購入できる権利が付与されます。その後，自社株が1,500円まで上がったところで権利を行使します。しかし，株価はドンドン上がり，2,000円まで来た段階で株式を売却します。すると，差額分である1,000円の売却益（Capital Gain）を得ることができるというしくみです。

ストックオプションは，今日の役員報酬の大半を占めています。ウイリス・

図表10-3　ストックオプションのケース

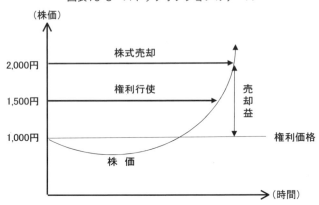

　タワーズワトソンがまとめた「日米英独仏の5カ国における売上高等1兆円以上企業のＣＥＯ（最高経営責任者）報酬比較（2019）」によると，日本のＣＥＯ報酬総額の中央値は1億6,000万円であり，報酬全体に占める基本報酬の割合は42％，業績連動報酬（ストックオプション等）の比率は58％でした。これに対し，アメリカのＣＥＯ報酬総額の中央値は14億8,000万円にも達する一方で，報酬全体に占める基本報酬の割合は，10％に過ぎず，業績連動報酬の比率は90％にも及んでいます。イギリスもまたＣＥＯ報酬総額の中央値は6億1,000万円ですが，報酬全体に占める基本報酬の割合は24％，業績連動報酬の比率は76％にも達しています。

## 10-1-4　退職金と賞与

　労働者が退職時に受け取れるお金を「退職金」といいます。「退職金」を受け取る方法には，3種類あります。第1は，退職する時に全額を一括で受け取る「退職一時金」です。第2は，全額年金として会社が運用したものを分割で受け取るやり方です。第3は，一時金と年金を同時併用するやり方です。

　「退職金」は，法律によって義務付けられていません。就業規則等に記載されていない場合，会社は，労働者に退職金を支払う義務はありません。このた

め，不景気が長期化した結果，会社の都合で退職金制度が廃止されることもあります。また，企業年金で運用する場合，運用利率が低下して退職金が減少してしまう危険性にも注意が必要です。

次に「賞与」とは，厚生労働省によると，「定期又は臨時に労働者の勤務成績，経営状態等に応じて支給され，その額があらかじめ確定されていないもの」と定義されています。「賞与」は「ボーナス」とも呼ばれ，一般的に日本では，夏（6月）と冬（12月）の2回，「夏のボーナス」と「冬のボーナス」として支給されます。

「賞与」の支給もまた，法律で定められたものではありません。支給の有無や金額等については，基本的に会社が自由に定めることができます。このため，不景気となり，業績が悪化した時，会社の都合により，賞与・ボーナスがカットされる場合もあります。

## 10-2　人事評価

### 10-2-1　人事評価とは何か

「人事評価」は，労働者の能力や企業への貢献度について評価を行い，賃金や処遇に反映させることです。このため，不公平で間違った評価がなされた場合，労働者のモチベーションは大幅に低下し，職場のトラブルまで発展することも危惧されます。したがって，公平で正確な「人事評価」制度を創造し，適用することは，会社にとって重要なミッションとなります。

人事評価の手法は，主に3つあげられます。それは，労働者の「成績評価」「能力評価」そして「態度評価」です。まず，仕事の速さや正確さを問う「成績評価」の手法には，ある期間内における自らが課した目標の達成度を評価する「目標管理制度」があります。これは「ＭＢＯ（Management by Objectives）」とも呼ばれ，会社（上司）と労働者（部下）の間であらかじめ目標を設定し，期末の段階でその到達度を評価するやり方です。このメリットは，ある期間内に達成すべき具体的な内容が示されているため，評価しやすい点があげられます。逆にデメリットは，仕事の性格によって具体的な内容に分解できない場合

があることです。また，掲げられた目標の達成に集中するあまり，それ以外の仕事には見向きもしなくなる危険性があります。さらに，目標を設定する段階で意図的に目標水準を下げて設定する可能性も否定できません。

次に，理解力，判断力，表現力，企画力，専門知識，業務知識，スキルなどを問う「能力評価」の方法には，個人の職務遂行能力を見極める「コンピテンシー評価」があげられます。「コンピテンシー（Competency）」とは，成果につながる行動特性のことであり，このため「コンピテンシー評価」は，優れた成績を上げている社員に共通する行動特性を評価基準として設定するやり方です。このメリットは，実践的で具体的な評価基準を基に評価できることです。逆にデメリットは，誤った行動特性を評価基準とした場合，効果的な結果は得られないことがあげられます。

最後に，協調性，責任感，意欲などを問う「態度評価」の方法には，仕事上で関係を持つ多様な人物が労働者を評価する「360度評価」があげられます。「360度評価」は，上司や同僚，部下などの異なる視点から本人を多面的に評価するやり方です。これにより，日ごろからの勤務態度や勤労意欲そして職場に及ぼす影響などが評価できます。逆に課題としては，周りからの評価を恐れるあまり，適切な対処や行動ができなくなります。また，職場内の人間関係が悪くなる可能性もあげられます。

### 10-2-2　人事評価の歴史

ここで人事評価の歴史を紐解いてみましょう。戦後から1980年代まで，日本では「終身雇用」や「年功序列」といった日本型経営が広く普及しました。このため，人事評価は，年齢とともに賃金がアップする「年功賃金」や職務遂行能力に対して賃金が支払われる「職能給」が多くの会社に導入されました。

1990年代になると，バブル経済の崩壊に伴い，伝統的な日本型経営が否定され，これに取って代わるようにアメリカ型の「成果主義」や「目標管理制度」が導入されました。

2000年代は，リーマンショックが世界を席巻するなか，行き過ぎた「成果主

義」が修正され，よりマイルドな「成果主義」となって採用されました。また，「目標管理制度」は引き続き，導入が進みました。そんななか，新たな人事評価の手法として「コンピテンシー評価」が登場し，急速に普及が進みました。

そして，2010年代には，これまでのランク付け評価制度が見直され，新たに労働者を年次評価しない「ノーレイティング」と呼ばれる画期的な手法が開発され，アメリカでは普及しています。GE，GAP，アクセンチュア，ゴールドマン・サックス，IBM，マイクロソフトなどの有力な会社では，従来からの評価制度をすでに廃止したそうです。また，日本でもヤフーが2012年から毎週1回，30分程度，上司と部下が対話する「1 on 1ミーティング」を実施しています。これは，対話を通じて部下の業績を評価することではなく，上司が部下の成長支援や目標達成のサポートを行う手法であり，組織力の向上など大きな効果を上げているそうです。

### 10-2-3 ノーレイティング

「ノーレイティング（No Rating）」は，労働者をランク付けせず，その代わりに上司と部下の間でコミュニケーションを頻繁にとりながら，コーチングを通して育成しつつ，上司の裁量でその都度賃金を決定するやり方です。

従来の評価（Rating）制度は，最初に目標を設定し，期末に達成度を評価したうえで，A，B，C，D，Eといったランク付けをして報酬を決めるやり方でした。ところが，このようなやり方は，却って労働者のモチベーション低下を引き起こし，トラブルや生産性の低下につながります。また，A，B，C，D，Eとランク付けする場合，ヒトの特性でほとんどの労働者の評価は，「B」「C」「D」という真ん中付近に集中しがちなため，これでは正しい評価とはいえません。さらに，1年間の評価を期末に集中して行うため，現在の自分ではなく，過去の自分が評価されるという構造的な問題があります。そこで，最近のアメリカの会社では，従来のランク付けを廃止（ノーレイティング）し，上司と部下が徹底的に対話を繰り返して内発的なモチベーションを喚起しながら，その都度，評価していくやり方が主流となりつつあります。

## 10-3 福利厚生と社会保険

### 10-3-1 福利厚生とは何か

「福利厚生」とは，労働者（とその家族）へ提供される賃金以外の報酬サービスです。辞書を引くと，「福利」とは幸福と利益を指し，「厚生」とは身体や生活を豊かにすることとされています。このため，「福利厚生」とは（労働者）に幸福と利益を与え，健康や生活を豊かにすることと定義できます。

「福利厚生」の目的とは，いったい何でしょうか。ひとつは，労働者の勤労意欲を高め，会社の満足度を向上させることです。とりわけ，賃金の拠出に限界がある中小企業では，福利厚生の充実を図ることが労働者のモチベーションを高め，動機付けにつながるとも考えられます。

もうひとつは，優秀な人材の採用と定着を実現するためです。リクルートキャリアが民間企業への就職が確定した大学生に行った調査では，「就職先を確定する際に決め手になった項目」を複数選択で質問したところ，第1位は，自らの成長が期待できる（47.1％），第2位は，福利厚生や手当が充実している（37.8％），第3位は，希望する地域で働ける（37.0％）となり，今日の就活生が会社選びの際，福利厚生の充実をかなり重視していることが明らかにされています。

「福利厚生」には，「法定福利厚生」と「法定外福利厚生」があります。「法定福利」とは，法律で実施が義務付けられている厚生のことで，具体的には，社会保険料の負担をいいます。社会保険とは，入社すると強制的に負担が義務付けられる保険であり，たとえば，「健康保険」「介護保険」「厚生年金保険」「雇用保険」「労働者災害補償保険（労災保険）」などがあげられます（但し「介護保険」だけは，40歳になった月から負担義務が生じます）。また，社会保険料のなかで，もっとも割合が大きい厚生年金保険（勤労者が老齢，障害，死亡により賃金を喪失した場合，本人または家族の生活の安定のため年金給付）は，全体の55％を占めています。そして，「法定福利費」は，会社の規模が大きくなるほど，費用は大きくなります。たとえば，従業員が500-999人規模の会社

（68,325円）と5,000人以上の規模の会社（80,554円）に比べると、「法定福利費」は12,229円も違いが生じます。

一方、「法定外福利」とは、会社が独自に導入している厚生をいいます。実施義務が伴う「法定福利」に対し、「法定外福利」は、法律上、実施義務は伴いませんが、労働者の満足度や人材の定着を考えると、その充実は避けられない状況にあります。このため、会社ごとにユニークな福利厚生が導入されるようになりました。

「法定外福利」には、次のようなものがあります。住宅関連（社宅、住宅手当、引っ越し手当）、財産形成関連（財形貯蓄制度、持株会、社内預金）、健康関連（健康診断、人間ドック、メンタルヘルスケア）、育児関連（育児休暇、企業内託児所）、介護関連（介護休暇、介護費用補助）、慶弔関連（慶弔金）、生活支援関連（社員食堂）、自己啓発（資格取得制度、社内留学制度）、余暇支援関連（スポーツクラブ利用補助、保養所）などです。そして、「法定外福利」に占める割合が最も大きいのは住宅関連であり、全体の48％にも及んでいます。「法定外福利費」は、会社の規模が大きくなるほど、費用が高くなります。たとえば、従業員が500-999人規模の会社（16,203円）と5,000人以上の規模の会社（27,196円）に比べると、「法定福利費」は10,993円も違いが生じます。

このように福利厚生（法定外福利）サービスは、豊富で多彩です。しかし、実際には、各種サービスが有効に利用されなかったり、使い勝手の悪いサービスがあることもまた事実です。こうした課題を解消するため、労働者が利用したいメニューを自由に選択できる「カフェテリアプラン」が生まれました。「カフェテリアプラン」のしくみは、会社が労働者へ「福利厚生ポイント」を与え、そのポイントを消化する形で制度を利用するものです。

## 10-3-2 保険のしくみ

会社と社員（労働者）との間には、「ノーワーク・ノーペイの原則（会社は働かなければ支払う必要なし）」と呼ばれるルールがあります。ところが、社員もまた人間ですから、病気やケガをして、長期間、会社を休むかもしれませ

ん。そうなると，休職中は低収入，最悪の場合には無収入となり，生活が困窮する事態を招く恐れもあります。このようにイザという時に備えるため，公的な保険制度への加入が義務付けられています。

保険とは，危機的な状況（リスク）に備え，何もないときに何人かで金銭を出し合って用意しておき，実際に危機的な状況に直面したら，必要な人が金銭等を受け取れるしくみをいいます。そして，何もないときに出し合う金銭は「保険料」，危機的状況のときに受け取れる金銭を「保険給付」と呼びます。

保険制度のプレイヤーには，「社員」「会社」「国・公的機関」の３つの要素があげられます（図表10-4）。すなわち，「社員」は保険制度によって守られる被保険者，「国家」は保険制度を運営する保険者，そして「会社」は保険料の一部を負担する機関（保険料を被保険者の給与から引き，会社負担分と併せて国へ納付）と被保険者資格取得・喪失等の手続きをする機関（雇用する側の責任として，法律で義務付けられている）のように色分けされています。

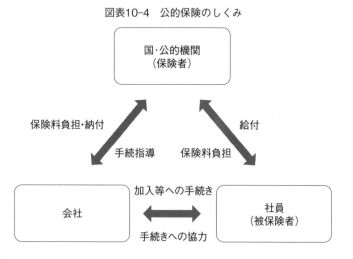

図表10-4　公的保険のしくみ

## 10-3-3 社会保険

「社会保険のてびき」によると，社会保険とは，「不測の事故や老後の生活にそなえ，働く人たちが収入に応じて保険料を出し合い，これに事業主も負担して，いざというときに医療や介護，年金・一時金の給付を行い，生活の安定をはかる目的のため作られた社会的制度」とされています。社会保険の種類には，「公的医療保険」「公的年金」「介護保険」「労災保険」「雇用保険」があります（図表10-5）。

図表10-5　社会保険の種類

|  | 制度 | 被保険者 | 保険者 |
| --- | --- | --- | --- |
| 公的医療保険 | 健康保険 | 民間会社の会社員 | 全国健康保険協会 |
| | 共済組合 | 国家公務員<br>地方公務員<br>私学の教職員 | 共済組合 |
| | 国民年金保険 | 自営業者 | 都道府県・市区町村、<br>国民健康保険組合 |
| 公的年金 | 厚生年金保険 | 民間会社の会社員<br>国家公務員、地方公務員<br>私学の教職員 | 政府<br>（日本年金機構・各共済組合） |
| | 国民年金 | 自営業者、自由業、大学生、無職<br>民間会社の会社員、公務員<br>会社員や公務員の配偶者 | 政府（日本年金機構） |
| 介護保険 | | 65歳以上の人<br>40歳から65歳までの人 | 市区町村 |
| 労災保険<br>（労働者災害補償保険） | | すべての労働者 | 政府（厚生労働省） |
| 雇用保険 | | すべての労働者 | 政府（厚生労働省） |

## 10-3-4 公的医療保険

「公的医療保険」は，ケガや病気のため医療が必要となった時，医療費の一部を負担してくれる制度です。日本では，全ての国民の加入が義務付けられているため，「国民皆保険制度」と呼ばれています。一方，アメリカには，日本のような「国民皆保険制度」がなく，それぞれが任意で民間の保険会社に加入します。このため，もし非加入者が病気やケガで医療行為を受けた場合には，

全額個人負担となり，多額の医療費を請求されることになります。

「公的医療保険」は，加入者のタイプごとに適用される保険が異なります。会社員の医療費を保障するのは「健康保険」，公務員や教職員の医療費を保障するのは「共済組合」，自営業者や専業主婦の医療費を保障するのは「国民健康保険」等となっています。そして，医療費の患者負担割合は，「健康保険」と「国民健康保険」の場合，義務教育就学前が2割負担，義務教育就学後から69歳までが3割負担，70歳から74歳までが2割負担（現役並み所得者は3割負担），75歳以上は1割負担（現役並み所得者は3割負担）となっています。なお，「健康保険」の場合，保険料は，会社（事業主）と本人（被保険者）が折半で負担します。

### 10-3-5　公的年金

私たちは，長いサラリーマン生活が終わると，その後は老後生活に入ります。そして，老後を下支える所得保障として「公的年金」制度があります。私たちは，バリバリ働ける現役時代に年金を積み立て，蓄積された年金資金を老後生活の原資とするのです。全ての国民は，「公的年金」制度の対象となっています。このため，「国民皆年金」と呼ばれています。

「公的年金」には，会社員が加入する「厚生年金保険」，全ての国民（自由業，学生，無職等も含む）が加入する「国民年金」があります。そして，「厚生年金保険」の保険料は，会社と本人が半分ずつ負担します（労使折半）。「国民年金」の保険料は，全額本人負担であり，会社と本人の折半はありません。なお，「国民年金」には，負担能力に応じて保険料の免除制度があります。20歳を超えた学生に対する保険料猶予の制度もあります（学生納付特例制度）。

図表10-6は，「公的年金」制度のしくみです。同制度の対象者は，3つのグループに分けられます。「第1号被保険者」は，自営業者等を指します。「第2号被保険者」は，会社員や公務員等が該当します。「第3号被保険者」は，被扶養配偶者を指します。

「公的年金」制度は，図表10-6のとおり，1階部分の国からもらう「公的年

図表10-6 公的年金制度の体系

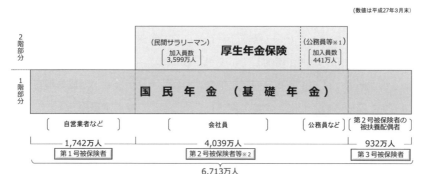

出所）厚生労働省

金」と２階部分の会社から受け取る「企業年金」から構成されています。まず，１階部分に相当する「国民年金」は，日本国内に住所を持つ20歳以上60歳未満の者全員が対象とされる年金のため，「基礎年金」と呼ばれています。このため，国民年金の対象者は，「第１号被保険者」「第２号被保険者」「第３号被保険者」全てが該当します。

　これに対し，２階部分である「厚生年金保険」は，「第２号被保険者」のみが対象となります。「厚生年金保険」は，民間会社の会社員が対象であり，基礎年金に上乗せして年金が支給されます（公務員等は，共済年金となります）。

　国（厚生労働大臣）から委任・委託を受け，公的年金に係る一連の運営業務（適用・徴収・記録管理・相談・決定・給付など）を担う組織を「日本年金機構」といいます。以前は，「社会保険庁」という名前でしたが，巨額な年金資金の運用損を発生させるなど，数々の事件やトラブルを引き起こしたため，2010年（平成22年），新たに「日本年金機構」が発足しました。しかし，「日本年金機構」に移行してからも「遺族年金の過払い」「年金事務所からの個人情報持ち出し」「年金管理システムサイバー攻撃問題」「10億円未払い隠匿事件」「社会保険庁ＯＢ官製談合事件」が発覚しており，課題は残されたままです。

## 10-3-6 私的年金

　最近，公的年金だけでは，厳しい老後生活を支えられないという意見が強くなってきました。そこで，3階部分として自分で備える「私的年金」を公的年金に上乗せするケースが増加しています。とりわけ，自営業者等を意味する「第1号被保険者」は，1階部分の国民年金しか公的年金がなく，老後の不安が心配です。このため，基礎年金に上乗せして私的年金に加入するのです。

　私的年金もまた，「第1号被保険者」「第2号被保険者」「第3号被保険者」のどれかにより，対象となる年金が異なります。「第1号被保険者」の場合は，「付加年金」「国民年金基金」「個人型確定拠出年金」がその対象となります。「第2号被保険者」は，「厚生年金基金」「確定給付企業年金」「企業型確定拠出年金」があります。

　ここで「確定拠出年金」について説明しましょう。これは，「日本版401K」とも呼ばれ，加入者が自己責任で掛金を運用し，将来の老後資金とする年金制度をいいます。「確定拠出年金」には，企業が運営機関を決め，掛金もまた拠出するが，自分で商品を選んで運用する「企業型」と個人が金融機関を選び掛金も拠出しながら，自分で運用商品を選んで運用する「個人型」の2種類があります。そして最近注目されている「個人型」確定拠出年金は，iDeCo（イデコ）という愛称で呼ばれ，節税効果があると言われています。

　これまでの日本では，「公的年金」と「企業年金」が手厚く，このため「私的年金」は必要ありませんでした。しかし，現在は2つの年金だけでは，厳しい老後生活を支えられない事態となってきました。そこで，これからは「私的年金」を通じて老後に備えることが大切となってきました。

## 10-3-7 介護保険，労災保険，雇用保険

　「介護保険」は，40歳以上の人に加入が義務付けられています。市区町村から要介護認定を受けた時，介護サービスを1割の自己負担で受けることができます。「介護保険」は，会社と本人が共同で負担します。

　「労災保険（労働者災害補償保険）」は，仕事中，移動中の災害による病気

やケガ，障害や死亡などに対して保障する制度です。労災保険の保険料は，全額会社が負担します。ところが，労災が発生しても，会社が故意に労働基準監督署へ私傷病報告を提出しない，虚偽内容の私傷病報告を提出する「労災隠し」が横行しています。「労災隠し」は，手続きが煩雑，保険料負担の増加，会社のイメージダウン，そもそも「労災保険」に未加入など，様々な理由があげられます。

　「雇用保険」は，労働者の雇用安定・雇用促進を保証する制度です。失業中のハローワーク相談や失業手当の給付等があげられます。「雇用保険」の保険料は，会社と本人が折半して支払います。

# 参考文献

<邦文>

アクセンチュア（2016）『フィンテック：金融維新へ』日本経済新聞出版社

安部大佳（2010）「仏教の労働観に関する覚書：一日作さざれば，一日食らわず」『経営学論集』龍谷大学，Vol.49 No.1, pp.37-46.

池上　彰（2016）『考える力がつく本：本，新聞，ネットの読み方，情報整理の「超」入門』プレジデント社

一般財団法人1 more Baby応援団（2017）『18時に帰る：「世界一子どもが幸せな国」オランダの家族から学ぶ幸せになる働き方』プレジデント社

岩井克人（2003）『会社はこれからどうなるのか』平凡社

梅森浩一（2003）『クビ！論』朝日新聞社

大塚雄介（2017）『いまさら聞けないビットコインとブロックチェーン』ディスカヴァー・トゥエンティワン

奥田祥子（2018）『「女性活躍」に翻弄される人びと』光文社

小倉一哉（2007）『エンドレス・ワーカーズ：働きすぎ日本人の実像』日本経済新聞出版社

小原篤次（2009）『政府系ファンド：巨大マネーの真実』日本経済新聞出版社

小原克博（2018）『世界を読み解く「宗教」入門』日本実業出版社

加護野忠男（2014）『経営はだれのものか：協働する株主による企業統治再生』日本経済新聞出版社

川上哲郎・長尾龍一・伊丹敬之・加護野忠男・岡崎哲二（1994）『日本型経営の叡智』PHP

川島博之（2017）『戸籍アパルトヘイト国家・中国の崩壊』講談社＋α新書

清武英利（2015）『切り捨てSONY：リストラ部屋は何を奪ったか』講談社

久保惠一（2018）『東芝事件総決算：会計と監査から解明する不正の実相』日本経済新聞出版社

熊谷　徹（2015）『ドイツ人はなぜ，1年に150日休んでも仕事が回るのか』青春出版社

熊谷　徹（2016）『5時に帰るドイツ人，5時から頑張る日本人』SB新書

小宮一慶監修（2015）『決算書で読み解く100大企業ランキング』洋泉社

三枝　匡・伊丹敬之（2008）『日本の経営を創る：社員を熱くする戦略と組織』日本経済新聞出版社

社会保険研究所（2019）「社会保険のてびき2019年度版」社会保険研究所

隅田　貫（2017）『仕事の「生産性」はドイツ人に学べ』KADOKAWA

竹村敏彦（2013）「日本の国際競争力強化に向けた戦略と課題」『情報通信政策レビュー4』情報通信政策研究所，pp.25-40.
田中信彦（2018）『スッキリ中国論：スジの日本，量の中国』日経ＢＰ社
田中靖浩（2018）『会計の世界史：イタリア，イギリス，アメリカ500年の物語』日本経済新聞出版社
常見陽平（2017）『なぜ，残業はなくならないのか』祥伝社
デービット・アトキンソン（2015）『イギリス人アナリストだからわかった日本の「強み」「弱み」』講談社新書
富岡幸雄（2014）『税金を払わない巨大企業』文春新書
中野剛志（2019）『目からウロコが落ちる　奇跡の経済教室【基礎知識編】』ベストセラーズ
中原　淳・パーソル総合研究所（2018）『残業学：明日からどう働くか，どう働いてもらうのか』光文社新書
中西孝樹（2018）『ＣＡＳＥ革命：2030年の自動車産』日本経済新聞出版社
中牧弘允（2006）『会社のカミ・ホトケ』講談社選書
中村圭志（2016）『図解 世界5大宗教全史』ディスカヴァー・トゥエンティワン
日本経済新聞社編（2017）『検証　働き方改革：問われる本気度』日本経済新聞出版社
根本　孝（2002）『ワーク・シェアリング：『オランダ・ウェイ』に学ぶ日本型雇用革命』ビジネス社
橋爪大三郎（2001）『世界がわかる宗教社会学入門』筑摩書房
長谷川正人（2018）『ヤバい本業：伸びる副業』日本経済新聞出版社
日朝秀宜（2007）「福沢諭吉の出版事業：福沢屋諭吉」慶應義塾大学出版会（https://www.keio-up.co.jp/kup/webonly/ko/fukuzawaya/24.html）
日高洋祐・牧村和彦・井上岳一・井上佳三（2018）『MaaS：モビリティ革命の先にある全産業のゲームチェンジ』日経ＢＰ社
本間浩輔（2017）『ヤフーの1on1：部下を成長させるコミュニケーションの技法』ダイヤモンド社
村上世彰（2017）『生涯投資家』文藝春秋
村山　昇（2018）『働き方の哲学：360度の視点で仕事を考える』ディスカヴァー・トゥエンティワン
松丘啓司（2016）『人事評価はもういらない：成果主義人事の限界』ファーストプレス
松崎和久編（2006）『経営組織：組織デザインと組織改革』学文社
松崎和久編（2015）『入門　会社学のススメ：学生のうちに学んでおきたい会社の知識』税務経理協会

松崎和久（2016）『テクノロジー経営入門：デジタル技術とIoTの進化が企業経営に与える影響とは何か』同友館
丸山隆平（2016）『FinTechの教科書』プレジデント社
矢島雅己（2017）『2018年版　決算書はここだけ読もう』弘文堂
吉田和男（1993）『日本型経営システムの功罪』東洋経済新報社

## <欧文>

Abegglen, J. C (1958) *The Japanese factory : Aspects of its social organization*, Asia Publishing House.（占部都美監訳『日本の経営』ダイヤモンド社，1958年）

Abegglen, J.C and G.Stalk.Jr (1985) *Kaisha The Japanese Corp*, Basic Books.（植山周一郎訳『カイシャ：次代を創るダイナミズム』講談社，1986年）

Andersen, K (2017) *Fantasyland : How America Went Haywire : A 500-Year History*, Random House.（山田美明・山田 文訳『ファンタジーランド（上・下）：狂気と幻想のアメリカ500年史』東洋経済新報社，2019年）

Fukuyama, F.Y (1995) *Trust : the Social Virtues and the Creation of Prosperity*, Free Press.（加藤 寛訳『「信」無くば立たず：歴史の終わり後，何が繁栄の鍵を握るのか』三笠書房，1996年）

Galloway, S (2017) *The Four : The Hidden DNA of Amazon, Apple, Facebook and Google*, Bantam Press.（渡会圭子訳『the four GAFA 四騎士が創り変えた世界』東洋経済新報社，2018年）

Gratton, L and A.Scott (2016) *The 100-Year Life : Living and Working in an Age of Longevity*, Bloomsbury Information.（池村千秋訳『LIFE SHIFT：100年時代の人生戦略』東洋経済新報社，2016年）

Hakim, C (2001) *Work-Lifestyle Choices in the 21st Century : Preference Theory*, Oxford University Press.

Hall, E.T (1976) Beyond Culture, *Anchor Books*.（岩田慶治・谷 泰訳『文化を超えて』TBSブリタニカ，1979年）

Hofstede, G (1991) *Cultures and Organizations : Software of the Mind*. McGraw-Hill.

Hout, T., M.E.Porter and E.Rudden (1982) "How Global Companies Win Out", *Harvard Business Review*, 60, no.5, Sep-Oct, pp.98-108.

Lacy, P and J.Rutqvist (2015) *Waste to Wealth : The Circular Economy Advantage*, Palgrave Macmillan.（牧岡　宏・石川雅崇訳『サーキュラー・エコノミー：デジタル時代の成長戦略』日本経済新聞出版社，2016年）

Madsbjerg, C (2017) *Sensemaking : What Makes Human Intelligence Essential in the*

*Age of the Algorithm*, Hachette Books.（斎藤栄一郎訳『センスメーキング：本当に重要なものを見極める力』プレジデント社，2018年）

Mulcahy, D（2016）*Why I Tell My MBA Students to Stop Looking for a Job and Join the Gig Economy*（https://hbr.org/2016/10/why-i-tell-my-mba-students-to-stop-looking-for-a-job-and-join-the-gig-economy）

Nye Jr, J.S（2011）*The Future of Power*, PublicAffairs.（山岡洋一・藤島京子訳『スマート・パワー：21世紀を支配する新しい力』日本経済新聞出版社，2011年）

Ouchi, W.G（1981）*Theory Z: how American business can meet the Japanese challenge*, Addison-Wesle.（徳山二郎監訳『セオリーZ：日本に学び・日本を超える』CBSソニー出版，1981年）

Pascale, R.T and A G. Athos（1981）*The Art of Japanese Management*, Viking.（深田祐介訳『ジャパニーズ・マネジメント：日本的経営に学ぶ』講談社，1981年）

Pfeffer, J（2018）*Dying for a Paycheck: How Modern Management Harms Employee Health and Company Performance—and What We Can Do About It*, Harper Business.（村井章子訳『ブラック職場があなたを殺す』日本経済新聞出版社，2019年）

Piketty, T（2014）*Capital in the Twenty-First Century*, Belknap Press.（山形浩生・守岡　桜・森本正史訳『21世紀の資本』みすず書房，2014年）

Pink, D.H（2001）*Free Agent Nation*, Warner Books.（池村千秋訳『フリーエージェント社会の到来：雇われない生き方は何を変えるか』ダイヤモンド社，2002年）

Rowley, J（2007）"The wisdom hierarchy: representations of the DIKW hierarchy", *Journal of Information Science*, 33（2），pp.163-180.

Shane, S.A（2008）*The Illusions of Entrepreneurship: The Costly Myths That Entrepreneurs, Investors, and Policy Makers Live By*, Yale University Press.（谷口功一・中野剛志・柴山桂太訳『起業という幻想：アメリカン・ドリームの現実』白水社，2011年）

Tzuo, T and G.Weisert（2018）*Subscribed: Why the Subscription Model Will Be Your Company's Future-and What to Do About It*, Portfolio.（御立英史訳『サブスクリプション：顧客の成功が収益を生む新時代のビジネスモデル』ダイヤモンド社，2018年）

Vogel, E.F（1979）*Japan As Number One: Lessons for America*, Harvard University Press.（広中和歌子・木本彰子訳『ジャパンアズナンバーワン：アメリカへの教訓』ティビーエス・ブリタニカ，1979年）

Weber, M（1920）*Die protestantische Ethik und der Geist des Kapitalismus*,（大塚久雄訳『プロテスタンティズムの倫理と資本主義の精神』岩波文庫，1989年）

White, J.G (2012) *Double Entry : How the Merchants of Venice Created Modern Finance*, W W Norton & Co.（川添節子訳『バランスシートで読みとく世界経済史』日経BP社，2014年）

**＜新聞・雑誌等＞**
週刊ダイヤモンド「人生を再選択する 副業」2018年3月10日号
週刊ダイヤモンド「ニッポンの中国人全解明」2018年7月7日　pp.28-61.
週刊東洋経済「日産：危機の全貌」2018年12月15日
日経ＭＪ「アドレスホッパー」2019年3月6日記事
日本経済新聞「円安効果　企業経営に3つの利点」2015年1月24日記事
日本経済新聞「沿岸国の権利に応じて海域を区分」2015年12月13日記事
日経産業新聞「踏み込むメガ車部品」2019年5月31日記事
日経ビジネス「移動革命MaaS：世界が狙う新市場」2019年4月29日-5月6日　合併号
日経ビジネス「不正会計」2019年2月25日
プレジデント「「追い出し部屋」はもう古い！リストラの最新手法」2015年2月16日号　pp.54-55.

**＜調査・報告書＞**
IMF「World Economic Outlook Databases October 2018」
　（https：//www.imf.org/external/pubs/ft/weo/2018/02/weodata/index.aspx）
アクサ生命保険株式会社「人生100年時代に関する意識調査」
　（https：//prtimes.jp/main/html/rd/p/000000001.000035779.html）
一般社団法人シェアリング・エコノミー協会
　（https：//sharing-neighbors.com/）
一般社団法人日本テレワーク協会
　（https：//japan-telework.or.jp/tw_about/）
一般社団法人プロフェッショナル＆パラレルキャリア・フリーランス協会「プロフェッショナルな働き方・フリーランス白書2018」
　（https：//www.freelance-jp.org/about）
ウイリス・タワーズワトソン「日米欧CEO報酬比較」
　（https：//www.willistowerswatson.com/ja-JP/News/2019/08/report-fy2018-japan-us-europe-ceo-compensation-comparison）
エクスペディア「有給休暇国際比較調査2018」
　（https：//welove.expedia.co.jp/infographics/holiday-deprivation2018/）

NTTデータ経営研究所「企業のX-Techビジネスの取り組みに関する動向調査」
　（https：//www.nttdata-strategy.com/aboutus/newsrelease/170210/index.html）
エン・ジャパン「正社員3000名に聞く「副業」実態調査」
　（https：//corp.en-japan.com/newsrelease/2018/13507.html）
SIPRI「Military Expenditure Database 2017」
　（https：//www.sipri.org/databases/milex）
Global Competitiveness Report
　（http：//reports.weforum.org/）
Global Innovation Index
　（https：//www.globalinnovationindex.org/Home）
経済産業省「人生100年時代の社会人基礎力」
　（http：//www.meti.go.jp/policy/kisoryoku/index.html）
経済産業省「社会人基礎力」
　（www.meti.go.jp/policy/kisoryoku/index.html）
経済産業省「キャッシュレスの現状と今後の取組」平成30年
　（https：//www.kantei.go.jp/jp/singi/it2/senmon/.../siryou2-1.pdf）
経済産業省「キャッシュレス社会への取組み」平成30年
　（https：//www.kantei.go.jp/.../fintech/dai1/siryou2.pdf）
経済産業省「キャッシュレス・ビジョン」平成30年
　（www.meti.go.jp/press/2018/04/.../20180411001-1.pdf）
経済産業省資源エネルギー庁「原発のコストを考える」
　（https：//www.enecho.meti.go.jp/about/special/tokushu/nuclear/nuclearcost.html）
経済産業省「通商白書2015」
　（http：//www.meti.go.jp/report/tsuhaku2015/index.html）
公益財団法人　国際労働財団
　（https：//www.jilaf.or.jp/country/asia_information/AsiaInfos/view/37）
公益財団法人 日本生産性本部『労働生産性の国際比較2018』
　（https：//www.jpc-net.jp/intl_comparison/）
厚生労働省「外国人雇用状況（平成30年10月末現在）」
　（https：//www.mhlw.go.jp/stf/newpage_03337.html）
厚生労働省「平成29年人口動態統計」
　（https：//www.mhlw.go.jp/toukei/saikin/hw/jinkou/kakutei17/dl/08_h4.pdf）
厚生労働省「人口動態統計特殊報告」
　（https：//www.mhlw.go.jp/toukei/list/148-17.html）

# 参考文献

厚生労働省「人口動態統計の年間推計」
（www.mhlw.go.jp/toukei/saikin/hw/.../2018suikei.pdf）
厚生労働省「外国人雇用状況」（平成30年10月末現在）
（https://www.mhlw.go.jp/stf/newpage_03337.html）
厚生労働省「平成29年労働組合基礎調査の概況」
（http://www.mhlw.go.jp/toukei/itiran/roudou/roushi/kiso/17/dl/gaikyou.pdf）
厚生労働省「年次有給休暇とはどのような制度ですか」
（https://www.mhlw.go.jp/bunya/roudoukijun/faq_kijyungyosei06.html）
厚生労働省「労働時間・休日に関する主な制度」
（https://www.mhlw.go.jp/stf/seisakunitsuite/bunya/koyou_roudou/roudoukijun/roudouzikan/index.html）
厚生労働省「働き方改革特設サイト」
（https://www.mhlw.go.jp/hatarakikata/）
厚生労働省「就労条件総合調査」
（https://www.mhlw.go.jp/toukei/list/11-23.html）
厚生労働省「監督指導による賃金不払残業の是正結果（平成29年度）」
（https://www.mhlw.go.jp/stf/newpage_00831.html）
厚生労働省「平成30年版過労死等防止対策白書」
（https://www.mhlw.go.jp/wp/hakusyo/karoushi/18/index.html）
厚生労働省「「非正規雇用」の現状と課題」
（www.mhlw.go.jp/file/06...11650000.../0000120286.pdf）
厚生労働省「多様な正社員とは?」
（https://tayou-jinkatsu.mhlw.go.jp/various-regular-employment/various-regular-employment/）
厚生労働省「副業・兼業の促進に関するガイドライン」
（https://www.mhlw.go.jp/stf/seisakunitsuite/bunya/0000192188.html）
厚生労働省「外国人雇用状況の届出状況まとめ（平成30年10月末現在）」
（https://www.mhlw.go.jp/stf/newpage_03337.html）
厚生労働省「新規学卒就職者の離職状況」
（https://www.mhlw.go.jp/stf/houdou/0000177553_00001.html）
厚生労働省「いっしょに検証！ 公的年金」
（https://www.mhlw.go.jp/nenkinkenshou/structure/structure03.html）
国税庁「所得税の税率」
（https://www.nta.go.jp/taxes/shiraberu/taxanswer/shotoku/2260.htm）

国税庁「平成30年分以後の源泉徴収票」
　（https：//www.nta.go.jp/taxes/tetsuzuki/shinsei/annai/hotei/23100051.htm）
国税庁「税の学習コーナー」
　（https：//www.nta.go.jp/shiraberu/ippanjoho/gakushu/hatten/page02.htm）
国立社会保障・人口問題研究所「全国将来人口推計」
　（http：//www.ipss.go.jp/pr-ad/j/jap/03.html）
国立社会保障・人口問題研究所「人口統計資料集」
　（http：//www.ipss.go.jp/syoushika/tohkei/Popular/Popular2018.asp?chap＝0）
Coincheck「ビットコイン（BTC）とは何か？初心者にもわかりやすく解説」
　（https：//coincheck.com/ja/article/20）
財務省「もっと知りたい税のこと」
　（https：//www.mof.go.jp/tax_policy/publication/brochure/zeisei2507/01.htm）
財務省「財政に関する資料」
　（https：//www.mof.go.jp/tax_policy/summary/condition/a02.htm）
財務省「法人課税に関する基本的な資料」
　（https：//www.mof.go.jp/tax_policy/summary/corporation/c01.htm）
水産庁「平成29年度 水産白書」
　（http：//www.jfa.maff.go.jp/j/kikaku/wpaper/29hakusyo/index.html）
世界経済のネタ帳
　（https：//ecodb.net/stock/nikkei.html）
世界経済のネタ帳
　（https：//ecodb.net/exchange/usd_jpy.html）
総務省「多文化共生の推進に関する研究会　報告書」
　（www.soumu.go.jp/kokusai/pdf/sonota_b5.pdf）
総務省統計局「統計からみた我が国の高齢者─「敬老の日」にちなんで─」
　（https：//www.stat.go.jp/data/topics/topi1131.html）
総務省統計局「人口推計」
　（https：//www.stat.go.jp/data/jinsui/new.html）
総務省統計局「統計トピックスNo.23」
　（https：//www.stat.go.jp/data/kokusei/topics/topics23.html）
総務省「国勢調査」
　（https：//www.stat.go.jp/data/kokusei/2015/index.html）
総務省「労働力調査」
　（http：//www.stat.go.jp/data/roudou/index.html）

参考文献

総務省「2020年の５Ｇ実現に向けた取組」
　（www.soumu.go.jp/main_content/000593247.pdf）
総務省「第５世代移動通信システムについて」
　（www.soumu.go.jp/main_content/000579865.pdf）
総務省「平成30年版　情報通信白書」
　（http://www.soumu.go.jp/johotsusintokei/whitepaper/ja/h30/html/nd122200.html）
総務省統計局「労働力調査　長期時系列データ」
　（http://www.stat.go.jp/data/roudou/longtime/03roudou.html#hyo_2）
総務省統計局「高齢者の就業」
　（https://www.stat.go.jp/data/topics/topi1133.html）
男女共同参画白書　平成30年版
　（http://www.gender.go.jp/about_danjo/whitepaper/h30/zentai/index.html）
中小企業庁「中小企業白書」
　（http://www.chusho.meti.go.jp/pamflet/hakusyo/index.html）
帝国データバンク「「老舗企業」の実態調査（2019年）」
　（www.tdb.co.jp/report/watching/press/pdf/p190101.pdf）
デロイト・トーマツ「企業の不正リスク調査白書（Japan Fraud Survey 2018-2020）」
　（https://www2.deloitte.com/jp/ja/pages/risk/articles/frs/jp-fraud-survey-2018-2020.html）
電気事業連合会「安定供給」
　（https://www.fepc.or.jp/theme/energymix/content1.html）
東洋経済ONLINE「５年前から「正社員を減らした」500社ランキング」
　（https://toyokeizai.net/articles/-/274611）
土地代データ
　（https://tochidai.info/tokyo/）
東芝　第三者委員会調査報告書
　（www.toshiba.co.jp/about/ir/jp/news/20150720_1.pdf）
東京商工リサーチ「2018年全上場企業：不適切な会計・経理の開示企業調査」
　（http://www.tsr-net.co.jp/news/analysis/20190124_02.html）
内閣府「国民生活に関する世論調査」
　（https://survey.gov-online.go.jp/index-ko.html）
内閣府「平成30年度の「食と農林漁業に関する世論調査」」
　（https://survey.gov-online.go.jp/h30/h30-shoku/index.html）
内閣府「平成30年版高齢社会白書」

（https：//www8.cao.go.jp/kourei/whitepaper/index-w.html）
内閣府「平成30年版障害者白書」
　　（https：//www8.cao.go.jp/shougai/whitepaper/index-w.html）
日本取締役協会「上場企業のコーポレート・ガバナンス調査」
　　（www.jacd.jp/news/odid/cgreport.pdf）
日本取引所グループ「株式分布状況調査（2017年度）」
　　（https：//www.jpx.co.jp/markets/statistics－equities/examination/01.html）
日本能率協会コンサルティング「ものづくりの覇権はどこに？　各国の取組み」
　　（https：//go.jmac.co.jp/ics/article/557/）
2015年版「ものづくり白書」
　　（http：//www.meti.go.jp/report/whitepaper/mono/2015/honbun_pdf/index.html）
2018年版「ものづくり白書」
　　（http：//www.meti.go.jp/report/whitepaper/mono/2018/index.html）
農林水産省「農林業センサス」
　　（http：//www.maff.go.jp/j/tokei/census/afc/）
野村総合研究所「ブロックチェーン技術を利用したサービスに関する国内外動向調査報告書」平成28年3月
　　（https：//www.meti.go.jp/press/2016/04/20160428003/20160428003-2.pdf）
博報堂生活総合研究所「お金に関する生活者意識調査」2017年
　　（https：//www.hakuhodo.co.jp/archives/newsrelease/43718）
パーソル総合研究所「労働市場の未来推計2030」
　　（https：//rc.persol-group.co.jp/roudou2030/）
平成29年版　情報通信白書
　　（http：//www.soumu.go.jp/johotsusintokei/whitepaper/ja/h29/html/nc142130.html）
平成30年版「高齢社会白書」
　　（https：//www8.cao.go.jp/kourei/whitepaper/w-2018/zenbun/30pdf_index.html）
平成30年版「少子化社会対策白書」
　　（https：//www8.cao.go.jp/shoushi/shoushika/whitepaper/index.html）
Fortune Global 500
　　（http：//fortune.com/global500/）
ランサーズ株式会社「フリーランス実態調査2018年版」
　　（https：//www.lancers.co.jp/news/pr/14679/）
リクナビNEXT「給与明細の見方と「手取り額」の目安」
　　（https：//next.rikunabi.com/tenshokuknowhow/archives/9453/）

リクルートキャリア「兼業・副業に対する企業の意識調査」

　（www.recruitcareer.co.jp/news/20181012_03.pdf）

リクルートキャリア「就活生，入社予定企業の決め手は？」

　（https://www.recruitcareer.co.jp/news/pressrelease/2019/190131-01/）

リクルートワークス研究所「「賃金ダウンありきの転職」を乗り越える」

　（http://www.works-i.com/column/policy/1712_02/）

林野庁「「緑の雇用」事業，緑の青年就業準備給付金事業」

　（http://www.rinya.maff.go.jp/j/routai/koyou/03.html）

労働政策研究・研修機構　「データブック　国際労働比較2018」

　（https://www.jil.go.jp/kokunai/statistics/databook/2018/ch6.html）

World Competitiveness Yearbook

　（https://www.imd.org/wcc/world-competitiveness-center/）

World Happiness Report 2018

　（https://s3.amazonaws.com/happiness-report/2018/WHR_web.pdf）

UNWTO「Tourism Highlights：2018」

　（https://www.e-unwto.org/doi/book/10.18111/9789284419951）


＜ホームページ＞

Amazon

　（https://www.amazon.co.uk/Chariots-Fire）

出光興産　ホームページ

　（http://www.idemitsu.co.jp/index.html）

一般社団法人日本人材派遣協会　ホームページ

　（https://www.jassa.or.jp/association/outline.html）

外務省

　（https://www.mofa.go.jp/mofaj/）

株式会社テレワークマネジメント

　（https://www.telework-management.co.jp/telework/about_telework/）

KINTO（KINTO Corporation）ホームページ

　（https://kinto-jp.com/kinto_select/）

金剛組　ホームページ

　（https://www.kongogumi.co.jp/enkaku.html）

経済同友会　ホームページ

　（https://www.doyukai.or.jp/about/org.html）

全労連　ホームページ
　　(http：//www.zenroren.gr.jp/jp/index.html)
全労協　ホームページ
　　(http：//www.zenrokyo.org/index.htm)
ダイソン　ホームページ
　　(https：//www.dysontechnologyplus.com/)
京セラ
　　(https：//www.kyocera.co.jp)
内閣府　「ＮＰＯホームページ」
　　(https：//www.npo-homepage.go.jp/)
日本政府観光局
　　(https：//www.jnto.go.jp/jpn/)
パナソニック　ホームページ
　　(https：//www.panasonic.com/jp/corporate.html)
ふるさとチョイス「ふるさと納税とは?」
　　(https：//www.furusato-tax.jp/about)
マガジンハウス「マガジンワールド」
　　(https：//s.magazineworld.jp/books/kimitachi/)
三菱ケミカルホールディングス　ホームページ
　　(https：//www.mitsubishichem-hd.co.jp/group/governance/)
MEZON ホームページ
　　(https：//mezon.jocy.jp/)
連合　ホームページ
　　(https：//www.jtuc-rengo.or.jp/)
ロート製薬　ホームページ
　　(https：//www.rohto.co.jp/company/kenko/sub04/)
日本経済団体連合会　ホームページ
　　(http：//www.keidanren.or.jp/)
日本自動車工業会　ホームページ
　　(http：//www.jama.or.jp/industry/industry/industry_1g1.html)
日本商工会議所　ホームページ
　　(https：//www.jcci.or.jp/)

# 著者紹介

**松崎和久**

高千穂大学　経営学部　教授

最終学歴　明治大学大学院経営学研究科修士課程修了

職　　歴　住友建機株式会社，財団法人機械振興協会経済研究所

専門分野　経営戦略，グループ経営，テクノロジー経営

主な著書・論文

　『グループ経営論』　単著　同文館　2013年

　『サービス製造業の時代』　単著　税務経理協会　2014年

　『会社学のススメ』　編著　税務経理協会　2015年

　『テクノロジー経営入門』　単著　同友館　2016年

　『経営戦略の方程式』　単著　税務経理協会　2018年

著者との契約により検印省略

令和元年12月30日　初　版　発　行

# 会社学の基礎知識

| 著　者 | 松　崎　和　久 |
| --- | --- |
| 発行者 | 大　坪　克　行 |
| 製版所 | 株式会社ムサシプロセス |
| 印刷所 | 税経印刷株式会社 |
| 製本所 | 牧製本印刷株式会社 |

発行所　東京都新宿区　　株式　税務経理協会
　　　　下落合2丁目5番13号　会社

郵便番号　161-0033　　振替　00190-2-187508　　電話　(03) 3953-3301 (編集部)
　　　　　　　　　　　ＦＡＸ　(03) 3565-3391　　　　 (03) 3953-3725 (営業部)
URL　http : //www.zeikei.co.jp/
乱丁・落丁の場合はお取替えいたします。

© 松崎和久 2019　　　　　　　　　　Printed in Japan

本書の無断複写は著作権法上での例外を除き禁じられています。複写される場合は、そのつど事前に、（社）出版者著作権管理機構（電話 03-3513-6969, FAX 03-3513-6979, e-mail : info@jcopy.or.jp）の許諾を得てください。

**JCOPY** ＜(社)出版者著作権管理機構　委託出版物＞

ISBN978-4-419-06650-5　C3034